© Osprey Publishing, part of Bloomsbury Publishing Plc.

This translation of Ancient and Medieval Siege Warfare is published by SDX Joint Publishing by arrangement with Osprey Publishing, part of Bloomsbury Publishing Plc.

It was originally published in the English language as the following three volumes:

Elite 28　Medieval Siege Warfare, by Christopher Gravett
Elite 121　Ancient Siege Warfare, by Duncan B Campbell
Elite 126　Siege Warfare in the Roman World, by Duncan B Campbell

兵战 事典 ④ 欧洲围城篇

[英]邓肯·坎贝尔
克里斯托弗·格雷维特 等著　黄汉强 译

生活·讀書·新知 三联书店

Simplified Chinese Copyright © 2022 by SDX Joint Publishing Company.
All Rights Reserved.
本作品简体中文版权由生活·读书·新知三联书店所有。
未经许可，不得翻印。

图书在版编目（CIP）数据

兵战事典.4，欧洲围城篇／（英）邓肯·坎贝尔，（英）克里斯托弗·格雷维特等著；黄汉强译.—北京：生活·读书·新知三联书店，2022.9
ISBN 978-7-108-07280-1

Ⅰ.①兵⋯　Ⅱ.①邓⋯②克⋯③黄⋯　Ⅲ.①战争史－欧洲－近代－通俗读物　Ⅳ.① E19-49

中国版本图书馆 CIP 数据核字（2021）第 193810 号

责任编辑　徐国强
装帧设计　康　健
责任校对　龚黔兰
责任印制　卢　岳
出版发行　生活·讀書·新知 三联书店
　　　　　（北京市东城区美术馆东街 22 号　100010）
网　　址　www.sdxjpc.com
图　　字　01-2022-4430
经　　销　新华书店
印　　刷　天津图文方嘉印刷有限公司
版　　次　2022 年 9 月北京第 1 版
　　　　　2022 年 9 月北京第 1 次印刷
开　　本　787 毫米×1092 毫米　1/16　印张 12.5
字　　数　150 千字　图 202 幅
印　　数　0,001-6,000 册
定　　价　60.00 元

（印装查询：01064002715；邮购查询：01084010542）

上古围城战 ANCIENT SIEGE WARFARE

导言	——001
	围城战入门——002
阿契美尼德波斯的围城战役	——004
	居鲁士大帝的征伐——004
	波斯军进占爱奥尼亚城邦——006
	大流士与爱奥尼亚之乱——008
	波斯的攻城装置——012
希腊古典时期的围城战役	——015
	雅典的攻城战术——016
	封锁墙——017
	斯巴达的攻城战术——021
	希腊的攻城装置——024
狄奥尼索斯一世时期的攻城战	——026
	迦太基人的包围——026
	迦太基的攻城装置——027
	叙拉古的狄奥尼索斯一世——028
	战略家埃涅阿斯——030
马其顿的围城战役	——033
	腓力二世的攻城战术——033
	亚历山大大帝的围城战役——035
	马其顿的攻城装置——038
	马其顿的投射武器——039
希腊化时代的围城战役	——041
	围城者德米特里——042
	早期罗马——043
	防御工事——044
罗马共和时期的围城战役	——045
	拜占庭的菲隆——046
	汉尼拔与迦太基的围城战役——048
	第二次布匿战争中的罗马围城战术——048
	罗马与马其顿——051
跋	——055
	从居鲁士到小西庇阿——055
图版	——057

罗马时期围城战 SIEGE WARFARE IN THE ROMAN WORLD

| 导言 | ——069 |

| 公元前 2 世纪末期的围城战 | ——071 |

公元前 163—前 133 年：地中海东岸战事——071

公元前 153—前 134 年：罗马在西班牙境内的战役——073

公元前 133 年：围攻努曼提亚——075

| 马略与苏拉时期的围城战役 | ——081 |

公元前 111—前 105 年：朱古达之战——081

公元前 91—前 88 年，以及前 83—前 80 年：意大利战争时期的围城战役——082

公元前 88—前 85 年：苏拉与米特拉达提——084

公元前 74—前 71 年：卢库卢斯、庞培、米特拉达提——087

| 罗马共和末期的围城战役 | ——089 |

公元前 57—前 51 年：恺撒的高卢围城战役——089

公元前 52 年：阿莱西亚围城战——093

公元前 49—前 31 年：内战时期的围城战役——097

攻城战术的规则——102

| 第一公民时期的围城战役 | ——103 |

公元 66—74 年：犹太战争——104

公元 74 年：马萨达堡围城战役——106

公元 2 世纪的围城战役——110

公元 3 世纪的围城战役——112

| 罗马攻城战略的元素 | ——115 |

扎营——115

围堵——116

土坡——117

器械——119

| 跋 | ——122 |

罗马之敌的围城战役——122

公元 4 世纪的围城战役——123

| 图版 | ——125 |

中世纪围城战 MEDIEVAL SIEGE WARFARE

导言	——135
城堡与有防御工事的城镇	——136
	十字军东征——140
	城堡备战——142
	城内守军——145
	城镇防御——148
攻城战的部署	——151
	外交手段——151
	攻城战的规则——152
	发动攻城——157
	进攻、突袭、驰援——159
	奇袭与诡计——161
攻城技术与机器	——163
	火攻术——163
	攀墙攻击——166
	地道——168
	破城锤与螺旋钻——170
投射武器	——171
	火炮——176
	城堡式微——179
图版	——180

上古围城战
ANCIENT SIEGE WARFARE

Introduction
导言

围城战的历史可以上溯到公元前 2000 年。当时美索不达米亚（Mesopotamia，即今日伊拉克境内的幼发拉底河与底格里斯河之间的区域）的城镇建造于隆起的土丘之上，因而拥有天然屏障。这种土丘又称为"荒丘"（tell），是好几代以前的人所留下来的泥砖颓垣。荒丘的高度通常为 10—20 米，丘顶筑有城墙，荒丘的下方有时会再挖一道环绕的沟渠作为防御之用。城墙上的城堞能够保护走道上的弓箭手，而城塔则不仅有助于长距离的警戒，也能作为使用投掷武器的平台。

只要有人开始筑墙捍卫身家财产，自然而然地，必定会有人想方设法突破防卫来掠夺财物。同样地，在苏美尔人（Sumerian）建立霸业之后，巴比伦人（Babylonian）与亚述人（Assyrian）继之而起，他们征服邻邦以建立帝国，而若要持续占据新领土，必须能够掌控主要城镇。因此，在公元前 1000 年，近东地区的大小杀戮之中，围城

1922 年所摄的加沙（Gaza）一景。图中村庄所在地的土墩已历经千年争夺，最早可以溯及公元前 2000 年。此地可能为亚历山大于公元前 322 年包围之处（© École biblique, Jerusalem）

亚述军的围城战役。公元前701年，亚述王辛那赫里布攻打拉基士（Lachish），此图为在尼尼微宫殿所出土的浮雕。图中可见亚述军把攻城装置推上特制坡道，结果遭到守军从城垛口上投掷火把攻击（A. H. Layard, Monuments of Nineveh, London 1853）

战注定要扮演关键角色。围城战术是尚武的亚述人所发明的，后来在历史流传之下，成为夺取军事要塞不可或缺的战术。

围城战入门

城中的居民若看到大军来袭，虽然有时候会吓得立刻投降；但多半的情况是，他们会把城门牢牢闩上，希望防御工事能够让来犯者知难而退。围城的一方若遇到这种情况，通常有五种策略可以运用。他可以选择从上方跨越重重防御，或是正面将其捣毁打穿，要不就是从下方挖地道进攻。若是上述三个策略都失败了，或是缺乏执行战略所需要的手段，他还可以封锁城镇的供给线，以饥饿威胁城中的居民，借以迫使他们乖乖就范。最后一招则是使用离间或诡计来达到入城的目的。

若要从上方跨越城镇的防御措施，使用云梯虽然最直接，但却也最危险：因为这项工具无法提供任何防护，攀梯进攻的士兵极易遭受来自上方的攻击。一个变通的方法是修筑土坡，只要土坡高过城墙，大军便能从上而下给予守城的一方重击。然而，修筑这样巨大的土坡需要动员大量人力，而且当建筑工事越来越接近城墙时，筑坡人员的危险也随之升高。

若要从正面打穿防御措施，必须使用破城锤冲撞城墙或城门。理论上而言，城门应该是整个防御圈中最脆弱的一环，而且很可能无法抵御火攻；但是正因为这个缘故，任何一位守方将领若是思维合理，必定会把全部心力集中于此处。另一个做法则是挖空城墙的墙脚，或是大规模地破坏城墙地基，借以让城墙倒塌，不过这两个做法各有各的风险。至于第三条路，也就是从下方穿越防御设施，则需要挖掘足以容纳大军的坑道，如此方能在进城之后有效地发动攻击。这项策略如果顺利执行，其优点在于神不知鬼不觉；但若是守方听到了挖掘地

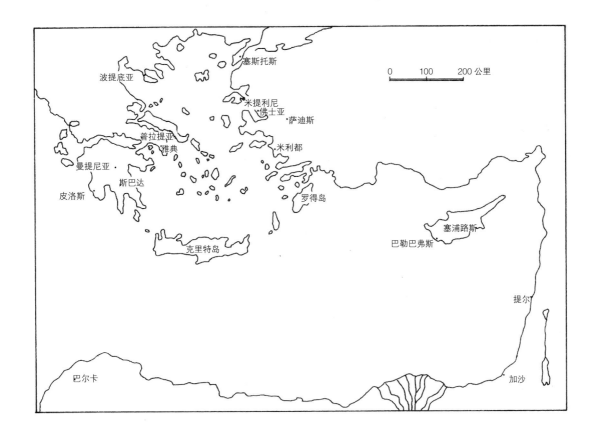

本文所提及的地中海东岸各围城战地点（本书未注图源者皆为作者所绘或所藏）

道的动静，或是注意到堆积起来的废土，则此策略便立刻败露失效。

上述几项策略，无论单独使用或者搭配运用，都能让攻城的一方迅速夺下防备森严的城镇，但是在执行策略的过程中，攻城的一方很可能会伤亡惨重。站在攻城者的立场而言，采取包围的方式要安全得多了。理论上，从城外封锁可让城内粮尽援绝，迫使城内的人乖乖投降。然而，由于各城的资源以及被封锁的程度不尽相同，这项策略可能变得无止无休。如同受困的守方一样，战事拖延对于进攻的一方也是同样不利的，因为若在一地驻扎过久，军队本身的粮食供给与环境卫生都将成为问题。

当然，如果城内有政治斗争的话，其中一方可能会被说服，大开城门让攻城者登堂入室，如此便能免去不少无谓的损失。攻城者剩下的最后一项策略，便是使用计谋达到入城目的。常见的计谋为佯装撤退，表面上看来好像放弃进攻，但是暗地里却留下一支伏兵，趁着城内的人松懈的时候攻其不备。理想的状况下，伏兵渗透袭击的时机要拿捏妥当，以便配合主力部队掉头回来的时间。特洛伊（Troy）之战的奇袭夺城便是运用这种计谋。

萨迪斯的卫城，面西俯瞰古城遗址与阿尔忒弥司神殿。吕底亚王国时期萨迪斯的西城门位于本照片右侧之外，被图中的卫城所挡住（© Crawford H. Greenewalt, Jr.）

SIEGE WARFARE OF THE ACHAEMENID PERSIANS
阿契美尼德波斯的围城战役

大约在公元前600年，巴比伦人取代了亚述人的霸权，而在公元前560年左右，波斯王居鲁士大帝（Cyrus the Great）登基，建立了阿契美尼德王朝（Achaemenid dynasty），此王朝则又继代巴比伦帝国而兴。居鲁士大帝的儿子是冈比西斯（Cambyses，在位时期为公元前530—前522年），而在冈比西斯之后取得帝位的则是大流士（Darius，在位时期约为公元前522—前486年）。这位大流士在公元前490年著名的希波战争中，被希腊军队大败于马拉松平原（Marathon）。十年之后，也就是公元前479年，大流士的儿子薛西斯（Xerxes，在位时期约为公元前486—前465年）对希腊发动第二次攻击，但是结局相同，被希腊军队在普拉提亚（Plataea）击溃。阿契美尼德王朝历代君王所派出的部队都十分热衷于围城战，这一点和之前的亚述人一样。从历史记载可知，他们使用攻城设备、破坏城墙基石、建造比城墙还高的土坡，有时也会使用诡计。

居鲁士大帝的征伐

公元前401年，希腊史家色诺芬（Xenophon）被招募前往波斯

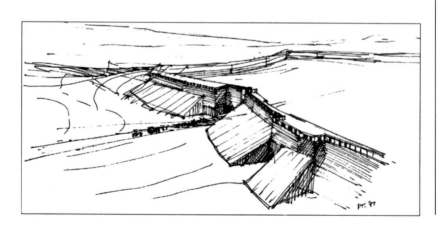

公元前6世纪萨迪斯西城门的防御工事，本图的视角为城墙之外。断断续续的缓坡似乎与整个城墙连成一体，但是缓坡上的大型直线凹槽却无从解释（本图由Philip T. Stinson 重绘，© Archaeological Exploration of Sardis, Harvard University）

萨迪斯的西侧防御,本图的视角为城墙之内。泥砖墙建造于低矮的石头基座之上,当上层结构倒塌时基座仍能保存下来。现今推测城墙可能高达30米（© Archaeological Exploration of Sardis, Harvard University）

一带担任雇佣兵,因而对当地的事务产生兴趣。根据他的著作,公元前546年,居鲁士大帝吞并吕底亚（Lydia）王国——克洛伊索斯王（Croesus）于今日土耳其境内建立的王国——他下令建造破城锤,打算用来攻击该王国极为富裕的首都萨迪斯（Sardis）。然而,整整两周的包围之下战况毫无进展,居鲁士大帝于是下令奖赏第一位能够登上萨迪斯城墙的勇士。许多士兵前仆后继,但是都失败了,后来在一位名叫叙洛伊阿戴斯（Hyroeades）的士兵打头阵下,波斯军队终于登上了卫城上无防备的区域。希腊史家希罗多德（Herodotus）在公元前430年前后撰写了传世名著《历史》（History）,该书便记载了这一段故事。希罗多德写道,叙洛伊阿戴斯看到有一名克洛伊索斯王的士兵从绝壁上面下来,拾取从城上掉落的头盔,于是在恰当的时机,叙洛伊阿戴斯便率领一队波斯士兵沿着同样的路线爬上城墙,一举攻克该城。罗马作家波里耶努（Polyaenus）在公元160年出版了一系列谈论用兵谋略的书（称为《兵法》）,书中认为居鲁士乃是使用计谋才夺下萨迪斯的。他说,居鲁士的大军表面上佯装撤退,实际上则趁着夜色攀墙进攻。除此之外,书中还提到,居鲁士威胁要杀掉被俘虏的吕底亚人质,而这些人质之中有不少人的亲人在卫城担任戍卫军,因此卫城不得不投降。虽然波里耶努的记载不够可靠,不应该拿来否定像希罗多德这样值得信赖的权威,但是由于希罗多德的叙述只提到如何攻占萨迪斯的卫城,因此在夺下卫城之前,居鲁士说不定真的用计夺取主要防御阵地。

希罗多德与色诺芬都指出,萨迪斯被攻陷后,居鲁士一方面想要满足手下兵士大肆劫掠财物的欲望,另一方面又想保住萨迪斯城免于完全毁灭,因此陷入两难。当时萨迪斯的克洛伊索斯王已被俘虏,他问居鲁士大帝,那些波斯士兵忙忙碌碌地在做什么?据说大帝答道:"他们在掠夺你的城市,拿走你的财富呀。"但是克洛伊索斯立刻回答说:"他们掠夺的可是您的财富啊!"根据希罗多德所述,克洛伊索斯向居鲁士大帝提出建言,认为不应该放任波斯士兵四处劫掠,而应该以向众神奉献什一税为托辞,把士兵搜刮来的战利品全数留下。色诺芬的书中也有类似的描述。无论这段记载是真是假,它至少明白指出了每一位领军攻城的将领最终都必须面对的问题。

在遗址现场的考古发掘活动中,由美国哈佛大学率领的萨迪斯城考古团队发现一面长达170米的泥砖墙。这面巨大的屏障厚达20米,前方以土坡作为支撑,某些地方仍然高达15米。这面墙有几项设计上的奇特之处,比如说,作为泥砖城墙基础的石头"台座"(socle)——或称为基石——高度不尽相同,从1米到4.5米不等。城墙上某些地方清楚可见严重破坏的痕迹;然而,目前却无法知道此痕迹究竟是攻城时留下的,还是破城后烧杀掳掠造成的。波斯人或许仿效亚述人的做法,在击败敌人之后会毁坏他们的城墙,使其丧失防御功能。向前倒塌的泥砖上有大火焚烧的痕迹,残砖破瓦之下是10厘米厚的木灰。一具年轻士兵的骨骸倒卧在这一片浩劫后的废墟中,由他的动作可以明显看出,他死前正准备投掷石块。他阵亡的时候20多岁,可能是一名奋战到底的投石兵。在他周围的碎片堆之中,还发现一顶装饰得出奇华丽的头盔,虽然不见得是这名士兵所有,然而,医学验尸的结果显示,这名青年在死前数年头部曾经受过伤,因此或许让他愿意花钱买一顶头盔。

波斯军进占爱奥尼亚城邦

居鲁士在并吞了吕底亚之后,转而把注意力放在土耳其沿岸爱奥尼亚(Ionia)的希腊城邦,授权麾下的将领负责征讨。玛扎列斯(Mazares)首先掠夺了普里埃内(Priene)与米利都(Miletus),哈尔帕哥斯(Harpagus)随后把侵略行动推展至其余的希腊城邦。希罗

一副年轻人的骸骨。1978年8月出土,地点在公元前6世纪的萨迪斯城墙遗址前方残骸之中。年轻人的右手握着杏桃大小的石头。从他的骨骼发育状况以及几处旧伤来看,学者推测此人应该是一名士兵。他的背部中央被捅一刀,但是他究竟是自己坠城,还是死后被人从城墙上抛下的,则无从得知。稍后在附近的毁灭层之中还发现了另一副骸骨(© Archaeological Exploration of Sardis, Harvard University)

多德详述道:"他把敌人逼入城内,然后再沿着城墙建造土坡,进而攻克城池。"色诺芬则写道,对于那些不愿臣服的人,居鲁士使用攻城机械与破城锤来摧毁他们的城墙。然而,希罗多德的记载中却只字未提任何攻城设备。波斯军修筑的土坡高度很可能只到达城垛,目的只是在于让步兵能够一举攻入城内。

在土耳其的佛士亚(Phocaea),哈尔帕哥斯承诺只要城内的人自动拆毁城塔,他便不动用武力。可是佛士亚人却利用这个协商的空档,几乎带着他们所有的财产悄悄地搭船逃离了这个海岸城市。20世纪90年代在当地的考古发掘活动中,发现一面高达5米的巨大城墙,该城墙被保存在一个年代较晚的坟冢之内。城墙的外部以3米高的石制斜坡支撑,可能是用来防止墙脚被破坏而倒塌。南面城门明显受过攻击,大火焚烧的痕迹历历可见:入口处的地面上留有烧成焦炭的木桩,这些木桩以前可能夹道列于大门通道的两侧,地上还有双耳罐的碎片。考古学家厄梅尔·厄兹吉特(Ömer Özyiğit)相信,这个双耳罐想必是当初用来灭火的。入口处的通道当时人来人往,地上的泥土想必被踩踏得十分紧实,如今自然成为一堆烂泥,而在此过程之中有两个靴印留了下来。两军交战留下的痕迹还包括地上零乱的波斯军箭头,以及一块重达22公斤的大石。这块石头很可能是守军从城垛上抛掷下来攻击入侵者的。

居鲁士后续的军事行动还包括在公元前539年攻占巴比伦。该城的位置靠近今日伊拉克境内的巴格达(Baghdad)。根据巴比伦的文献《那波尼德斯年记》(Nabonidus Chronicle)所载,居鲁士残暴地摧毁了邻近的俄庇斯城(Opis)之后,巴比伦人便不战而降。同样地,波斯的铭文《居鲁士铭筒》(Cyrus Cylinder)也记载,巴比伦的神祇马尔杜克(Marduk)允许居鲁士和平地取得该城:"在不发一兵一卒下,马尔杜克让他进了巴比伦。"但是希罗多德记述的情节却有所出入。根据他的描述,居鲁士设法降低幼发拉底河的水位,好使他的军队能够涉水从河道进入城内。当时城内的居民正在欢度节庆,完全

巴比伦遗址,位于今日巴格达近郊,考古发掘与重建工作开始于1984年。希腊哲学家亚里士多德当时宣称,巴比伦城无比庞大,即使已经被居鲁士夺下,两天之后此消息尚未传遍全城

没有发现波斯军队已经入城，等到他们终于发现的时候，早已为时过晚。波里耶努的版本也大致相同，很可能是参考希罗多德的记载，但是在稍后的一段中，波里耶努写道，居鲁士截断幼发拉底河的河水，让巴比伦人无水可饮。波里耶努的故事虽然精彩，但是学者一致认为这个故事必定是杜撰的。波斯人很可能确实疏导了河水，让大军能够涉水而过；不过也很有可能是古代的作家们搞错了，把后来建造于底格里斯河与幼发拉底河之间的灌溉系统与波斯军队的入侵混为一谈。

大流士与爱奥尼亚之乱

公元前522年，大流士取得波斯王位，不久巴比伦又开始叛乱。波斯军队团团包围巴比伦城，但是整整十九个月都无法将其攻克。后来一位名叫佐皮洛斯（Zopyrus）的人献上一计，孤注一掷。他自我毁容后投靠巴比伦，好使巴比伦人相信他在大流士的面前失宠；接着在对抗波斯的时候，他又串通安排了几场胜仗，因而获得巴比伦人的信赖与尊敬。由于前述的计谋奏效，他顺利成为巴比伦城的守卫官，最后便打开城门，让大流士的部队长驱直入。

后来过了几年，波斯帝国掌管埃及的长官进攻利比亚境内的巴尔卡（Barca）。九个月的时间之久，波斯军队试图挖掘地道从下方穿越巴尔卡的城墙，但是巴尔卡的锻冶匠却想出了一个反制的方法。他拿着一个青铜盾牌沿着城墙的防御圈巡逻，在不同的地点以盾牌的青铜面敲击地面，如此一来，他便能侦测出波斯人在哪里挖地道，因为地面下的震动会使青铜盾发出响亮的声音，巴尔卡人便能够挖凿逆行地道来拦截敌军。这个反制的方法后来变得广为人知，在将近两百多年后编纂的兵书当中还收录了这个方法，提供给被围攻的城池以作解危之用。最后，由于使用武力无法征服巴尔卡，波斯军团的统帅阿玛西斯（Amasis）只好使用巧计。他邀请巴尔卡的代表到一个无人之地谈

在爱奥尼亚之乱的年代，罗得岛上的林佐斯（Lindos）城居民为了躲避波斯军队的进犯，纷纷走避到岩石嶙峋的卫城。波斯人打算截断城中居民的物资，但却被一场及时雨破坏了整个计划。当地居民很自然地会认为是他们所信奉的雅典娜女神的福佑（© Thomas R. Martin & Ivy S. Sun, The Perseus Digital Library, http://www.perseus.tufts.edu）

判议和，巴尔卡人答应向波斯人进贡；而阿玛西斯则发誓，只要他们脚下的土地仍然坚实不移，他的军队就不会进犯巴尔卡。然而，巴尔卡人却不知道，他们签约时脚下所站的地方并非坚固的土地，而是波斯人在前一天夜里挖出的壕沟，并在壕沟上面盖板铺土搭建出来的。因此，阿玛西斯的誓言根本就是空话，而当巴尔卡人不疑有诈，把城门全部打开后，波斯军队便涌入城中，攻占了巴尔卡。城中居民自此沦为奴隶，被尽数移送波斯。

当然，围城行动并非总是出师告捷。公元前499年，富庶的纳克索斯岛（Naxos）起而反抗波斯帝国的统治，波斯军队围攻了四个月都夺不下来，因为该城的物资十分充沛。有鉴于纳克索斯的成功，意图谋反的米利都统治者阿里斯塔格拉斯（Aristagoras）受到鼓舞，起而呼吁小亚细亚沿岸的其他希腊城邦共同响应。这场动乱前后持续六年之久，史称"爱奥尼亚之乱"（Ionian Revolt）。阿里斯塔格拉斯要求希腊本岛的城邦派兵支援，但是只有雅典与厄立特里亚（Eretria）出兵相应。联军在公元前498年攻占萨迪斯，大肆劫掠。

同年，叛乱延烧至塞浦路斯岛（Cyprus），波斯军队在会战当中击败了塞浦路斯联军，接着便一一包围、攻陷塞浦路斯岛上的城邦。最后一个沦陷的是索罗伊城（Soloi），波斯人围攻该城五个月，最后把城墙的墙脚挖空，这才攻克了该城。在帕勒帕弗斯（Palaepaphos）这个地方，也就是今日的库克里亚（Kouklia），20世纪50年代的考古发掘活动在该地东北方城门处发现了一个巨大的攻城土坡。这个土坡倚城墙而立，不仅填平了3.7米深的防御壕沟，离地面至少还有

巴比伦的伊什塔尔（Ishtar）门，原址重建。该城门原建于尼布甲尼撒二世（Nebuchadnezzar II，公元前604—前562年在位）时期，主体为泥砖砌成，表面施以明亮彩釉。一段相关的铭文提到了用青铜强化的杉木大门

2.5 米的高度。在当年的围城战结束很久以后，索罗伊城重新规划防御设计时，这个土坡被纳入整体防御工事的一部分，改建为一座向外凸出的堡垒，外围以城墙保护。这个土坡原来一定比现在剩下的土丘更长、更宽、更高，只不过原来的尺寸究竟多大已无从考证。

为了建造这个土坡，攻城的波斯军使用了各种能够取得的材料（参见第 68 页彩图），除了泥土、粗石、树干之外，还有上千片的建筑物与雕刻品的碎片。这些碎片包括了各种人物雕像、狮身人面像、狮子像与祭台，推测可能是来自某个被波斯人摧毁的宗教地区。从出土的 500 多个箭头、矛尖，以及 400 多个粗凿的石头投掷物来看，波斯人当初在修筑这个土坡的时候，想必遭受城墙上方守军的猛烈攻击。除了建造土坡的材料之外，现场还发现烧焦的骨骸，以及一副完整的青铜头盔与一副铁头盔的破片，处处显示当时双方必定历经了一场殊死战。

在此处的考古发掘活动中，学者也发现极多反制围城的措施。城内的居民从挖铜矿的经验中学到知识，因此试图在波斯军队修筑的土坡底下挖几个大坑道，借以松动土坡的地基。他们总共挖凿了五条坑道，其中一条就技术上而言应该算是隧道。这条隧道高 1.5 米，从城墙底部开洞，然后继续向外推进 12 米，直到护城沟的边缘。隧道宽 2 米，走道两旁是木头支柱，想必是用来支撑上方用木板条做成的隧道顶，而在接近隧道尽头处有三个矮胖的泥砖柱，沿着隧道中心排成一列，使隧道顶获得额外的支撑力。其余的坑道则紧临着城墙后方开始挖掘，循着粗凿的阶梯从地面向下陡降至 2.4 米的深度，然后从下方穿越城墙的地基，再向城外延伸 20 米直到护城沟。挖掘坑道的人员深入土壤之下的底岩，再从充满岩屑的护城沟旁出来，因此坑道的两壁与顶部必定都铺上了木条。每条坑道的宽度不尽相同，从 1.1 米到 1.7 米不等；而净空高度则为 1.7 米至 2.3 米。坑道的墙上有凿孔，是用来放置照明用的黏土灯台。挖凿坑道时的废石以及连带被挖出的

位于帕勒帕弗斯的波斯军队攻城土坡，此为开挖中一景。照片右侧可见护城沟，城墙则位于左侧本照片之外。画面中两人站立之处为守城的一方挖掘的坑道（1 号坑）。在他们身后可以看到那条隧道，以及泥砖柱与火釜的遗迹（© F. G. Maier）

在帕勒帕弗斯的土坡挖掘出超过 150 件青铜矛尖与箭头。大部分的箭头造型为三尖带套筒，虽然在其他地方出土的波斯文物中，也有类似设计的石制投掷物，但可能为当时近东地区常见的设计（© F. G. Maier）

土坡基材等则运回城内，堆放在坑道入口处。

在 1 号坑、3 号坑，以及那条隧道的尽头处，考古学家各发现了一口大型铜釜的残骸，里面装满木炭与灰烬，有被火烧坏的痕迹。在每一口铜釜上方，由于高热的缘故，用来建造土坡的材料已经被煅烧成锥状的石灰。从这些蛛丝马迹来看，城内的居民可能不是利用坑道蚕食破坏土坡结构（如同后来在公元前 429 年普拉提亚的战役中一样），而是希望在每一个坑道尽头处，借助焚烧木头坑顶的方式使坑道内部塌陷，从而造成土坡无预警地瞬间坍塌。挖掘这些遗迹的考古学家弗朗茨·格奥尔格·迈尔（Franz Georg Maier）认为，这样局部破坏的现象显示塞浦路斯人想要对付的是土坡上的波斯攻城塔，但塞浦路斯人也可能希望大火能引燃土坡建材当中的树干与树枝，借以造成大规模的破坏。

位于最东边的是 2 号坑，只建了 15 米便半途而废，显然是因为坑顶塌陷所致。1 号坑与 3 号坑面朝东北，从城墙下方穿越后直达护城沟。然而，位于最西边的 4 号坑则于城门下方蜿蜒曲折，最后以分支坑道与 3 号坑相连。研究调查显示，3 号坑曾经在城墙下方的某个地方完全被堵住了，因此可能是为了搭救深陷于 3 号坑中的人员才挖了 4 号坑。的确，分支坑道（标记为 3A 坑）颇长，但净空高度却只有 0.6 米，可能意味着

泥砖柱残骸与变形的铜釜。地点为帕勒帕弗斯 1 号坑坑底（© F. G. Maier）

塞浦路斯人在每条坑道尽头使用大铜釜来燃烧木柱。本图为隧道中原本摆放的位置。由于受到高温煅烧，位于每一口铜釜上方的土坡建材已经变成锥状的石灰

该坑道是紧急救难之用。话虽如此，但是缺乏确凿的证据以显示3号坑在围城之战中曾经被堵住过，因此对于3A坑狭长的设计必须提出其他解释。3A坑有可能是用来调节空气，借以控制3号坑尽头处燃烧室的进气量，使3号坑的设计较1号坑更为复杂。

很不幸地，这些坑道似乎没有发挥预期的作用。燃烧室不够大，无法造成土坡地基严重下陷。波斯军队最后想必攻破了城镇，他们若不是越过城墙，那么就一定是从城门进入。在城门之处，考古发掘发现了许多烧焦的物品，包括箭头、标枪尖，以及石制的投掷物。希罗多德记载道："就这样，塞浦路斯人虽然取得了一年的自由，结果却再一次遭受奴役。"当时大陆上还有一些城镇尚未屈服于波斯帝国之下，直到公元前494年，波斯人挖凿地道攻破米利都之后，爱奥尼亚之乱才告终。米利都被大肆洗劫，居民则被强行押解至波斯帝国的首都苏萨（Susa）。

波斯的攻城装置

关于波斯人使用的攻城装置，目前所知甚少。波斯人与之前的亚述人不同，阿契美尼德王朝没有四处留下雕刻来记述战争事迹，而文献资料对于攻城之战也只字未提。相反地，色诺芬在他用来寄托理想君主形象的著作《居鲁士的教育》（Cyropaedia）一书中，记述了居鲁士大帝下令建造攻城装置，交给一个工兵团负责。然而，我们却无法确知这些装置的模样。色诺芬的书中写到过"机械与云梯"以及"机械与破城锤"，可惜都太过笼统，因此助益不大；但是法国学者伊冯·加朗（Yvon Garlan）则认为，这些叙述一定是在描述某种攻城塔。居鲁士显然拥有这种装置，色诺芬就曾描写过一座攻城塔，"最底层有轮子"，直立高度约3"欧盖"（orguiai，1欧盖约为1.85米）。这个装置可搭载20人，总重量为120"塔冷通"（talent，1塔冷通约为30公斤），由八头公牛就可以轻易拉动。可是，虽然居鲁士的每支军团显然都配有这种装置，但该装置似乎不是用来攻城的，而是用来支援战场上的地面作战。

每隔一段时间，就会有学者主张波斯人一定拥有某种投射装置。

帕勒帕弗斯的4号坑，净空1.4—1.8米，宽度1.1—1.5米。坑口的立尺高度为0.5米（© F. G. Maier）

早期的推测是依据《圣经》的内容。先知以西结（Ezekiel）预言了公元前580年耶路撒冷被包围的景象。在希腊文的《旧约》（通称的"七十贤士译本"）之中，这段文字提到"belostaseis"一词，也就是"投射的位置"《以西结书》4：2，21：22。然而，在原本的希伯来文《圣经》中，这里实际上所用的词是"karim"，也就是"破城锤"。由此观之，有关投射装置一说，似乎是由希伯来文译入希腊文时的误译。在《旧约》的另一篇章中，记述犹大王乌西雅（Uzziah）在公元前760年防御耶路撒冷，他设置机械放在堡垒和城角上，发射矢箭和大石弹（《哥林多后书》26：15）。不过这一段记叙很可能搞错年代了。这一篇章写成于公元前300年左右，当时投石机在近东地区已经十分常见，因此很容易看得出来，记叙者把他那个时代的知识详尽地加入笔下的描述之中。传统上推定投射装置最早出现的年代为公元前399年，上述所引《圣经》的记述仍无法推翻目前的认定。

最近在两个曾经被波斯围攻的城镇遗址中，考古学家的发现鼓舞了一些学者，让他们有理由继续相信投石机出现的年代应该更早。在塞浦路斯的帕勒帕弗斯，一共发掘出422件略成球形的石灰石块，直径12—28厘米，重量2—22公斤，但是绝大多数为4—6公斤。这些石块全部都在城镇的防御圈之外，出土层中同时含有波斯攻城军队遗留的残骸碎片，因此让当初发掘的学者认为，这些石块一定是来自波斯的投石机。学者伊丽莎白·埃德曼（Elisabeth Erdmann）在总结报告之中尝试继续发展上述观点；不过她也承认，若说波斯军队有某种原始的投石机，并不是一个令人满意的解释，因为这些石块也可能是城垛上的守军丢下来的。

在佛士亚城的考古发掘活动中，20世纪90年代发现了石制投掷物，因而又重新开启了这场论战。在城门发现的石灰沉淀物，其外表被粗略地加工为球形，直径29厘米，重达22公斤。钻研阿契美尼德王朝的法国学者皮埃尔·布里昂（Pierre Briant）相信，从这些石球的重量来看，这种武器应该不是用手抛掷的，因此他认为波斯的攻城部队必定使用投石机。除了布里昂之外，厄兹吉特也认为这些石球是属于攻城的一方，他们的理由相同：因为这些石球是在十分匆忙的情

本图为亚述帝国尼默洛得城挖掘出的浮雕。牛津历史学家乔治·罗林森（George Rawlinson）相信，本图右侧的直立物即为投石机，但是这个说法说服力不足。乔治·罗林森是亚述学家亨利·罗林森（Henry Rawlinson）爵士的弟弟（本图为A.H.Layard依浮雕所绘。浮雕原位于亚述王亚述纳西拔二世的西北宫殿，© The British Museum）

况下加工而成的。布里昂更进一步主张，若是佛士亚人拥有投石机，那么学者们应该早就听说过了才对。很不幸地，在这么早期只有一位作者提到过投石机，那就是波里耶努。不过他编纂的《兵法》一书，常常摇摆于可信的史实与虚构的故事之间，这得要视那一项计策而定。据他的记载，居鲁士之子冈比西斯在公元前525年进攻贝鲁西亚（Pelusium，位于今日埃及），埃及的守军"使用投石机发射尖物、石头、火球"。这个故事很可能是虚构的。

当然，单凭佛士亚的石球加工匆促这一点，并不足以证明它们属于波斯军队，因为我们同样可以说，那是城内守军仓皇准备的。然而，就算发现了石球，也完全无法推论必定有投石机，这一点是一般推论未能注意到的盲点。毫无疑问，这种石球固然能够投射到一段距离之外，但是一颗重达22公斤的石球也能同样轻易地从城垛上往下砸，攻击下方敌人。这么重的石块确实不易就定位，但是若把石块的棱角略为磨削，使其成为球形，就能够用滚动的方式调度位置。由此看来，若主张波斯在这么早期就发展出投射武器，恐怕仍是欠缺证据的。

帕勒帕弗斯出土的石制投掷物。一般推测这是投石机所用，但是当时比较常见的做法，看来应该是从城垛上把大石块往下砸，攻击下方敌军（© F. G. Maier）

弗朗哥壶上的纹饰，图为英雄赫克托尔现身于特洛伊的城门。绘图者把城垛间隔处堆叠的石头入画，显示当时希腊城邦普遍使用此防御措施

SIEGE WARFARE IN CLASSICAL GREECE

希腊古典时期的围城战役

希腊古典时期的战役是基于惩罚性的攻击，主要用意在于激怒对方以进行大会战。会战之时，双方得遵循行为准则的规范，由重装步兵团依照一定的仪式互相攻击。希罗多德在他的著作中，借助波斯人马铎尼斯（Mardonius）之口，在薛西斯要进攻希腊的前一夜解释了希腊人的作战方式。大体说来，夺取城镇并奴役敌人自然不在话下。当然，很多希腊城邦对于围城战术并不陌生：在爱奥尼亚之乱时，他们在小亚细亚的伙伴就曾亲眼目睹波斯人的围城之术，而希腊的雇佣兵也曾经效力于波斯大帝麾下。但是平均而言，若要围攻一座有城墙防御的城镇，一般城邦的资源恐怕力有未逮。

因此，希腊军队对于围城之战自然欠缺磨炼。公元前525年，斯巴达人试图推翻萨摩斯岛（Samos）的僭主（tyranny）波利克拉特斯（Polycrates），从这个例子中便能看出一些端倪。起初，斯巴达军队攻占了面海的城墙——他们或许是使用攀墙攻击的方式得手；但后来在城内守军的猛烈反击下，斯巴达军队被逐出城外。在兵荒马乱之际，斯巴达军有两名士兵冲进打开的城门，却在城内遭到杀害。斯巴达人的围城战术已经黔驴技穷，便在开战后40天撤退。公元前489年的一个事件显示，当时雅典人的围城之术也一样相当原始。波希战争时，希腊在马拉松平原大败波斯，战后雅典的将领米尔提亚德斯（Miltiades）打算惩罚帕罗斯岛（Paros），因为该岛曾在波希战争时协助波斯。但是，帕罗斯人安居在城墙的防护之内，雅典人唯一能够使用的策略便是蹂躏整座岛。经过26天之后，雅典人最终还是放弃离去。公元前479年，以斯巴达为首的联军包围底比斯城（Thebes），他们也面临同样的窘境。希腊人之前在邻近的普拉提亚击退了进犯的波斯人，粉碎了波斯意图征服希腊的美梦，但是底比斯城却包庇了一些支持波斯的人。所幸在包围第 20 天时，底比斯人便同意交出这些叛徒。

雅典的攻城战术

在某些情况下，雅典的攻城战术颇有声望。古希腊的史家修昔底德（Thucydides）便是这样记载的，虽然他出身雅典又曾从军，他的资料或许不够公正客观。确实，在公元前 479 年的普拉提亚一战之后，斯巴达人无法突破波斯人的防御栅栏，幸存的斯巴达士兵只得集结起来，直到雅典援军到来。但是罗马时代的作家普鲁塔克（Plutarch）在重述这段历史时，读起来好像只是因为斯巴达人不擅长破墙攻城的战术。米卡列（Mycale）之战可以作为一个对照的例子。据说这场战役与普拉提亚之战发生在同一天。在波斯军队被希腊联军击溃时，带头杀进敌方防御栅栏的是雅典部队。加朗的观察可谓十分正确：雅典人传说中的攻城能耐只对付过防御木栅，而不是货真价实的壁垒。

公元前 479 年的另一个事件也指出了这个差别。当时波斯人在赫勒斯滂（Hellespont）海峡靠近欧洲一侧的塞斯托斯（Sestos）建立桥头堡。即使薛西斯已经撤出希腊的势力范围，但此地仍为波斯帝国所把持。这个固若金汤的要塞掌握重要的战略位置，能够阻挠雅典与黑海区域的贸易，因此伯里克利（Pericles）的父王克桑提波司（Xanthippus）便率领希腊舰队打算夺取塞斯托斯。波斯的将领阿尔塔乌克特斯（Artayctes）未料塞斯托斯会遭到包围，因此城内很快便发生饥荒。然而，即使在这样的情况下，雅典军队还是未能取得多大的进展，士兵开始向长官发出怨言，想要返乡。直到阿尔塔乌克特斯开溜之后，城内的百姓才能自愿把城门打开，让雅典人进城。雅典将领米尔提亚戴斯之子西蒙（Cimon）封锁波斯军驻守的埃翁（Eion）

涅内伊德（Nereid）碑像上的浮雕（区块编号 872）。三名士兵正在攀梯进攻，蹲伏的弓箭手则提供火力掩护。值得注意的是，重装步兵似乎是以单手攀爬，另一手紧握盾牌（© The British Museum）

时,也发生过同样的状况。这场战役之所以结束,是因为波斯将军布特斯(Butes)放火烧城,他宁愿整个城池付之一炬,也不愿意因忍饥受饿而投降。修昔底德并未记载埃翁是如何被夺下的,但是后来罗马帝国哈德良(Hadrian)大帝时代从事旅行与记述的作家帕撒尼亚斯(Pausanias)则认为,西蒙是靠着把埃翁的供水导引到别处。

显而易见的,雅典人并未发展出革命性的攻城战术。在公元前5世纪六七十年代之间,雅典借着提洛同盟(Delian League)的幌子发展海上霸权,常常需要征服不愿归顺的城镇。不过,雅典人使用的方法不是强攻猛打,而是成本高昂的封锁战。萨索斯岛(Thasos)就是一个例子。该岛约在公元前465年叛变,随后而来的雅典军队包围封锁了萨索斯三年,这才让萨索斯人俯首称臣。雅典人拆毁萨索斯的城墙,没收他们的舰队,并要求他们每年缴税。公元前440年,据说伯里克利在萨摩斯的三面城墙外筑起封锁墙,剩下的一面墙则由雅典的舰队停泊与巡逻。当船舰稍微远离岸边时,萨摩斯人便趁机偷袭舰队驻扎之地,并把抢来的补给品运入城内;但是一旦船舰回来靠岸,整个封锁网又变得牢不可破。在历经九个月的抵抗之后,萨摩斯人最终还是投降了。

封锁墙

公元前432年末,雅典人要求波提底亚城(Potidaea)自毁防御,波提底亚人认为雅典的要求太过无理而拒绝,结果雅典人用类似的方法对付他们。波提底亚位于哈尔基季基(Chalcidice)最西边的半岛上,地处最狭窄的咽喉位置,城墙连接两侧海岸,分隔半岛南北两地。公元前479年,波斯军队从希腊撤回时,也未能攻下这个城镇,不过大多要归咎于将领无能。雅典人这回采用了不一样的战略:他们建造了两面封锁墙,分立于城镇的南北两面,把地峡彻底封锁,而两侧的海岸则交由舰队巡守。很不幸地,波提底亚城似乎异常顽强,在封锁进入第二个年头,来自雅典的一批生力军试图使用"机械"(修昔底德常用这个词来指"云梯")强攻,但是他们不仅失败,并且由于暴发瘟疫,使得情况更是雪上加霜,因此四十天之后雅典人再次撤回封锁线。战况到了这个地步,据说波提底亚城内已经山穷水尽,居民只得靠吃人肉维生。在两年多的封锁之下,波提底亚最终还是臣服于雅典。

在伯罗奔尼撒战争(Peloponnesian War,公元前431—前404)中,雅典人数度使用"包围网"(periteichismos)。举例而言,公元前428年,莱斯沃斯岛(Lesbos)上昔日的雅典盟邦米提利尼(Mytilene)叛变。雅典人虽然在该处竖起了封锁墙并建立防御据点,但是却阻止不了斯巴达使者沿着干河床溜进城内。好在斯巴达解救米提利尼的计划适得其反,居民拿着分派到的武器发起暴动,把米提利尼城拱手交给雅典人。雅典人起初决心要杀光城内的每一个人,但是在屠杀

在希腊艺术之中,有关攻城事迹的描述通常是神话方式,而非重现历史。这是一个伊特鲁里亚骨灰瓮上头的图案,描述的场景是古希腊悲剧"七帅联攻底比斯"的高潮:英雄们攻至底比斯城下。值得注意的是,守城的三名士兵之中,有两人高举大石攻击敌人

了1000名参与叛变的男子之后,他们便感到心满意足了。雅典人对付米洛斯(Melos)的手段则残暴许多。由于米洛斯拒绝向雅典纳税,于是在公元前416年遭到包围。雅典派出的各个部队竞相修筑封锁墙,而且提高警戒,因为米洛斯人之前曾二度利用戒备松弛之处运送补给品。次年,米洛斯终于投降,城内所有的男子都被杀害,妇女与孩童则被卖作奴隶。

当时包围战术已成为雅典军的主要特征。公元前426年,阿卡纳尼亚(Acarnania)的军队偕同雅典将领德摩西尼(Demosthenes)率领的部队来到莱夫卡斯(Leucas),阿卡纳尼亚人便希望德摩西尼用封锁墙包围该城,好让城中顽强抵抗的居民早日投降。雅典的攻城战略有时也会有些变化,比如在波提底亚南方的城镇门德(Mende),由于城内居民与斯巴达派驻伯罗奔尼撒半岛的戍卫军之间有嫌隙,雅典人便利用这个千载难逢的好机会一举入城,大肆劫掠(前423)。然而,门德的卫城却依然久攻不下,因此雅典军队只好回头使用修筑封锁墙的老方法。不久之后,门德附近的城邦赛翁尼(Scione)便被雅典的封锁墙团团包围;但是就在整个包围网要完成之际,门德的军队突破了封锁并溜进赛翁尼。此举对于门德的军队并无益处,因为他们最终仍在抵抗了两年之后投降,全部遭到杀害;至于妇女与孩

由西北方观望之波提底亚一景。古城当年横跨于狭窄的地峡之上，只有当退潮的时候才能穿越。由于现代的新城镇纽波提底亚（Nea Potidaea）的设立，以及开凿运河连通帖米湾与托伦湾，古城目前已无多少遗迹留存（© Thomas R. Martin & Ivy S. Sun The Perseus Digital library, http://www.perseus.tufts.edu）

童则被奴役，土地则赏赐给雅典的盟邦。雅典人喜好采用封锁墙的战术，至少到了公元前409年仍是如此。那一年雅典迫使卡尔西顿（Chalcedon）投降，采用的方法就是用木栅栏围困该城。相同的策略在对付拜占庭（Byzantium）时却无法奏效，该城最终投降是因为内部叛变。

公元前428年，雅典攻击小岛米诺亚（Minoa），从这次攻击行

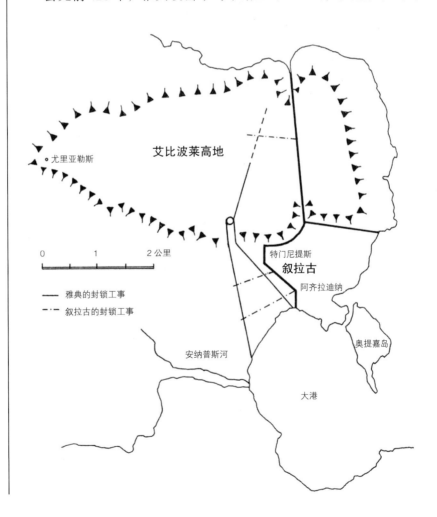

在叙拉古一役之中，雅典的封锁墙战术失效。雅典人在艾比波莱高地上建造环形要塞，在南边修筑两道封锁墙，破坏叙拉古的反制措施，借以掌控通往港口的道路。不过在北边的封锁墙工程进度落后，此战术最终反被叙拉古人破解

动中可以看出，雅典有时也会尝试比较直接的手段。米诺亚岛附近海岸上的城邦迈加拉（Megara）已经建立了一个堡垒，但是雅典军的统帅尼西亚斯（Nicias）从海上使用登陆"机械"夺下该城。研究古希腊的学者埃里克·马斯登（Eric Marsden）认为，这些"机械"一定是安装在船舰上的攻城塔。他最擅长的研究领域是上古时代的投射武器。他所想到的，可能是类似雅典军队在攻打叙拉古的港口时，所使用的那种安装着木塔的运输艇，但是这种装置绝对无法用以进行水陆攻击。尼西亚斯所使用的，比较有可能的是攻城梯。雅典人企图以该岛作为进攻海岸城镇尼塞亚（Nisaea）的跳板。驻守在尼塞亚的是斯巴达在伯罗奔尼撒半岛上的盟军。但是等到雅典果真进攻尼塞亚时，使用的仍是类似的封锁战术。

迈加拉人在自己的城镇与尼塞亚之间筑了一道"长墙"，借以保护通往港口的路线。然而，公元前424年，600名雅典士兵趁着夜色航向米诺亚岛，悄悄潜入长墙，切断迈加拉与尼塞亚的联系。在随后的4000名重装步兵与许多石匠的增援下，他们在城镇的周围筑墙挖沟，充分利用从城郊取得的材料，甚至把整栋建筑物都用在工事之中。两天之内包围网便完成了，伯罗奔尼撒半岛上的守军只得乖乖投降。

只有在叙拉古一役中，雅典的包围战术显得惨不忍睹（参见第65页彩图），不过这大致上应该归咎于统帅的能力不足。公元前415年，雅典决意拿下富庶的港都叙拉古，借以提升对西西里岛（Sicily）的影响力。雅典人把整整一年的时间浪费在零星的小规模冲突上，因此让叙拉古有足够的时间组织防御，并寻求斯巴达的支援。公元前414年初，雅典人占据了能够俯瞰叙拉古的艾比波莱高地，并在西卡（Syca）建立要塞，作为建造封锁墙的枢纽。时局至此，封锁墙是雅典不得不采取的策略。到了仲夏之时，虽然叙拉古人几番试图用木栅从中截断雅典的封锁，但是一面双层墙已经由高地南边伸至港边，不过雅典人却犯了一个严重的失误：北边的进度落后了。叙拉古人眼见机不可失，便在刚刚抵达的斯巴达将领吉利普斯（Gylippus）的率领下，以他们自己筑的墙横断雅典人的封锁墙。叙拉古人的做法不仅破坏了雅典人的封锁，更当面给了雅典人一记耳光：因为他们使用的石材，是雅典人已经摆好准备建造封锁墙用的。凭借仅仅一次出击，叙拉古人便翻转战局，成功阻止了雅典人的封锁策略。

对于雅典在围城战术方面获得的名声，英国牛津大学的学者格兰迪（G. B. Grundy）的评论让人印象深刻。他说，这是"瞎子国之中，独眼龙称王"。然而，如果此声望不是来自于显赫的战功，那么或许是因为雅典人在执行这项战术时所动用的人力物力。的确，公元前411年攻打米利都时，是雅典军队仔细思忖要建造封锁墙的。包围行动固然不一定需要动用到封锁墙，但是雅典人如此热衷此道，显示这项战术必定有些益处。封锁墙除了能保护攻城部队，并且让部队的行动不至于曝光之外，可能还有一些心理因素牵涉其中，因为封锁墙带来的视觉效果十分震撼，能够传递给被包围者一个明确的讯息：他们前途无望了。

斯巴达的攻城战术

斯巴达的攻城能力奇差无比，这一点众所周知。究其原因可以轻易发现，这是因为斯巴达的重装步兵部队比较发达所致。斯巴达部队纵横伯罗奔尼撒半岛，在战场上攻无不克。每当斯巴达的重装部队挺进邻近城邦时，城中居民由于害怕城外的农地遭到蹂躏，每年的收成泡汤，因此出于经济需求的缘故，多半无法再躲在安全的城墙之内，而是出城来保卫农地。这便让斯巴达部队得以发挥所长。因此，对斯巴达军队而言，既然没有攻城的需要，自然也就没有学习攻城之术的机会。

公元前429年，斯巴达入侵阿卡纳尼亚便是一个例子。斯巴达轻易夺下利姆尼亚城（Limnaea）没有防御工事的地方；但是斯特拉托斯（Stratus）的城墙则令斯巴达人却步。斯巴达人除了希望饱受惊吓的居民自动打开城门外，似乎无计可施。同样地，公元前426年攻击诺帕克托斯（Naupactus）的时候，斯巴达人轻易夺下该城没有城墙防御的部分，但是当他们看见有城墙防御的部分还有军队严密戍守时，便不战而退。在此数年前，斯巴达人"使用机械与其他方式"进攻伊诺（Oenoe），但是各种尝试都失败了。公元前385年攻打曼提尼亚（Mantinea）时，由于城墙让斯巴达人望而却步，他们于是筑坝截断流经该城的奥菲斯河（Ophis），借以提高河水的水位，好把泥砖砌的城墙冲毁。

斯巴达不是唯一一个受战术限制的例子。公元前431年，底比斯人决意进攻仇视已久的邻邦普拉提亚。他们靠着城内人的谋反入城，但是300人的先遣部队却未能制服城内居民，结果不是被杀就是被俘。公元前428年，米提利亚企图吞并邻邦麦提姆那（Methymna），结果他们等待的谋反并未成真，整个计划也因而成为泡影。修昔底德记载，公元前418年初，阿尔戈斯人（Argive）试图攀墙攻击埃庇道鲁斯（Epidaurus），结果以失败收场。阿尔戈斯人会这么做，完全是误以为埃庇道鲁斯完全没有防御。同年，曼提尼亚人与伊利斯人（Elean）联合攻击奥科美那斯（Orchomenus），他们不断攻击城防之中较为脆弱的部分，使城中居民害怕大军终有一日会破城而入，因而在恐惧之中自动投降。史有明鉴，盱衡时务要比抵死不从好得多。顽强抵抗只会越加激怒攻城者，一旦城镇失守，免不了带来一场残暴的腥风血雨。

公元前425年，皮洛斯（Pylos）发生的一连串事件演变为某种形式的围城战。皮洛斯地处岬角，雅典将领德摩西尼在此建立要塞，对于斯巴达来说犹如芒刺在背。然而，斯巴达对皮洛斯发动的海陆攻击却是严重欠缺规划。斯巴达人想要趁着雅典舰队到达之前发动攻击,希望能够轻易地夺下皮洛斯,因为"攻其不备,皮洛斯便没有足够的补给品"。可是虽然在陆地作战方面,来自伯罗奔尼撒的入侵者有时获胜,但是在皮洛斯面海的那一侧,德摩西尼所筑的防御栅栏却使斯巴达人连续两天无法攻克。在此同时,为了保险起见,斯巴达人在离岸的斯法克特利亚岛(Sphacteria)部

署了420名重装步兵,以防雅典人占领该岛来控制皮洛斯的湾区。可是,当雅典舰队终于抵达后,斯巴达舰队出航迎战,反而使得岛上的部队陷入孤立无援之境。就这样,斯巴达围攻皮洛斯的战役变成了雅典围攻斯法克特利亚岛,战事的发展与封锁战的情况颇有几分雷同。后来,当德摩西尼发现被围困的斯巴达军竟然仍能获得补给,原来是有斯巴达人不断突破封锁,这才让他决定改用比较主动的战术:他派出800名重装步兵、800名弓箭手,以及2000名轻装步兵,包围斯巴达人,迫使他们屈服。

尽管斯巴达人过去攻城的成绩乏善可陈,但令人出乎意料的是,斯巴达竟然是第一个使用波斯的科学方式攻城的希腊城邦。这一点历史上有可靠记载。公元前429年,斯巴达王阿西达穆斯(Archidamus)率兵抵达普拉提亚城下,除了想要替两年前盟邦底比斯被辱一事报仇之外,由于普拉提亚这个小城效忠雅典,因此更是另一个让他出兵的

雅典人在皮洛斯花了六天时间在岬角建筑防御工事,但是由于只有一口井,而且没有港口,因此就后勤补给的角度来看,这是一个相当不利的位置。然而,斯法克特利亚岛更是有过之而无不及。孤立在岛上的斯巴达部队,只得靠人员泳渡海峡把补给品运到岛上。可是有一次岛上的森林意外起火,使得斯巴达部队的位置更加不堪一击

18世纪的法国军事家福拉尔(Folard)骑士所制作的斯巴达封锁普拉提亚的版画。据修昔底德描述,共有两面墙构成同心圆,中间相距约4.9米,可以作为防卫之用。他写道,整个封锁工事看似一堵厚墙,墙的两侧都有城垛。他的意思是说,两墙之间是有加顶的,如本图所示

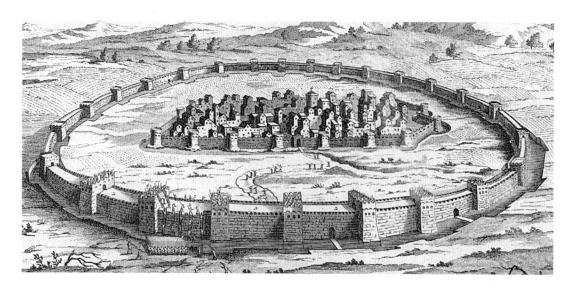

普拉提亚位置图，本照片为从西赛隆山向北俯瞰。划定卫城山丘边界的城墙可能建于罗马时代晚期，但基本上是沿着古希腊时代的城墙位置。此处没有挖掘出任何攻城设备的遗迹（© Andreas L. Konecny）

主要动机。阿西达穆斯照例先要求普拉提亚投降，但是被断然拒绝，因此他便下令大肆蹂躏城外地区，并计划在该城四周修筑栅栏，"以防城内出兵突袭"。

然而，斯巴达的下一个动作让不少学者百思不得其解，因为这支来自伯罗奔尼撒半岛的军队竟然依着普拉提亚的城墙筑起了攻城土坡。至于他们究竟为何选择使用这个战术，迄今仍是一个无解的谜；不过阿西达穆斯常与波斯人往来，可能因此从那边获得一些攻城战术的建议。斯巴达人采伐邻近的西赛隆山上的树木，在土坡两侧用木材垂直相交做成方格状的架子，然后再以泥土、石块和灌木枝等作为原料，填塞起来建造巨大的土坡。在这个时候，普拉提亚人也没有闲着，他们不断往上建造木栅来增高自己的城墙，以免受到土坡的威胁，同时他们还把兽皮铺在木栅上，以防火攻。接着，他们破坏掉城墙与土坡相连接的部分，把泥土运入城中。虽然他们的计谋不久便被斯巴达人发现，城墙与土坡的差距也不再扩大，但是普拉提亚人此时另生一计，从城内挖地道深入土坡下方，于是便能继续挖空土坡。同时，他们还在城内另外建起一道新月形的城墙，作为主城墙沦陷后的第二道防线。就在此时，伯罗奔尼撒人已经运来攻城锤，但是却受到普拉提亚人的反制：他们用套锁套住破城锤之后加以破坏，或是落下巨大横木撞断破城锤的锤头。

由于使用波斯人的战术未能取得效果，伯罗奔尼撒人反过来使用他们的宿敌雅典人最爱的战略：封锁战术。他们建造了双层砖墙把普拉提亚围住，在墙上设置墙垛与瞭望塔，俨然一般的城墙。此外，他们还在封锁墙的内外挖凿壕沟，挖起来的泥土正好就拿来作为砖墙的材料。在封锁了十八个月之后，普拉提亚人终于在绝望之中开始设法潜逃。在一个风雨交加的夜晚，有212名守城的男子趁人不注意的时候攀梯越墙成功逃跑。剩下的200名守卫又撑了六个月才投降。斯巴达人入城后处决了所有男子，奴役了所有的妇女与孩童。

接下来的四十年之中，斯巴达再也没有使用过封锁战术。在面对城墙与壕沟防御的曼提尼亚时（前385），斯巴达人改采其他战术。其他的城邦也没有采用封锁战术，直到又过了二十年（前365），阿卡狄亚人（Arcadian）才使用双层栅栏封锁斯巴达人戍守的可隆姆努斯（Cromnus）。援军无法解救该城被围困的命运，因此全城居民后来全都被发配到阿卡狄亚的盟邦为奴。

希腊的攻城装置

偶尔会有后世作者主张希腊人曾经使用攻城机械，但是他们很可能被雅典人习于夸大的本事给骗了。比方说，公元前489年在帕洛斯，米尔提亚德斯很明显地因为缺乏破城的必要工具，因而试图用计谋引诱守方出城。但是罗马史家内波斯（Cornelius Nepos）在公元1世纪前30年代左右撰写《米尔提亚德斯传》（Life of Miltiades）时，却加进了"掩体与遮棚"的叙述，这些装备是他那个时代进行激烈的攻城战时才会出现的装备。希腊史家狄奥多罗斯（Diodorus Siculus）的写作年代与内波斯相近，他认为希腊人首度使用遮棚与破城锤的时间，应该是在伯里克利围攻萨摩斯之际，那时米尔提亚德斯早已不在人世。一个世纪之后，这个故事又被普鲁塔克重述一遍，他声称自己是从希腊史家埃福罗斯（Ephorus）那里引述来的。然而，埃福罗斯的著作只有断简残篇留存下来，且写成的年代约是萨摩斯之役后一百年，当时的攻城装置已经十分普遍。无论如何，普鲁塔克补充说，并非每个人都相信这个说法。

在欠缺攻城能力的诸多史例之中，罗马作家帕乌撒尼亚斯记述的俄尼阿达（Oeniadae）攻城战受到不少学者质疑。依据他的记载，美塞尼亚人（Messenian）从下方破坏城墙，并且使用"器械"来击毁防御工事。奥尼阿代人为了避免恐怖的猛烈攻击，最后签订休战协议，同意迁出该城。然而，帕乌撒尼亚斯很可能在这一段记载中加入很多细节，这些细节是他那个时代所熟悉的罗马帝国常用的攻城战

修昔底德所描述的投火器，彼奥提亚人（Boeotian）攻击代立昂时使用。两根中空的木梁接合为长管，其中一部分以铁护板包覆。风箱从末端插入，前端则以铁链拴住一口大锅。一根铁管贯穿木头长管，从前端突出弯入大锅之中。此机器需要使用推车来调度部署；操作风箱的时候，大锅中掺混在一起的木炭、硫黄，以及沥青等物质便会产生烈焰

术,但是在公元前500年可就相当罕见了。

整体来说,希腊作家常用"机器"(希腊原文为 mēchanai)这个词来指称各式各样的装置。修昔底德两度提及,斯巴达人使用"机器"破坏普拉提亚的城墙,但是从文章的脉络(以及修昔底德对"embolē"一词的用法,这个词通常是指船上安装的撞锤)来看,所谓的"机器"很明显是指破城锤,虽然这个装置的设计相当简陋,这一点从普拉提亚人能够轻易地将其破坏就可以得知。在其他两处,修昔底德使用"机器"一词指称十分残酷却又精巧的装置——投火器。公元前424年,敌军使用这种装置在代立昂(Delium)与勒西修斯(Lecythus)两地对付雅典军的木制防御工事。公元前403年,雅典人十分惧怕比雷埃夫斯(Piraeus)所使用的"机器",于是在一位工匠(mēchanopoios)的建议下,他们把大石头运来挡在道路中央,阻止该装置前进。不幸的是,我们现在无从得知这种带轮子的奇异装置究竟是什么。不过,在修昔底德的《伯罗奔尼撒战争史》(*History of the Peloponnesian War*)之中,另外八处出现"机器"一词时,似乎是指攻城用的云梯。在正常的情况下,没有理由假设希腊人会使用比这个更复杂的装置了。

大致来说,西西里岛东半部的城镇是属于希腊势力,由希腊管理当地居民。迦太基只占据了西北角。叙拉古除了一手掌控西西里岛的事务之外,也把触角伸向意大利南部

SIEGE WARFARE IN THE TIME OF DIONYSIUS I
狄奥尼索斯一世时期的攻城战

在伯罗奔尼撒战争落幕之后，由于来自北非的迦太基人重新占领西西里岛，使得西方的攻城技术在此地有了长足的进步。公元前480年，迦太基的汉米卡尔将军（Hamilcar）入侵西西里岛的行动被革隆（Gelon）瓦解。革隆以叙拉古为中心建立王国，是西西里岛上的主要势力。当时迦太基的部队正忙着包围希梅拉城（Himera），革隆率领的部队重挫了迦太基人。

接下来又过了好几代，迦太基人都不愿涉入西西里岛的事务，不过他们仍然觊觎该岛的西北角，也就是莫特亚（Motya）以及巴勒莫（Panormus）两个城镇附近的区域。然而，公元前410年，塞杰斯塔城（Segesta）向迦太基求助，打算对抗塞利努斯城（Selinus）。塞利努斯是叙拉古的盟邦，行事蛮横。当时迦太基的统治者汉尼拔（Hannibal）是汉米卡尔的孙子，而汉米卡尔在公元前480年攻打希梅拉时命丧沙场。根据史家狄奥多罗斯的记载，汉尼拔因而满腔怒火，意图报仇。

迦太基人的包围

汉尼拔运来了"攻城用的器械、投掷武器及其他各式各样的装备"。他把这些装备全数用在对付西西里岛的希腊城邦之上，攻其不备，如同他的波斯先人一样。首先，在塞利努斯城的时候，他下令把部队一分为二，很可能是部署于该城镇的对面。接着，"他建造了六座极高的塔楼，并以同样数目、用铁支撑的破城锤撞击城墙"。他的装置比城墙高出许多，使城墙的守军望而生畏。在攻城的时候，汉尼拔的弓箭手与投石手轻易地就打败了守军。汉尼拔在接下来攻打希梅

阿格里真托的南边防御，使得攻城设备不易进攻。然而，该城镇于公元前406年落入迦太基人手中；公元前276年则被皮洛斯占领；公元前262与前210年则两度被罗马人统治（© Jodi Magness, The Perseus Digital Library, http://www.perseus.tufts.edu）

拉时，使用类似的战术。他先让部队"围城扎营"，然后才使用攻城装置同时攻击城墙的不同位置。虽然汉尼拔并未使用攻城塔，但"他也从下方破坏城墙，塞进木头取代原本的石块。放火之后，一大片城墙立刻倒塌"。这种令人寒毛直竖的破坏效率，与公元前480年汉米卡尔攻打这个城镇时形成鲜明的对比。公元前406年在阿克拉加斯（Akragas）一战中，汉尼拔使用两座巨大无比的攻城塔，以此揭开战争序幕。可是，这两座攻城塔后来被守军烧毁了，汉尼拔只好回过头来学波斯人，改采修筑土坡的策略。他的手下捣毁城外的各种纪念碑与墓碑，把它们拿来作为土坡的建材，整个战况俨然九十年前的帕勒帕弗斯一役。最后在杰拉（Gela）这个地方，汉尼拔的继承人赫米尔康（Himilcon）以锤子撞破城墙；但是，城中居民却一次又一次地连夜修补破洞。终于等到城中居民全部逃跑之后，迦太基人才得以破城而入。

迦太基的战役素以残酷闻名。遭到顽强抵抗的围城之师，入城之后把所有怒气发泄在居民身上，这一点不无可能。雅典的希腊悲剧作家埃斯库罗斯（Aeschylus）曾经在公元前490年参与过马拉松之战。他感叹道："墙毁城倾之际，无数生灵涂炭。"确实，公元前5世纪的希腊军队在战争中常常犯下暴行，斯巴达人如何对付普拉提亚，或是雅典人怎样对待弥罗斯，不过是两个例子而已。然而，对于汉尼拔的雇佣兵大肆劫掠塞利努斯城一事，史家狄奥多罗斯好像特别厌恶。城中百姓有一些在家中被活活烧死，有一些在街上的人手无寸铁也惨遭屠杀，妇女被强暴，宗教场所则被亵渎。

迦太基的攻城装置

迦太基人的祖先来自腓尼基（Phoenicia），特别是提尔城（Tyre），因此他们似乎维持着波斯人的攻城战术传统。罗马时代的建筑师与工程师维特鲁威（Vitruvius），以及与他同一个时代的希腊人阿特纳奥斯（Athenaeus）都认为，是迦太基人发明了破城锤。这个流传的内容是说，可能在公元前500年左右，迦太基人攻打加德斯（Gades），但是却无法破坏该城的城墙。他们后来发现，若使用大木梁由上往下撞击，就能够一点一点慢慢地把城墙破坏。同样地，这两人还认为，首先把破城锤的大梁悬挂在支架上，而不是用人力扛着的，是提尔城的培夫拉斯梅诺斯（Pephrasmenos）；而替整个装置安装轮子的，则是名为葛拉斯（Geras）的迦太基人。

另一位罗马作家老普林尼（Pliny the Elder）则认为，弩台（ballista）与投石索皆是腓尼基人发明的。虽然这个说法几乎可以肯定是错的，但是由此可以明显看出，上古时代的人似乎都如此认为。同样地，迦太基人也不可能发明破城锤，因为早在公元前850年，亚述人就已经在使用移动式的破城锤了。不过，这些传说倒显示了一点，那就是迦太基是以攻城之术见长的国家。

叙拉古的狄奥尼索斯一世

迦太基人在西西里岛上取得一连串的胜利，因而使得叙拉古的希腊僭主狄奥尼索斯（在位期间为公元前406—前367年）产生警觉。他向西西里岛东方拓展势力的时候，由于欠缺攻城机械，因此在莱昂蒂尼（Leontini）首度遭遇挫折。虽然该城的居民由于目睹附近城镇落入狄奥尼索斯之手，因而心生畏惧，很快就投降了，但是这个经验却给狄奥尼索斯上了一课。他的势力范围当时已经囊括艾比波莱高地，因此除了加强防御工事之外，他从整个地中海区域各地招募工匠，准备好好充实他的武器配备。在优渥薪酬的吸引之下，工匠从四面八方涌入，包括意大利、希腊，甚至迦太基。他们制造各式各样的装备，其中包括投石机（catapult）。史家狄奥多罗斯认为投石机就是在这个时候发明的，他同时还写道："另有许多新奇的装备，能在战斗时取得极大优势。"后世的人始终记得"各种机器设备皆是西西里岛的僭主狄奥尼索斯的时代发展出来的"。

狄奥尼索斯对迦太基宣战之后，大军向西挺进，攻打巴勒莫、塞杰斯塔、安特拉（Entella），但是主要的重心还是放在离岸岛城莫特亚，因为该地是迦太基的殖民地，同时也是迦太基在西西里岛的主要补给基地（参见第66页彩图）。莫特亚的居民为了防御，于是截断该城与大陆之间的人造堤道，因此狄奥尼索斯的首要之务便是修复这个堤道，以便让他的重型攻城机具能够通过。迦太基的舰队试图阻挠堤道的修复，但是却受到船载投掷武器部队的攻击，此外还有"列于岸边的投石机发射锐利的武器"。亚历山大大帝（Alexander the Great）及其后继者所使用的是转矩式投石机，而狄奥尼索斯是否拥有类似的设备，是一个令学者争论不休的问题。看起来狄奥尼索斯所使用的，比较可能类似巨型腰弩（gastraphet），投掷的力量主要来自超大型的组合弓。这种装置在当时并不普遍，能够轻易地给予迦太基人极大的震撼。

狄奥多罗记载，"各式各样的武器"沿着人工堤道向莫特亚前进，是个很典型的夸张说法（他也常常提到"各式各样的投掷武器"）。除了投石机之外，特别明确提到的，只有破城锤以及六层楼高附轮的塔楼。公元前389年，狄奥尼索斯在攻打考洛尼亚（Caulonia）时，也使用机械；而在隔年围攻列基翁（Rhegium）的时候，他"准备了无数巨大的机械，撼动城墙，用武力夺城"。在莫特亚一战中，守城的一方使用火攻的老方法对付狄奥尼索斯。很明显地，叙拉古人缺乏有效的防火方式，因为每当设备起火时，他们就得忙着灭火。他们或许需要派遣成列的队伍，提着水桶以人工接力的方式从周围的潟湖内取水。

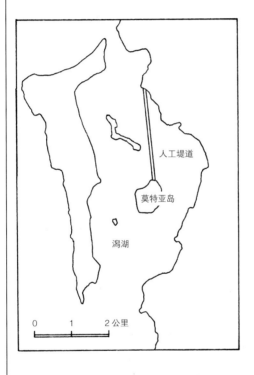

莫特亚岛位于潟湖之中。当时用来连接西西里本岛的人工堤道，如今已沉入水中，但遗迹仍旧清晰可见

一旦狄奥尼索斯攻破了莫特亚，攻城塔的活动吊桥刚好能够到达房子的屋顶，双方因而继续展开近身肉搏战。进攻的部队后来凭着人数上的压倒性优势获得胜利。在一片兵荒马乱之中，整个城镇遭到劫掠，只有躲入神殿内的人能够幸免于难。在列基翁一役的状况则有所不同。该城死守了一年，后来因为断粮而被迫投降。6000名生还者都被押送到叙拉古做奴隶。

然而，攻城机械并非对付城镇防御工事的万灵丹。狄奥尼索斯在莫特亚战役中领略到，若要使用重型装备，地面必须平坦；但即使是这样，也无法保障能够迅速获胜，如同列基翁的例子一样。早在公元前393年，狄奥尼索斯就曾经试图攻打列基翁。他那时冷不防地在夜间发动攀墙攻击，无疑是希望省去运送机械的辛劳跋涉。他的战略之一是把城门烧毁，但是城中居民却故意让火势更大，如此一来烈焰反倒能够阻止狄奥尼索斯的部队入城。在其他的状况下，攻城机械根本就无用武之地，陶罗米尼姆山城（Tauromenium）就是一个例子。这座山城连步兵都很难上去了，更别说是要搬运有轮子的机器。公元前394年，狄奥尼索斯大胆地在仲冬之际进攻这座地形崎岖的冰封要塞，结果被守军杀个措手不及，因而败退。

上古围城战 **029**

塞杰斯塔遗址（西西里岛）迄今从未挖出。公元前 397 年，由于塞杰斯塔与迦太基结盟，因此招致狄奥尼索斯一世的攻击，不过该城却成功击退进犯的叙拉古军（© Nick Cahill, The Perseus Digital Library, http://www.perseus.tufts.edu）

战略家埃涅阿斯

我们如今得以一窥当时希腊人的攻城战术，主要是来自一位被称为"战略家"的埃涅阿斯（Aeneas Tacticus）。他很可能就是公元前 360 年左右的阿卡狄亚名将。埃涅阿斯的著作教导读者如何抵御围城，包括修筑城墙、建造城门、预防纵火等，不过该书绝大部分是在谈论如何防止叛变。在他的书中，埃涅阿斯清楚地呈现了当时攻城战的实际状况。举例而言，斯巴达在公元前 399 年出兵小亚细亚西北，夺下不少城镇，其中一些是凭借武力征服，另一些则是靠计谋赚取。

如果攻城的一方无法指望城内的人叛变而进入城内，那么使用云梯攀墙进攻可能依旧是最常见的策略，因此埃涅阿斯在书中建议，守方应该尽可能让云梯远离城墙，他们能使用的工具包括叉杆，或是另一种他在书中描述的较为复杂的可动装置。他同时也领悟到，火攻对于攻守双方而言都是相当有力的武器。守方除了能用火制造烟雾之外，"若是敌方使用遮棚时"，更应该使用火攻，把沥青、粗麻与硫黄加入以制造烈焰。攻城的一方在守方的弓箭射程之内作业时，一定已发展出各式各样的掩蔽物。比如说，色诺芬就曾记载，公元前 399 年

出土自莫特亚的箭头，多为三角形带套筒，是西西里岛上常见的设计（此图中的 A—G 与 K）。此款设计与带有倒钩的变形款（H 与 J），以及大尺寸附柄的样式（L）等，在希腊地区也广为使用。学者马尔斯登认为，狄奥尼索斯的巨弩可能使用这些箭头（本照片承蒙 B. S. J. Isserlin 授权重制）

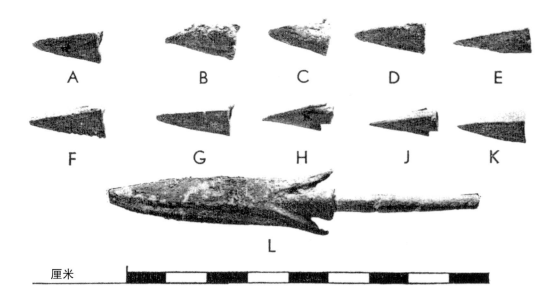

莫特亚北门用大卵石铺成的道路，照片中可以看到两个箭头仍留在挖掘时发现的地点（B. S. J. Isserlin & J. du Plat Taylor, Motya. A Phoenician and Carthaginian City in Scility, Brill, Leiden, 1974, plate 20。本照片承蒙 B. S. J. Isserlin 授权重制）

埃涅阿斯所描述的装置，能够用来阻挡攻城云梯。此装置包含"某种木条门片……下方有滑轮"。此为伊冯·葛兰提出的构想图。绳子的一端拉、一端放，就能够从侧面扫过云梯，使其离开城墙

在埃及的拉里萨（Larissa），斯巴达将领提布隆（Thibron）试图用渠道把城内的供水导向别处，他就使用木棚来保护竖井通道。然而，这个木棚后来仍旧被烧毁了。埃涅阿斯便在书中提醒，城内任何暴露在外的木造建筑都应该慎防火攻。他建议使用的防火措施，包括使用兽皮覆盖或是涂上鸟胶。鸟胶是一种黏稠物质，来自于槲寄生的果子。他还提到，若是任何东西失火了，醋是最好的灭火物质。

埃涅阿斯在书中提到"大型机械"，能够从"投石机与投石索"发射出威力惊人的火焰。他所想象的，可能是类似狄奥尼索斯在西西里岛上使用的移动式塔楼。埃涅阿斯似乎知悉西西里人的历史——在一段有关秘密传信的段落中，他间接提到该岛在公元前357年发生的事件——虽然攻城塔在接下来的十多年间在希腊本岛并不普遍。同样地，他所说的"投石机"很可能是指石弩，或是某种机械式的弩弓，这在当时的希腊也很少见。

至于埃涅阿斯所获得的破城锤知识，很明显是来自修昔底德笔下伯罗奔尼撒人攻打普拉提亚的叙述。举例而言，他建议使用稻草堆、一袋袋的棉花，或是填充饱满的牛皮等物来吸收破城锤的撞击；同时他也建议使用套索套住锤头，让破城锤失去平衡，或是用重物把锤头整个砸掉。雅典将领卡布里亚斯（Chabrias）于公元前376年包围纳克索斯时，固然"把机械运上城墙，并且用以撼动城墙"，接着在攻击德莱斯（Drys）的时候，他似乎也运用了破城锤，但是这些很可能都只是个别事件，之后并没有其他类似的记载。直到公元前350年，当时的波斯雇用希腊雇佣兵，才使用"机械"猛攻培琉喜阿姆的城墙。我们不禁怀疑，希腊人可能很少使用破城锤（或是一般的攻城设备），其中的原因或许是缺乏技术，再加上希腊地区的地形崎岖多山，要调度有轮子的重型装备也十分不容易。

埃涅阿斯建议把可燃物装在长杆上，充满铁刺，犹如"一记雷劈"。这种武器如同菲隆的火蒺藜，能够刺入敌方的机械之中，确保造成火攻损害。本图为一枚斯巴达硬币，上面刻画的图案是希腊人所想象的雷电典型模样，两端均有尖头（© Hunter Coin Cabinet, University of Glasgow）

埃涅阿斯的书中扼要提到挖掘地道，因此一般推测，那个时期的攻城战术应该包括挖空城墙基座。当时读过希罗多德著作的人，想必都十分熟悉这种波斯人（以及迦太基人）常常使用的策略，但是这并不意味着每一位将领都急于在战场上付诸实行。当然，那时的希腊人也具备了相当的挖矿技术，但是依据美国学者乔希·奥伯（Josh Ober）的观点，希腊的公民士兵相当看轻这项工作，因为这项工作通常是由奴隶来做的。诚然，在埃涅阿斯那个时代，如果挖空城墙基座的战术真的很普遍，那么他应该会选用一个比较直接的例子，而不是以波斯人进攻巴尔卡为例。

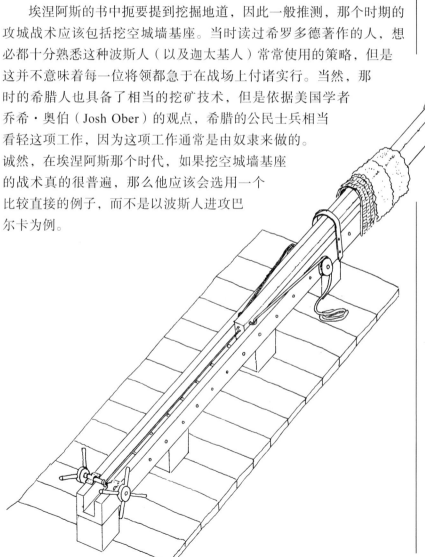

希腊在某个时期展出的另一种破城锤，锤身末端带有铁尖头。这种装置的希腊文称为"铁耙龙"（trypanon），意思是"锥子"。埃涅阿斯曾经简略地提到过此装置；此外，伯利埃努斯在某篇日期不详的日记中也曾有记载。此图所示为亚历山大时期的工匠迪阿底斯（Diades）的设计图

MACEDONIAN SIEGE WARFARE
马其顿的围城战役

希腊人似乎并未完全发挥机械化攻城方式的潜力，不过到了马其顿国王腓力二世（Philip II，在位期间为公元前359—前336年）的时候，情况才有所改变。究其原因，一部分固然是因为维持一支攻城劲旅的开销庞大；但是另一方面，若是维持这样一支部队，言下之意想必是打算时常攻城掠地，而这种情况只有在马其顿王国扩张霸权的时候发生。最后一点则是，如同目前很多权威学者所指出的，在公元前5世纪时，那些固若金汤的城墙可能让一般民兵望之却步，但是腓力二世的部队是职业军人，他们倒是乐意进攻。更重要的是，马其顿的职业军人制度让专业的工匠与工程师有机会加入作战行列，若是缺少了这批人，亚历山大大帝（在位期间为公元前336—前323年）就不可能有随军的攻城装备。

腓力二世的攻城战术

雅典的伟大演说家德摩西尼（Demosthenes）曾大肆抨击马其顿的战斗方式：作战不再是某个夏日才能进行的公正公开的较量；相反地，腓力二世有可能在一年之中的任何时间忽然现身城外，架设起攻城装备进行围攻。在上古时代的人们心目中，腓力二世与之前的狄奥尼索斯一样，都被认为是发展攻城机械的重要人物。确实，第一位名字为人所知的希腊军事工程师，是被称为"塞萨利人波吕伊多斯"（Polyidus the Thessalian），他从军的时间正是"公元前340年，阿门塔斯（Amyntas）的儿子腓力攻打拜占庭的时候"。

对于腓力二世的征伐行动，上古时代的作家提到了一长串地名（但绝非巨细靡遗的清单）：公元前357年的安菲波利斯

福拉尔的版画，显示如何套捕破城锤，阻止其攻击。埃涅阿斯建议使用绳子做成套圈，但是本图中的吊具前端装有夹具，希腊人称为"海帕克"（harpax）

（Amphipolis）、公元前356年的庇得拿（Pydna）与波提狄亚、公元前355年的迈索内（Methone）、公元前352年的费莱（Pherae）与帕加萨（Pagasae）、公元前349年的斯塔吉拉（Stageira）、公元前348年的奥林索斯（Olynthus）、公元前347年的哈鲁斯（Halus）、公元前342年的潘多西亚（Pandosia）、布切塔（Bucheta）、艾拉提亚（Elataea），更不用说还有32个色雷斯人（Thracian）的城镇也被腓力二世完全摧毁。毋庸置疑地，迈索内是靠武力夺来的，因为在这场战役中，腓力二世的眼睛中箭。此外我们也知道，腓力二世在攻打安菲波利斯时，"攻城装置向城墙挺进，连续不断地猛烈攻击，他用破城锤撞毁部分城墙，从裂口进入城内，击杀大批敌人，夺下该城"。

有趣的是，德摩西尼宣称，安菲波利斯与庇得拿的沦陷是由于叛变，因为腓力二世擅长使用贿赂手段，这一点人尽皆知。至少梅奇伯纳（Mecyberna）与托罗内（Torone）两地被收服，据说就是"因为叛变，所以避免了战争的伤亡"，此外可能还有很多城镇是被同样的方法收服。有一则传说是这样的：某一个城镇的居民十分得意，认为他们的城墙牢不可破。这时腓力二世打趣地问道，不知道是否连黄金也无法越过这道城墙。罗马雄辩家西塞罗（Cicero）写道，腓力二世曾说过一段话，让人印象深刻。他说，任何要塞都能攻克——只要一只满载黄金的小驴子能够进得去。

然而，腓力二世并非屡战屡胜。公元前340年，他对佩林苏斯（Perinthus）发动攻击，虽然派出全副攻城装备，结果依然惨败。狄奥多罗的记载之中，提到80腕尺（约37米）高的攻城塔，加上破城锤与挖掘地道等行动，以及发射弓箭的弩机，"用以歼灭城垛上的守军"。不过，佩林苏斯人获得波斯与拜占庭的支援，因此腓力二世陷入一场胜利无望的战役。此外，腓力二世认为拜占庭此刻的防御应该呈现真空状态，因此大胆地同时袭击拜占庭。腓力二世的行动招致邻近希腊城邦的敌意，最后迫使他不得不断然放弃两边的军事行动。

亚历山大大帝的围城战役

亚历山大是腓力二世的儿子与王位继承人，他对于攻城战术的态度与其父十分不同。如同历史学家弗兰克·阿德科克（Frank Adcock）爵士很久以前就指出的，"他的攻城行动充满狂热的决心与聪明的策略"，而不是靠引发叛乱。马斯登则偏好将亚历山大的成功归因于优异的攻城机械。诚然，公元前334年，亚历山大进攻米利都的时候，他确实"使用机械来破坏城墙"，在城墙上开洞好让大军涌入。几周之后，他的部队借着移动式掩体的防护，在哈利卡纳苏斯（Halicarnassus）填平了30腕尺（约为13.5米）深的防御壕沟，好使攻城装置能够发挥作用。因此，亚历山大再一次得以"使用破城锤攻击防御塔，以及塔与塔之间的间壁"。在这样连续渐次攻击之下，波斯守军最后只好弃城逃跑。

很明显地，即使在没有重型攻城装备的情况下，亚历山大仍旧十分乐意发动攻击。比如说，公元前335年在底比斯，亚历山大"准备攻城装置"的时候延误了三天。然而，底比斯人出城迎战时，却被马其顿军队的方阵击退。马其顿方阵紧跟着底比斯人通过城门进入城内，丝毫不需要动用攻城装置。同样地，公元前326年至前325年攻打马利安人（Mallian）的主要城镇时，组装好的设备来不及运抵供亚历山大使用，因此他便在没有攻城装置之下发动强袭。稍早，在桑伽拉（Sangala）时，"他下令组装运送攻城装备"，原本意图粉碎城墙，不过他的手下已经着手破坏墙脚，并且使用梯子攀越过倾倒的城墙。

当然，很多因素都会决定是否使用攻城装置，最重要的当然是城防的强度与状况。公元前329年,亚历山大听说粟特(Sogdiana)叛变,他下令只建造进攻用的云梯。由于参与叛乱的六个城镇都只有矮墙防御,因此被轻易地攻克。不过,其他因素也会决定是否动用攻城装置。在围攻哈利卡纳苏斯的时候,亚历山大绕道至明达斯(Myndus),由于他预料该城会变节投降,因此没有攻城装置随行。不过他被骗了,虽然此时他的属下开始破坏墙脚,但是后来的援军迫使亚历山大的军队撤退。

从奥林索斯出土的马其顿石弹,上面多刻有铭文。有些提及腓力二世或他的将领,如编号2180的石弹(最下列),其内容为"整装待发的阿尔启亚斯";有些则是兵士们的嘲讽词,如编号2176的石弹(最上列),其中一侧刻着"讨厌的礼物"(D. M. Robinson, *Excavations at Olynthus*, Part X, *Metal and Minor Miscellaneous Finds: An Original Contribution to Greek Life*, plate CXXX, © 1941 The Johns Hopkins University Press,本照片承蒙约翰·霍普金斯大学出版社授权重制)

亚历山大最有名的围城战役,要算是对泰尔发动声势浩大的攻击。由于泰尔位于今日黎巴嫩岸边的小岛上(参见第66页彩图),为了要把攻城装置运到城墙下,马其顿人开始修筑跨越海峡的堤道。但是在工程进行了六个月之后,亚历山大想必发现,若只以狭窄的堤道作为攻击前线,无异让守城的一方占尽优势。因此,他下

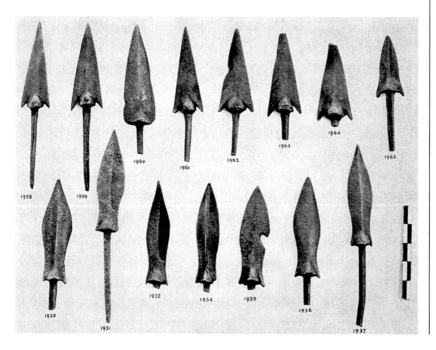

从奥林索斯出土的一系列青铜箭头,其中很多可能是公元前348年马其顿攻城时所用。箭头的侧边呈直线或曲线,附带坚硬的柄脚,能够插入木箭杆之中。这种设计十分典型,从古典时代至希腊化时代均可见(D. M. Robinson, *Excavations at Olynthus*, Part X, *Metal and Minor Miscellaneous Finds: An Original Contribution to Greek Life*, plate CXXII, © 1941 The Johns Hopkins University Press,本照片承蒙约翰·霍普金斯大学出版社授权重制)

令改用船舰搭载"机械,尤其是破城锤",如此一来就能对全岛同时发动攻击。最后有一些士兵从提尔城靠海的那一面城墙上的豁口进入城内,另一些则从堤道上的攻城塔降下舷梯越过城墙。虽然这场战役旷日持久,但是却让上古时代的人民心中留下了深刻印象。

后来对加沙的行动（公元前332年）则比较难以分析,因为现存的两个记载互有出入。这两个资料分别来自史家阿里安（Arrian）与昆图斯·库尔提乌斯（Quintus Curtius）。加沙位于地势较高的荒丘之上,因此需要修筑攻城的土坡。两位作者都提到攻城装备,库尔提乌斯的细节比较多,他提到沙地下沉,因而造成攻城塔的底盘损坏;但是阿里安则只描述土坡,声称该土坡的宽度为两个"司达德"（约370米）,高度为55英尺（约17米）。从库尔提乌斯的描述中可以明显看出,攻击活动的主要方式为破坏城墙基座。

从进攻提尔与加沙的例子之中,可以看出亚历山大在心中筹划大规模进攻行动的能力,以及将计划贯彻实行的决心。同样地,公元前327年在马萨卡（Massaga）,马其顿军在填平一处"极大的壕沟"时,整个行动延迟了九天,但完工之后城墙随即被"机械"打破;然而,进城后亚历山大却遭遇到顽强的抵抗,后来因为城中首领被弩箭射中身亡,整个城才俯首称臣。在阿尔努斯岩（Rock of Aornus）这个地方,由于山壑陡峭,需要更多时间来填土铺路,因此亚历山大率领的马其顿军队花费了七天时间,才能够接近这座固若金汤的要塞。

在亚历山大的动态攻城战术之中,被动的包围封锁毫无用武之处。虽然我们不时发现,亚历山大偶尔也采用雅典人的"包围网"战术,不过通常只是手段而非目的。举例来说,公元前329年亚历山大平定索格地亚那人的叛乱时,曾指示大将克拉特罗斯（Craterus）用壕沟与木栅栏包围实力最强大的城镇西罗波利斯（Cyropolis）,不过他这么做的用意,是希望使该城的叛乱不致扩大,好让他能专心对付其他城镇。等到班师回到西罗波利斯后,亚历山大对城墙展开猛烈攻击,使城内守军为了巩固城墙而疲于奔命,这时,他重新施展三百多年前波斯人对付巴比伦城的方式,从干涸的水道进入城内,从里面打开城门。在经过一阵激烈的交战之后,该城终于被夺下。

位于半岛上的城镇很容易从大陆上"隔离"。据说公元前411年的雅典人与公元前334年的亚历山大在攻打米利都时,都曾思考过这个战术。此战术的希腊文可能为apoteichismos,借以与periteichismos（包围网）有所区别

今日在提尔古时所在的岛屿与大陆之间有狭长的地峡相连。据推测这条地狭为当年马其顿修筑的堤道，其残骸历经数百年的沉积而形成（©IFAPO）

马其顿的攻城装置

对于攻城战术的历史贡献，腓力二世的地位自然不可动摇，但是让学者马斯登感兴趣的，却是他在佩林苏斯所吃的败仗。马斯登推测，约在公元前350年，腓力二世建立常设的兵工厂，但是这些兵工厂的成效不彰，这点在公元前340年的佩林苏斯战役中一览无遗。因此，在进攻拜占庭的时候，他只得指派新的总工程师上任。马斯登认为，波吕伊多斯正是出现在这样的背景之下，而他效力的时间推测为公元前340—前335年。当然，以上纯属臆测。在攻打拜占庭时，马其顿人建造了一座巨大的"夺城塔"（helepolis），虽然波吕伊多斯显然与这个机器的建造有关，但是我们却无法确定这事发生在他生涯的初期还是末期。

波吕伊多斯的弟子迪阿底斯与卡莱斯（Charias）很可能从一开

从哈利卡纳苏斯西北角望向海港。右上方可见十字军在札菲利昂半岛上的城堡。本图前方城墙为近代所建，但很可能是循着古代的设置位置。左上方可见城墙路线，前方有一道壕沟（©Poul Pedersen）

本图左侧的平坦山脊为英国探险家斯坦因爵士确认的阿尔努斯遗址与比尔萨山。亚历山大从西边（图右）进入，需要以木头修筑堤道，才能穿过深达150米的布里马尔康多峡谷（J. F. C. Fuller, *The Generalship of Alexander the Great*, Eyre & Spottiswoode, London 1958, plate 4）

始就随着亚历山大东征西讨，这一点或许支持了马斯登所提出的时间表。这两个人很可能发明了移动式的防御掩体，或称为"龟形掩体"（testudo），这种装置后来在攻城战中十分普遍，特别是要推进破城锤接近城墙的时候。上古时代的人称迪阿底斯为"与亚历山大共同征服提尔者"，并且很有可能在攻城的时候，他发明了著名的"登城桥"（boarding bridge）。后来的史家抱怨，迪阿底斯从来没有留下书面资料，教人如何建造这些设备。

马其顿军队常常使用大量复杂的装备，造价一定十分高昂。在费莱一战中，腓力二世眼看就要吞下败仗，因此决定要让这些装备毫发无伤地撤退，于是下令工程师连夜拆解装备。这个行动让他的部队暴露于危险万状之中，随时可能遭受来自城内的反击，因此，马其顿人佯称他们是在组装新的机械。城中居民闻之色变，于是便连夜赶忙强化防御，完全没有时间阻止腓力二世诡异撤退的行径。这么庞大的装备也会造成输送问题。在攻陷米利都之后，亚历山大由海路把攻城装备运送到哈利卡纳苏斯，而在加沙使用的投射武器则运送到提尔。若是经由陆路运输，想必更加困难，不过我们知道，迪阿底斯设计的攻城塔为可拆卸式的，很可能是因为这项创新的发明，使得亚历山大即使在兴都库什山的崎岖地形仍能使用攻城装置。

马其顿的投射武器

马斯登相信，由于腓力二世的工程师所带来的技术进步，才使得亚历山大能够经常使用投射武器。这个说法作为一项假设是挺值得赞赏的；更不用说，在当时雅典的喜剧中，腓力二世的身旁总是围绕着投石机，且在一份公元180年左右的字汇表中，有一个词是"马其顿的投石机"（katapeltai Makedonikoi），显示投石机与马其顿有某种特殊的关系。投石机的发展想必是一个尝试错误的缓慢过程，而首次出现在哈利卡纳苏斯与提尔的投石设备也不可能威力强大。狄奥多罗斯的说法必定有些夸大，他说，亚历山大在提尔城"以投石设备击倒城墙，发射出去的弓箭迫使城垛上的守军后退"。以弓箭压制敌方的做法是可以预期的，不过投石设备是否能够击倒石造城墙则非常令人怀疑。

地中海的一些城镇老早就拥有投石机。公元前340年，拜占庭便曾出借一些机台给佩林苏斯；而公元前334年哈利卡纳苏斯也取得一些。提尔人"拥有数量庞大的投石机，还有其他攻城所需的机器"；就连曾在波斯湾阻止亚历山大的波斯部队似乎也有投石机。阿里安声称，他们除了从通道两侧的高地滚落巨石攻击之外，还从"机器"上发射大量箭矢。依照马斯登的看法，这些投石机是变形款的巨弩，不过这仍是一个没有定论的问题。就算马其顿人发明了力矩式的投石机（这一点似乎很可能），行走四海谋生的工程师也可能把这项发明传播到地中海东岸。

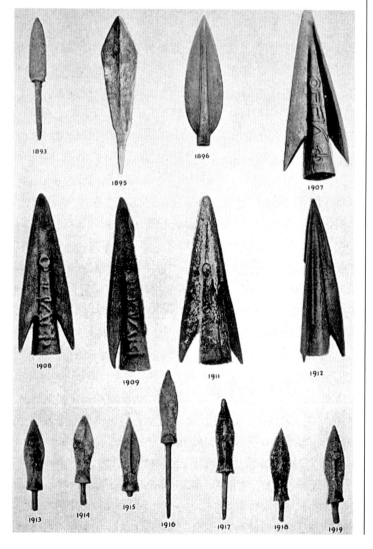

奥林索斯出土的一组青铜箭头，最前头三支（编号1893/1895/1896）可能属于公元前5世纪的波斯，其余则可能属于马其顿所使用。大型三叉箭头（约7厘米长）上面刻有腓力二世的名字。马斯登认为，这些箭头可能是由大型的巨弩型投石机发射出来的（D. M. Robinson, *Excavations at Olynthus*, Part X, *Metal and Minor Miscellaneous Finds: An Original Contribution to Greek Life*, plate CXX, © 1941 The Johns Hopkins University Press，本照片承蒙约翰·霍普金斯大学出版社授权重制）

HELLENISTIC SIEGE WARFARE
希腊化时代的围城战役

所谓的"继业者"（Diadochoi）是泛指亚历山大之后的继承人。他们较为人熟知的是平原战，因此一般认为，围城战在此时期较不受重视。当然，若是一方躲在城墙的防御之内，另一方由于没有任何资源，就只能运用任何能够派上用场的攻城技术。就在亚历山大驾崩之后，雅典军队在利奥斯典纳斯（Leosthenes）的率领之下，打败了马其顿的摄政安提帕特（Antipater），把他围困在希腊中部城镇拉米亚（Lamia）。利奥斯典纳斯屡次试图突破城墙防守，但是都徒劳无功，因此改用封锁策略，以高墙与壕沟把拉米亚围住，但是不料利奥斯典纳斯却意外地在混战之中丧命，这才使得封锁行动画下句号。

公元前317年末前316年初的冬天，安提帕特的儿子卡山德（Cassander）同样包围了庇得拿，从海上的一头到另一头建立封锁线，打算等到气候稍佳的时候再来攻击城墙。然而，在这个双方对峙的时候，城内由于饥荒闹得凶，守军只好把骑兵所骑的马匹宰杀来吃，而城内居民据说也已经到了吃人肉的地步。小亚细亚的统领安提柯（Antigonus）也用过类似的战术，当时（约公元前320年）他对付的欧迈尼斯（Eumenes）躲在阿尔曼尼亚人的堡垒诺拉（Nora）之中。狄奥多罗斯描述道，安提柯用"双重墙壁、壕沟、巨大的栅栏"把该城环绕，持续包围该城长达一年。（欧迈尼斯在被围困时发明了一种装置，能够操练骑兵所骑的马匹，使马匹维持健壮。）

并非所有将领都热衷于被动式围城战术。亚历山大死后，佩尔狄卡斯（Perdiccas）承继了大军的指挥权。他向埃及的托勒密王国（Ptolemy）发动攻击，打算直取骆驼堡（Camel Fort）。然而，虽然他同时使用攀梯攻击，以及让大象冲撞栅栏的奇策，但是却仍旧无法打败托勒密的部队，最后只好铩羽而归。阿里达乌斯（Arridaeus）在对付离岛城镇基齐库斯（Cyzicus）时，则是使用另一种攻击方式，"发射各式各样的投射武器、同时使用投石机与弩机，以及其他适合围城的各种装备"，但是由于缺乏海军的支援，最后还是未能得手。公元前319年，波利伯孔（Polyperchon）继安提帕特之后成为马其顿的摄政，他后来进攻米格洛波里斯（Megalopolis）时，大象再次扮演重要角色。虽然城中居民修补了防御工事，并且发明了新的弩机，但是波利伯孔的象队在攻城塔的掩护之下，仍旧能够破坏大片城墙。象队接着被引导到城墙裂口处，但是由于居民已经把带有钉子的门板铺在路上，因此当大象踏上这些门板时，脚底的剧痛让它们像发了狂似的暴冲，反倒造成波利伯孔的部队死伤惨重。

围城者德米特里

安提柯在巩固了小亚细亚与中东的势力之后，便能够大举入侵雅法（Joppa）与加沙，但是他花了十五个月的时间才让提尔投降，此举与之前亚历山大对付该城时所采用的灵活围城战术大相径庭。相反地，安提柯之子德米特里（Demetrius）则是以发动精准的围城战术著称，被后人称为"围城者"（poliorcetes）。当然，他身旁最亲近的幕僚之中，有一人名叫菲利普（Philip），极可能曾在亚历山大麾下担任过工程师。事实上，德米特里确实获得一连串的胜利，比如说，单单在公元前307年，他就攻克了穆尼契亚（Munychia）、迈加拉、乌兰尼亚（Ourania）、喀尔帕西亚（Carpasia）。次年，他攻下塞浦路斯岛的萨拉米斯（Salamis），尽管在战斗的过程中，他的攻城设备被萨拉米斯人摧毁。然而奇怪的是，世人记得最清楚的，反倒是他在公元前305年至前304年罗德斯战役的重大失利。研究古希腊的学者阿诺德·戈姆（Arnold Gomme）很早就指出，德米特里充其量只是一位"围城者"，而不是"夺城者"（ekpoliorketēs）。从德米特里在罗德斯一战失利的状况来看，这个称号颇有几分嘲讽意味。

后人显然未能领略这个称号的讽刺意味，像狄奥多罗斯就是其中之一。他相信德米特里的这个称号，是来自"他常要求工匠制造很多超出他们能力范围的东西"。相反地，德米特里的围城战术并没有任何特别新颖之处，不过他的攻城装置体积之大，倒是令人印象深刻。据说他曾经赞助拜占庭的赫杰佗（Hegetor），让他研发一种硕大无朋的龟形破城锤车；此外，高大无比的夺城塔也成为德米特里的金字招牌，可惜在罗德斯一役中，史无前例的巨大夺城塔并未能震撼敌军。

上古时代关于罗德斯战役的记载中，提到德米特里如何一次又一次地被击退，甚至连他的夺城塔都被罗德斯人纵火焚烧，因而败退。最后，安提柯只好劝他的儿子与罗德斯人议和。唯独维特鲁威的记述比较多姿多彩，他写道，罗德斯的工匠戴格尼塔斯（Diognetus）阻挠了夺城塔的进攻。他所使用的方法，是在路上和了泥和水，再倒上馊水，因此巨大的装置"陷在泥泞之中，进退不得"。

早期罗马

在地中海东岸与西西里岛上，新的攻城机械与投射武器不断发展；此时在意大利半岛上，却在展开另一种形态的围城战役。关于罗马的早期历史，我们的主要资料来源是李维（Livy），以及增补其内容的"哈利卡纳苏斯的狄奥尼索斯"（Dionysius of Halicarnassus）。这两位作家活跃的时期为罗马帝国的奥古斯都大帝时代，距离他们所撰述的历史事件已经年代久远，因此对于公元前300年左右发生的事情，学者普遍怀疑他们的记载是否正确。举例来说，两位作家都曾描述过公元前493年的科里奥利（Corioli）战役，而有名的罗马将军科里奥兰纳斯（Coriolanus）便是由此役得名。根据李维所述，罗马的围城部队腹背受敌，前方是试图突围的城内部队，后方是前来驰援的伏尔斯人（Volscian），但是科里奥兰纳斯大胆强攻洞开的城门，并且使用火攻，这个故事后来大致被普鲁塔克保留。另一方面，狄奥尼索斯的记述则包含破城锤、柳枝编成的遮屏，以及攻城用的云梯。尽管一般认为，他提到的这些设备，对于公元前5世纪（乃至前4世纪）罗马的攻城战役而言，都是相当陌生的。因此，狄奥尼索斯的记述如果不是全然捏造的，那么至少也是言过其实的。

早期的罗马围城战役之中，最有名的无疑要算是公元前396年征服伊特鲁里亚（Etruscan）的维艾城（Veii）。这场战役据说打了十年之久，但是由于与历史上知名的特洛伊战争太过雷同，因而不禁让人怀疑其可信度。在这场战役中，故事同样围绕着一位英雄人物打转，那就是以正直著称的卡米勒斯（Marcus Furius Camillus）。据说有一次，有一名法莱伊人（Falerian）教师打算背叛自己的城镇而投靠罗马，

格林多的要塞，又称为阿卡格林多。本图为北面。公元前303年德米特里攻打此地时，本要塞内的守军惧于他调兵遣将的威名，因而投降

结果却被卡米勒斯惩处。此处的主要史实被过度渲染，如同在科里奥利的战役一样，主要的目的是为了彰显主角的伟大。在围城之初，卡米勒斯尚未抵达督军，罗马人似乎已用尽所有的"塔楼、掩体、遮棚，以及其他各式各样的攻城器具"，但是都徒劳无功。不过这段叙述很可能是后来加上去的，只为更加凸显卡米勒斯的非凡成就。传说中还提到卡米勒斯选派精锐部队，挖掘地道进入崎岖的要塞，从内部打开城门。但是这段记载同样不足为信。有趣的是，维艾城的地下通道是出了名的错综复杂，或许因为这样，才有上述的故事流传。

不要忘了，公元前4世纪末叶，罗马不过是个在意大利半岛上急于征服邻国的城邦，它完全没有注意到附近的西西里岛上发生的事。当时，叙拉古与迦太基又陷入一番酣战，叙拉古僭主阿加托克利（Agathocles）使用各种围城战术，包括公元前295年在克罗同（Croton）采用封锁与破坏墙脚的方式，以及公元前307年在尤蒂卡（Utica）使用攻城机械。他在当地使用攻城塔时，甚至还把战俘钉在塔壁上，试图进行令人毛骨悚然的心理战。相反地，这个时期罗马的攻城战术则相对简单。李维的记载写道，公元前296年罗马大军进攻穆干提亚（Murgantia）、斐伦廷（Ferentinum）、罗木利亚（Romulea），而至少在罗木利亚之战中使用攀墙进攻的策略。公元前293年，罗马军队大破阿奎隆尼亚（Aquilonia）城门，所凭借的是"龟甲盾阵"——把盾牌高举于头顶以防护的阵形。

防御工事

公元前4世纪晚期至前3世纪初，希腊世界动荡不安，使得城镇的防御工事又再度受到重视。然而，若要详细地指出此风潮的确切年代，恐怕是困难无比。举例而言，在城塔环绕的开放中庭之内安装嵌墙式闸门，这个做法据说就是为了因应大量使用机械的围城战术。这样的设计固然可以在公元前3世纪晚期的佩尔格（Perge）与希德（Side）两城的环道上看到，但是早在公元前369年建造麦西尼城（Messene）时就可以发现同样的设计了。一般认为，若城堡出现许多尺寸比较小的便门，这样的设计通常是公元前4世纪晚期的特色。理由是在这段时期当中，被包围的一方偏好采用"以攻为守"的战略，因此便门的设计能方便步兵出城破坏敌方的攻城机械。不过，话说回来，这样的设计也可能只是为了方便太平之时居民的日常活动。

另一个受学者青睐的辨识特征，是有无城塔的设计。若是有较高、较大的城塔，通常意味着有防御性的投射武器，再加上若是有窗户（而非弓箭手使用的洞眼）的话，则证据就更加确凿了。不过，针对城塔的研究是一门复杂的学问，就算塔上有较宽敞的空间，也不必然保证当时有设置大型弩机。一般而言，城塔有许多功能，包括掩护哨兵、让弓箭手能够纵向射击延伸出去的间壁，更别忘了另一个也很重要的功能——维持警戒。

公元前4世纪晚期，弩机已成为城镇防御常见的武器，通常安置在有掩蔽的地方，一来能够避免日晒雨淋，二来可以躲过敌方攻击。此外，塔室能够轻易提供足够的空间，让人员操作机器时更加快速有效。话虽如此，我们可以看到，公元前274年迦太基人在利利巴厄姆抵御皮洛斯的进攻时，在危急万分之下，弩机也能够轻易地沿着城墙摆列。马斯登相信，为了扩大射程范围，弩机应当尽量往高处放置，这一点至为重要；不过，上古时代的作者们并没有相关的论述。事实上，由于转矩式投射武器的运作特性，当时人的想法与偏好可能正好相反：近距离比较容易瞄得准，而且低弹道可以造成直接杀伤力。

SIEGE WARFARE DURING THE ROMAN REPUBLIC
罗马共和时期的围城战役

希腊史家波利比乌斯（Polybius）编撰了罗马史，起讫年代为公元前264年至前146年。由于他本身又是军人，因此对于这个时代所发生的围城战役，他的著作提供了相当信实的描述。公元前264年至前241年间发生了第一次布匿战争，当时罗马军队首度远征海外，包含在西西里岛上进行数场零星的围城战役。那时西西里岛的许多城镇都有迦太基的军队戍守，不过罗马人缺乏有效攻城的装备与技术，因此只得靠海战来一决胜负。

公元前262年，发生在阿格里真托（Agrigentum）——希腊人称为阿克拉戈斯（Akragas）——的围城战提供了一个鲜明的例子。罗

已故的埃里克·马斯登，以及他重制的三脚弓箭发射机。本图摄于英国英格兰的梅登堡（Maiden Castle）。这台机器是用来发射69厘米长的弓箭，很可能是公元前3世纪至公元1世纪时典型的弩机（P. Johnstone, *Buried Treasure*, Phoenix House, London, 1957, plate 61）

马人意图让城里的人挨饿，以此胁迫投降，因此用双重壕沟把该城团团围住，内沟可防御城内守军突击，外沟则可阻挡援军进攻。不过，历经五个月的封锁之后，反倒是罗马军队自己的粮食补给出现短缺，而且兵营当中痢疾肆虐。虽然罗马人轻易地击败了前来支援的迦太基部队，但是由于疏于防备，竟然让不少守军趁夜成功逃离该城。在接下来那一年，罗马人封锁米蒂斯特拉（Mytistratum）七个月之后却宣告失败，直到三年之后城内居民自愿开城投降，罗马人才夺下该城。另一个发生在利利巴厄姆的例子则更为显著。这个沿岸城镇位于迦太基以前的要塞莫特亚的下方，罗马人包围该城整整十年却始终攻不下来。起初罗马人使用主动攻击战术，再加上叙拉古的国王亥厄洛（Hiero）很可能提供攻城机械，因此得以破坏大范围的防御工事，不过，迦太基人的一轮猛攻却击退了罗马人。战况很快陷入僵局，主要是因为罗马人未能完全封锁利利巴厄姆的港口，使得整个封锁线出现缺口。公元前241年战争结束时，该城仍旧未被攻克。

拜占庭的菲隆

这段时期的围城战役，主要可以参见菲隆（Philon）在公元前3世纪晚期的著作《机械大全》（Mēchanikē Syntaxis）。这本全集除了有一个章节专门讨论如何制作投射武器（Belopoiika）之外，还包括包围与解围战术的教学。今日的书商常把这些内容合并在一起，成为

据波利比乌斯所载利利巴厄姆战役，当时罗马人设了两个营地，两营之间以壕沟、栅栏、城墙相连。此为达富拉尔假想当时状况所绘之版画，可以看出利利巴厄姆被两道泥土所筑的防御工事环绕，情况如同阿格里真托一样。图中可见迦太基人的船只不断进出港口，丝毫未受攻击

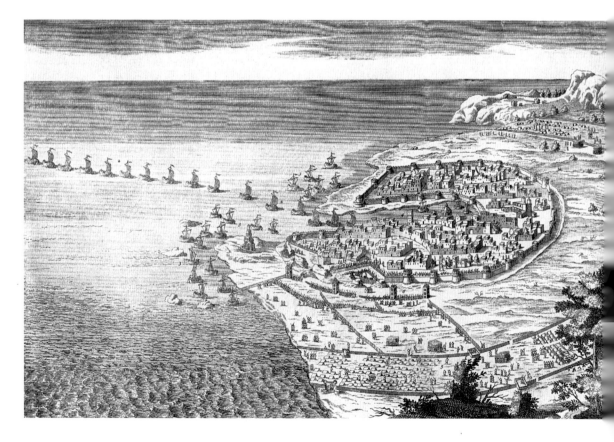

讨论围城战术的专书——《围城战术》(Poliorkētika)。

一般而言，我们可以明显看出，菲隆预计围城的一方会使用有轮子的机械。比如说，他建议守方挖掘地道，把攻城的一方用来填平防御壕沟的物料运走，因为在使用攻城机械之前，一定得要先填平壕沟。除此之外，他还建议在防御工事的外围埋入储物用的大瓮，瓮口朝上并用海藻封口，然后再于最上层铺上泥土。如此一来，当敌方的移动掩体或机械经过的时候，车轮就会陷入卡住。

他对于投石机的着墨特别多。这个时期所使用的投石机，不太可能威力强大到足以摧毁城墙，但是肯定能够重创城垛上的守军。菲隆说，城垛的突壁（照他的说法，是"最上面的那层石头"）应该绑紧，这样当遭受投石机攻击的时候，石头就会弹开，而不会把突壁击碎。他同时还建议，城垛应该填以棕榈木板与编满海藻的网子，而城塔窗户的内外活页都应该镀上铁，如此方能抵挡投石机的攻击。

谈到围城战术方面，菲隆虽然有提到包围战术，但几乎算是附带一提，并且只在谈论封锁战术时提道：要占领一座城可以使用断粮的方式，以栅栏将其包围，并建立一个坚固的要塞，持续严密地监视，务必让任何人都无法透过海路或陆路的方式运进"补给品"。相对地，他最推荐的夺城战术要算是这个："在夜色掩护之下，偷偷地以云梯接近城墙。时机可选在寒冷的夜晚，或是城中居民欢度节庆，饮酒作乐之际，借机先攻下几座城塔。"比如说，公元前243年亚该亚人（Achaean）夺下阿卡罗科林斯（Acrocorinth），使用的方法便是从一段极低之处攀越城墙。为了防止这种可能性，菲隆建议城墙至少应当有20腕尺高（约9米），"这样梯子就够不到了"。另外，在一段常被人误解的段落中，他一再重申："有鉴于城塔会遭受攻城机械的袭击，因此需要盖得又大又结实；至于其他部分（也就是机械无法攻击到的地方），只需要让云梯无法够得到就行了。"稍后，他罗列了各式各样反制云梯登墙的措施，包括使用"弯如锚"的长竿、叉杆、铁蒺藜，以及从城墙上朝下火攻等方式，来阻挠梯子前进或是使梯子移位。这些方法大致上与一个世纪之前的埃涅阿斯大致相同，并且在整个罗马共和时期仍然十分普遍。

菲隆建议，可以把重达三塔冷通（78公斤）的大圆石，沿着某种坡道滚落。此种坡道"在轴门的任一边拴上绳索，当绳索松开时，门板就会打开，石头便能滚落"。依本图所绘之机构，松开绳索就能让大石滚落；而把绳索拉紧就能关闭闸门，准备填装下一块石头

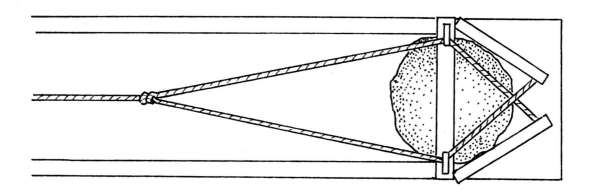

汉尼拔与迦太基的围城战役

公元前219年，迦太基将领汉尼拔（Hannibal Barca）进攻西班牙的罗马盟邦萨贡托（Saguntum），因而点燃了迦太基与罗马之间的战火。汉尼拔使用的战略，与公元前400多年迦太基攻击西西里岛时颇有几分雷同。首先，破城锤在掩体的掩护之下挺进，破坏城墙。接着，他趁着城内居民奋力抵抗，并且为了修复城墙而疲于奔命之际，命人在攻城塔的攻击掩护之下挖空墙脚，而在此同时，破城锤仍在城镇周边四处破坏。不过萨贡托由于拥有坚强的防御工事，再加上地处山丘之上，因此得以坚守八个月。罗马史家阿庇安（Appian）虽然活跃于公元前140年左右，但是他显然引用了前人的记载。他说，汉尼拔用壕沟把萨贡托包围，形成滴水不漏的严密封锁。虽然这个战术听起来与"包围网"似乎雷同，但是汉尼拔显然无意采用被动的封锁战术。事实上，把旧的封锁战术与主动攻击战术结合并非他的创举，因为公元前313年安提柯在攻打卡乌诺斯（Caunus）时就曾使用过了。

然而，汉尼拔的战术与当时的罗马人有所不同，主要在于他使用攻城机械的方式。李维记载了公元前216年在诺拉（Nola）时，迦太基人如何使用"全副攻城机械"；而只有在佩特利亚（Petelia）时，由于攻城机械一再被纵火烧毁，他们才使用封锁战术。在汉尼拔对付库迈（Cumae）的所有机械之中，最重要的是一座极高大的移动塔楼，不过这座塔楼最后也被付之一炬。最后，阿庇安列出了汉尼拔在塔伦图姆（Tarentum）使用的各种设备——"攻城塔、投石机、掩体、钩爪"。

塔伦图姆的军事行动从公元前213年持续至前209年。刚开始时，城内不满的群众叛乱，投靠汉尼拔，因此使得罗马守军只得退入碉堡之中。该碉堡位于港边的海角之上，守军能够从海上轻易获得粮食补给（甚至是兵力增援），因此没有断粮之虞。迦太基人于是修筑栅栏、挖沟渠、建造壁垒与城墙来封锁罗马守军。如同在萨贡托一样，汉尼拔显然打算使用各种攻城装备来对付他们，但是装备却遭到罗马人突击而烧毁，战况于是陷入胶着。公元前209年，城内叛乱再起，不过这一次居民却回头投靠罗马人。汉尼拔部署在某段城墙上的意大利雇佣兵变节，让罗马军队攀上城墙。这时，原本受困于碉堡内的守军从中杀出，里应外合。塔伦图姆人夹在两军杀伐之间，财物被洗劫一空，居民则遭到无情的屠杀。

第二次布匿战争中的罗马围城战术

公元前218年，罗马名将达西庇阿（Scipio Africanus）的叔叔格涅乌斯·西庇阿（Cnaeus Scipio）采用封锁战术对付迦太基在西班牙的盟邦。他率领军队在阿坦纳格鲁（Atanagrum）"环城而坐"，短短几天就迫使该城投降。同样的战略也用以对付奥塞塔尼（Ausetani），该城仅仅一个月便屈服了。在这两场战役之中，历史记载并未提到围城工事，且在公元前2世纪90年代时，罗马军队在希腊的军事行动有时会用部队截断敌方城镇，或是用以震吓敌人。然而，在公元前212年，三支罗马军团在迦太基盟邦卡普亚（Capua）城外集结，他们却选择使用包围方式把该城封锁，罗马人称此战术为"围堵"。自从五十年前在阿格里真托一役之后，罗马人从未再施展过类似的战术。罗马人挖掘了两道壕沟包围卡普亚，根据史家阿庇安的记载，他们绕着卡普亚挖了一道壕沟，然后又环绕着整个地方修筑城墙。接着，将军们又下令在城墙外围再挖一道壕沟，把中间的地方作为扎营之地。城墙上有一些城垛面朝被围困的卡普亚城，另一些则朝外。整个场面看起来犹如一个宏伟的大城市，里面包着一个小城镇。

选用何种战略不仅得视指挥官的性情，还得看手边的资源，以及局势的发展而定。公元前214年，克劳狄乌斯·马塞勒斯（Claudius Marcellus）与费边·马克西姆斯［Fabius Maximus，常被昵称为"拖延者"（Cunctator）］在迦太基占据的卡西利努姆城（Casilinum）遭

古时候的新迦太基城（今日西班牙的卡塔赫纳）位于半岛上，东侧狭窄的地峡是唯一的进出通道。不过，由于罗马军队声东击西，一方面倾巢而出全力进攻城门，让城内居民疲于奔命；另一方面，由于城北的潟湖出奇地浅，罗马军便悄悄涉水而过，从北面攀上城墙

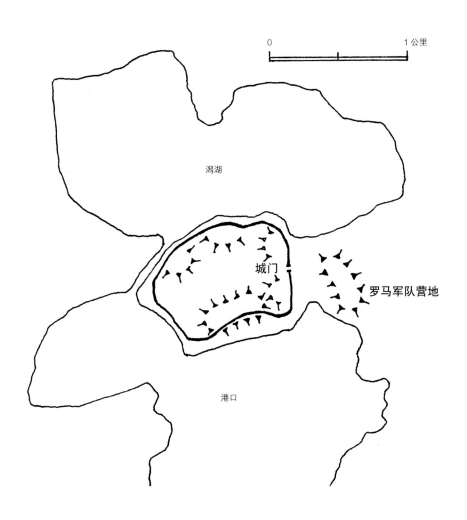

遇顽强抵抗。费边的直觉告诉他应该撤退，但是马塞勒斯却调度来"掩体以及其他各种攻城装备与机械"。城中居民看到这幅景象全都吓得四处逃逸，戍守城内的部队也被一举擒获。然而，当时的罗马部队设备简陋，通常无法发动大规模的机械攻城行动，只有在围攻迦太基沿岸上方的尤蒂卡时，我们才听说过较具规模的攻城机械。在公元前204年的这场战役中，大西庇阿征用了西西里岛的机械与投射武器。这些设备很可能是夺自岛上的迦太基部队，然后就地设置兵工厂以便大量制造。虽然这场围城战最后以失败收场，但是阿庇安主张，大西庇阿修筑攻城用土坡，以便使用破城锤。

如果上述记载属实，那么这代表了罗马的攻城技术有了新突破。在这之前，大部分的围城战都是直截了当的强袭攻击，比如说，在意大利城镇阿尔皮（Arpi）时，倾盆大雨不只淹没了进攻行动发出的声响，并且让守军躲在屋内，因此丝毫无法阻止进攻。公元前209年，大西庇阿凭借着大胆的进攻（参见第67页彩图），夺下重装防守的新迦太基城（Carthago Nova）。三年之后，在艾罗基亚（Ilourgia）一战中，由于部队出师不利，士兵沮丧绝望，大西庇阿因此作势要亲自攀爬城墙，借以鼓舞士气。攀墙进攻能否得手，梯子的高度是关键。普鲁塔克主张，马塞勒斯曾经亲自考察过叙拉古在艾比波莱高地的城墙，以确保梯子的高度足够。不过当大西庇阿攻打新迦太基时，却忘了这项事前功夫，因此很多梯子都不够高。公元前205年围攻洛克里（Locri）的时候，罗马人说服了城内的一些工匠，让他们帮忙从城墙上放下梯子。在当地人的协助之下，梯子的高度想必不成问题。

公元前213年，马塞勒斯派兵攻打叙拉古，因为该城转而投靠迦太基。这场战役具体而微地呈现了罗马人在公元前3世纪晚期的攻城术。马塞勒斯计划采用双面夹击的战略，由舰队攻击叙拉古阿齐拉迪纳区（Achradina）面海的城墙，而他的伙伴克劳迪乌斯·普凯尔（Claudius Pulcher）则率军从北方的艾比波莱高地进攻。然而，他万万没有料想到的是叙拉古有名的数学天才阿基米德（Archimedes）。虽然普鲁塔克声称，阿基米德相当看轻较为实用的力学，但是当家园受到攻击时，他仍旧挺身而出。他的主要贡献是设计多款投石机，能够完整地涵盖各种射程范围，此外还有能够击沉罗马舰队的各种机械。于是罗马人立刻采用封锁战术。不过，在公元前212年初，马塞勒斯趁着城内举行庆典的时候，在晚上发动夜袭攀墙，顺利占领艾比波莱高地。他的战术完完全全按着菲隆书中的教导。虽然十分难以攻克的尤里亚勒斯堡（Euryalus）不久也投降了，阿齐拉迪纳区在历经另一波长期封锁之后才完全屈服。公元前212年末，叙拉古完全沦陷。据说在破城劫掠的时候，阿基米德也是其中一位殉难者：他不愿意放弃手边尚未完成的数学计算，反抗押解他的罗马士兵，因而遭到杀害。

在第三次布匿战争中，迦太基在公元前149年被包围，原因是

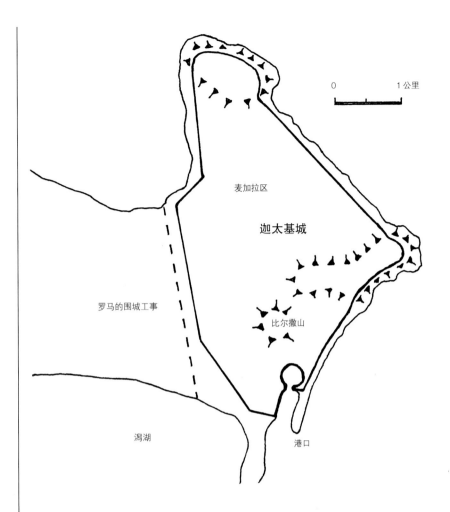

小西庇阿封锁了迦太基的腹地之后，进而封锁入港口，完成整个封锁网。他的部队占据了码头，随后从码头攻入城内

该城不愿意屈服于罗马的残酷要求：要该城自行毁灭。迦太基之前已经投降，并且很尽责地解除武装，前后总共交出超过 2000 台投石机。在走投无路之下，迦太基只好重新招兵买马，每天生产数百件兵器，而且由于事态紧急，投石车的弹簧据说是用妇女的头发做成的。罗马人最初的攻击显然没有任何效果，直到公元前 147 年小西庇阿（Scipio Aemilianus）执掌兵符后，情况才有进展。他封锁了迦太基城面向陆地的那一面，所使用的阵形如同围堵卡普亚时一样，只不过把圆形环绕改为直线形（参见第 65 页彩图）。接着他便将全部心力用于对付港口，终于突破比尔撒山（Byrsa）要塞，夺下迦太基。

罗马与马其顿

公元前 3 世纪末至前 2 世纪初，罗马军队在希腊境内四处征战，与马其顿、斯巴达，以及埃托利亚同盟（Aetolian League）为敌。罗马由于获得帕加马（Pergamon）与罗得岛（Rhodes）的援助，使用投射武器以及攻城机械的频率日渐增加，但是围城战主要仍是仰仗强袭进攻的模式。同时，马其顿在腓力五世（Philip V，在位期间为公元前221—前179年）及其子柏修斯（Persus，在位期间为公元前179—前168年）的励精图治之下，围城战术又有了一番复兴之姿。此外，马其顿与罗马的短暂结盟（公元前192—前189年），或许也促进了双方技术的交流与茁壮。

虽然从下方破坏城墙的战术本身相当危险，但是马其顿人总是随时准备施展此一战术。公元前217年，腓力五世的部队花了九天的时间在西奥提底比斯城（Phthiotic Thebes）外挖掘地道，又花了三天破坏了60米长的城墙基座，可惜地道不小心坍塌，挖掘地道的工兵很可能因此被埋在瓦砾之下。同样地，马其顿在前一年攻击帕鲁斯（Palus）的行动起初也十分顺利：城墙基座被破坏，改用木头填充。马其顿人接着劝城中的人投降，但是遭到拒绝，因此便放火烧掉木头，城墙因而倒塌。然而，腓力五世的手下里昂提乌（Leontius）存有二心，便刻意把最后的进攻行动搞砸。公元前201年的帕纳塞斯（Prinassus）之役，以及十年之后的拉米亚之役中，由于两地的底岩都太过坚硬，因此无法挖掘地道。在进攻拉米亚时，腓力五世取巧地与罗马人合作，怎料不但未获得好处，罗马人还要求他终止攻击行动，最后使他被迫空手而回。不过在攻击帕纳塞斯时，腓力五世使用了一个十分狡猾的策略：马其顿人白天制造各种声响，佯装是在挖掘地道；到了夜里，则从别处运来泥土堆积。因此，当腓力五世宣称他已经破坏了60米的城墙地基时，帕纳塞斯的军民信以为真，便立刻投降了。这个策略十分高明，后来分别被收录于罗马建筑与军事家弗朗提努（Sextus Julius Frontinus）以及波里耶努的著作之中。

腓力五世的策略从来不以攻城机械为核心，或许是因为要在希腊崎岖的地形上搬运这些笨重的机械十分不易。唯独在攻打艾奇努斯（Echinus）时，由于此城极容易从海上接近，我们才得以一窥完整的攻城装备（参见第68页彩图）。同样地，虽然腓力五世显然拥有投射武器，但也只是以备不时之需。他绝大部分时间还是倚赖快速强袭攻击。比如说，公元前219年在普索菲斯（Psophis）一地，三支携带攻城云梯的军团同时进攻城墙。城中守军从便门杀出，但是却被马其顿军击退，并且一路退败回敞开的城门，该城就此沦陷。

当时的罗马军队持续使用类似的战术。公元前200年，克劳迪乌斯·琴托（Claudius Cento）对马其顿的主要据点哈尔基斯（Chalcis）发动拂晓攻击。一些部队使用云梯攻占城塔，并且夺下城塔周边的城墙，随即悄悄地潜行至城门，从内部把城门打开，让大军入城。在接下来的混战之中引发一场大火，烧毁了许多投射武器。然而，梯子并非用来攀墙的唯一方式。公元前169年，赫拉克流姆（Heracleum）被攻下的时候，罗马军队是站在"龟甲盾阵"的上面登墙而入的。

在形势所需之下，攻城机械开始逐步导入围城战之中。公元前198年，罗马执政官昆提乌·弗拉米尼（Quinctius Flamininus）进攻阿崔克斯（Atrax），他下令修筑一道土坡好把破城锤运上城墙。虽然他的部队最后从城墙裂口进入城中，但是却被马其顿的守卫部队击退。当时弗拉米尼也使用攻城塔，但由于土坡上有凹洞，攻城塔的车轮一度陷进去，差点倾覆。罗马人最终放弃攻击。他们的失败可以归因于不熟悉使用机械来攻城。首先，他们修筑的土坡显然没有夯实，因此不足以承载重型机械；其次，他们之前似乎也极少使用攻城塔。在大约五十年前的利利巴厄姆战役中，波利比乌斯的记载中提到攻城塔，不过那些设备极可能是叙拉古的国王亥厄洛提供的，而且这些攻城塔怎么说也算不上十分成功。

公元前191年在赫拉克利亚（Heraclea），罗马执政官阿奇利乌斯·格拉布里欧（Acilius Glabrio）把部队分为四个小队，让他们竞赛建造攻城装备。不出几天时间，他们就建造了土坡、攻城塔、破城锤，以及防御掩体，但是该城镇最终沦陷，是因为破晓前的攀墙攻击。就连在公元前189年，罗马执政官诺比利尔（Fulvius Nobilior）攻打安布拉基亚（Ambracia）时，罗马人虽然已经筑墙把该城镇围困，但是仍采用主动挺进的攻城策略。布拉基亚的部队应用各种措施反制，包括抛掷重物击毁罗马人的破城锤，或是使用多爪钩来攫取罗马人的攻城武器。他们迅速修补城墙上的破洞，从早到晚不停地发动攻击来破坏诺比利尔的攻城机械。后来罗马人改采挖掘地道的方式，布拉基亚人则把毒气灌入地道，阻止敌方进攻。

安布拉基亚后来投降，乃是因为战况陷于胶着的缘故。然而，对于很多规模较小的城镇而言，投降常常不是走投无路的选择，而是因为畏惧罗马大军压境所立即做出的决定，免得自己落入像安迪

土耳其境内克尼多斯的防御工事，能够守卫两个港口周边的广大地区，并且可以沿着山坡攀登上卫城（右上方）。公元前201年，腓力五世曾试图攻打此地，却无功而返（A. W. McNicoll, *Hellenistic Fortifications from the Aegean to the Euphrates*, Oxford University Press, Oxford, 1977, plate 25。本图承蒙牛津大学出版社与T. Winikoff女士授权重制）

帕特亚（Antipatrea）一样的命运：据记载，公元前200年，罗马将领卢修斯·阿布斯提欧（Lucius Apustius）"强袭进攻，夺下该城。他杀掉了城中所有能够上战场的男子，把战利品给他的部队瓜分，又把城墙拆毁，放火烧掉整座城"。公元前199年，罗马人要求色勒川城（Celetrum）自动投降。居民起初不愿臣服，但是眼见罗马军团的龟形盾阵朝城门步步逼近，就吓得立刻投降。同样地，在对付安德罗斯岛（Andros）时，罗马舰队所搭载的攻城装备尚未登陆，岛民早已惊慌失措，弃守逃跑。公元前195年，基塞昂（Gytheum）被罗马攻击，虽然该城抵抗的时间稍微长一点，不过后来城中居民看到罗马人一边用破城锤攻击，一边挖空城墙墙脚，便立刻放弃抵抗。公元前190年，波凯亚人起初虽然有坚守的决心，但是他们后来发现，若是没有叙利亚盟邦相助，根本只有死路一条，于是也选择投降。

本图重现公元前189年罗马围攻安伯西亚时的阵列，依据的资料为已故的哈蒙教授所做的地形考察。李维的记载当中提到两营之间有土木工事相连，面朝要塞，但是地面并无留下任何遗迹

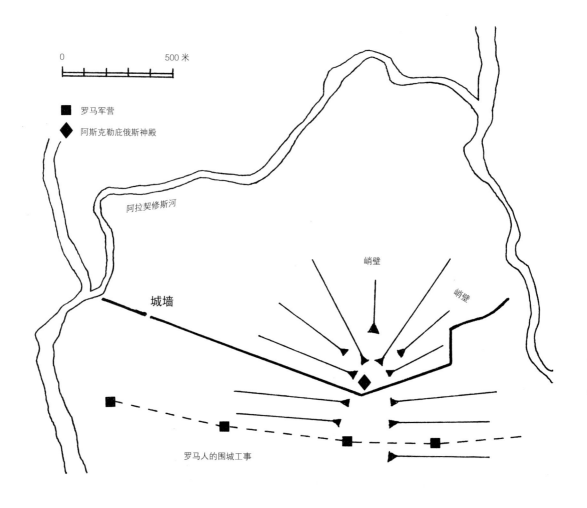

EPILOGUE
跋

从居鲁士到小西庇阿

对于被征服的城镇来说，如果波斯人与迦太基人是以手段残酷出名，那么罗马人可谓有过之而无不及。公元前146年，罗马人击溃亚该亚同盟（Achaean League），科林斯城（Corinth）被罗马将军卢西奥·穆米乌斯（Lucius Mummius）夷为平地。在双方交战中，希腊人已经败退，放弃坚守城镇，因此罗马人便从打开的城门大举涌入，屠杀城中剩下的男人，把女人、小孩、奴隶变卖，任何有价值的东西一件也不放过。同年，十分凑巧地，小西庇阿正对迦太基进行最后的

公元前146年，罗马占领迦太基的港口，随后全力进攻比尔撒山要塞。本照片背景之中清楚可见该要塞（© Kelsey Museum of Archaeology, University of Michigan）

毁灭。罗马军入城后在街头巷尾作战，他们纵火焚烧许多区域内的楼房，而在大火之中侥幸生存的人，则被后来赶忙清扫街道的罗马人当成尸体与瓦砾一同掩埋。阿庇安在他的书中写道，整整六天六夜之久，罗马兵士轮流换班，"以免缺乏睡眠、过于辛劳，以及大屠杀与其他种种可怕的情景给他们造成过大的心理压力"。

公元前209年罗马军队在新迦太基的暴行包括屠杀居民——甚至连狗与其他动物也不放过——以及派遣一些部队戒备驻守，让另一些去搜刮洗劫等，据说这些都是罗马军队的典型作风。不过，不同的将领显然采用不同的方式管理攻城行动。基塞昂投降之后，罗马将军艾米流斯·雷吉鲁斯（Aemilius Regillus）曾说，不可掠夺主动投降的城镇，不过纪律松散的罗马部队仍到处打家劫舍，丝毫不把他的命令放在眼里。虽然他未能使之贯彻执行自己的命令，不过倒是成功地保护了聚集在广场上的民众。马塞勒斯在即将完全攻下叙拉古之前，可能为了不致失控，因此命令部队只能掠夺财物，不得滥杀无辜。不过在最后大劫掠之中，他不得不在某些地点设置守卫，比如说皇家财库，以免这些地方被将士破坏掠夺。

居鲁士在公元前539年洗劫巴比伦城之后，历史记载描述，他曾对部队说："凡是在战争中征服的城市，其人民与财物尽归征服者所有。无论哪个时代、哪个种族，都是这么做的。"这一点不仅是居鲁士的信念，也是小西庇阿的信念。然而，在古典时期的希腊，主要是攻城统帅才能掠夺城镇，他通常会先扣除花费，奖赏有功人员，然后再把最大的那一份留给城邦的财库，用以支应战争的开销，若有收益的部分则可能作为军饷发放。腓力五世有一份著名的宣告，显示他如何仔细管控部队掠夺的财物，其做法如同当时的罗马将领：军官在统帅的审度之下受到信任，能够夺取恰如其分的财物。因此，在迦太基，小西庇阿一方面犒赏部队，一方面保留了神殿中的金银财宝。统帅甚至可以放弃自己的那一份，如同传说中穆米乌斯的做法。他攻陷科林斯之后，把战利品分送全意大利。不过，最终的决定权还是在攻城统帅的手里，这个先例是四百多年前居鲁士攻陷萨迪斯时所建立的。

涅内伊德碑像上的浮雕（区块编号 878）。左侧可见一座要塞的城墙，城墙上有城塔。城墙上有许多士兵，其中一人举手作投石状。右侧的图像一般认为是攻城者要求城内居民投降。他所骑的马匹后头可略见攻城土坡的蛛丝马迹，士兵们沿着土坡登上城墙（© The British Museum）

18 世纪的福拉尔曾仔细研究上古时期的军事科学，并且绘制了详细的版画。本图显示位于攻城坑道尽头的燃烧室如何运作。帕勒帕弗斯的坑道规模要比这个小得多

THE PLATES
图版

川萨古墓中的壁画。图中可见士兵驻守于城垛之上，两个坐着的人可能代表城镇的统治阶层。在城墙外面，有更多的士兵高举盾牌作为掩护，而另一些士兵则从打开的便门潜入城中（© Kunsthistorisches Museum, Vienna）

川萨古墓中的壁画，时间约可追溯至公元前370年。图中可见三名士兵在盾牌掩护下攻城，城中的守军则使用古老的防御方法：从墙上丢石块、投长矛，以及滚落巨石（© Kunsthistorisches Museum, Vienna）

1962 年莫特亚南城门的考古发掘实景（B. S. J. Isserlin & J. du Plat Taylor, Motya. *A Phoenician and Carthaginian City in Scility*, Brill, Leiden, 1974, plate 13，本照片承蒙 B. S. J. Isserlin 授权重制）

俯瞰迦太基港口，摄于 1925 年。背景可以看到突尼斯湾（© Kelsey Museum of Archaeology, University of Michigan）

THE PLATES
图版

福拉尔的版画，显示反制破城锤的方法，此法曾被普拉提亚人使用。首先他们用铁链吊起一根巨大木梁，铁链则绑紧在两根支柱末端。这两根支柱水平伸出城墙外。接着把木梁向外推，忽然松开铁链，让木梁砸到敌方的机械之上

公元前415—前413年，雅典人进攻叙拉古

此图所绘情景为公元前414年，当时雅典人在叙拉古上方艾皮波莱高地的西卡建立要塞后，便着手执行他们常用的"包围网"战术。专业泥瓦匠与木工似乎随同军队一齐来到西西里岛，因此建筑用的工具是他们的标准配备。为了建造围城工事，雅典军队在叙拉古任何可以取得的物资。修昔底德的记载中提到，雅典军队在叙拉古分为两支，其一负责防御，另一则负责去收集石材与木头，然后按固定间隔摆列，横越整个高地。这些材料后来也被叙拉古人拿来建筑反制的极可能是干砌墙，墙上的走道则以木操作为掩护。

上古围城战　061

THE PLATES
图版

公元前 397 年，狄奥尼索斯进攻莫特亚

狄奥尼索斯极可能利用已有的堤道，作为推进攻城机械时的道路，并且把全部火力集中于攻击城镇北面。这个假设获得部分支持，因为在该处的路面上发现一些箭头杂乱散布，井目地上有破碎的砖块遗迹，明显可见的是来自倒塌的防御设施。

狄奥尼索斯的攻城机械包括楼高六层且有安装轮子的攻城塔。古时留下的资料并未记载这些攻城塔是如何移动的，但是极可能是使用人力，由好几组人从各个可以施力的面用力向前推。攻城塔除了有发动攻击时需要的活动吊桥之外，顶端还有弓箭部队的平台。这是历史上第一次提到投石机的战役，不过在这样的早期时代，所谓的投石机极可能指的是"腹弓"（belly bow）

公元前209年，大西庇阿围攻新迦太基

迦太基人的基地新迦太基位于一座潟湖之中，唯一的进出通道位于东方。当罗马军队抵达后，城内守军在居民的鼓舞之下奋勇出城迎战，但是不久就被击败退回城中。大西庇阿立刻发动攀墙攻击，但是大多数的梯子都太短了，在守军的坚强防守之下，罗马人未能取得任何进展。

罗马军队后来重整旗鼓，组织龟甲盾阵朝城门进发，把盾牌举在头上作为防御，并且用剑和斧猛劈木制城门。同时，另一支队伍悄悄从北方偷袭，罗马人因而得以从内方打开城门，攻下该城

图版

公元前 210 年，腓力五世围攻艾奇努斯

关于腓力五世在艾奇努斯城外的围城工事，波利比乌斯有详尽的叙述。腓力五世沿着城墙设置了有垛口的双层长廊，两侧各配置一台有掩体防护的大型移动式破城锤，与双层长廊构成一个整体，后方传令则借着遮蔽的通道提供保护。现场总共有三合重型投石机。一台可以表现一塔冷通（约 26 公斤）重的石块，其余的可表现半塔冷通（约 13 公斤）重的石块。除此之外，腓力五世还朝着艾奇努斯城挖掘两条坑道，意图从下方破坏城墙。

关于艾奇努斯，目前所剩的记载很少，不过我们认为，该城的城墙应该是有墙垛的标准城墙，城墙之间有两层楼高的城塔，彼此相距在弓箭的射程范围之内，能够互相掩护。像艾奇努斯这样规模较小的城镇，应该不太可能拥有投石机，因此城镇的主要防守很可能凭借施放火箭，或是抛射投掷物。然而，由于罗马邦未能击退马其顿军的罗马支援艾奇努斯，该城于是自动投降，腓力五世的攻击计划因而没有机会完全实现

公元前 149—前 146 年,小西庇阿围攻迦太基

本图呈现的场景为公元前 147 年,小西庇阿执掌兵符,指挥攻城行动。由于罗马军队先前攻击失利,小西庇阿因此决定采用封锁战术。史家阿庇安描述这个工程浩大的封锁工事,总共包含两道防御线,一内一外。横阻在 4.5 公里宽的地峡之间。两道防御的两端相连,形成一个窄长的营地,其中三面为木栅栏,面朝迦太基城的那一面则是坚实的城墙,高度约 3.7 米,有城垛与城塔。整个工程 20 天完工。营地内很可能为一般的暂时性营地规划,一列列的军团中队(约 160 人组成的作战单位)与将领的帐篷井然有序。关于迦太基的城墙并无记载留下,不过据说是高达 15 米的泥砖墙,城墙之前为 5 米宽的防御沟

THE PLATES
图版

公元前 332 年，亚历山大进攻提尔

据说亚历山大动员上万人力修筑堤道。该堤道宽两个普雷松（约合 62 米），长四个司达德（约合 740 米）。为了建造这个堤道，他破坏位于大陆上的旧提尔城以取得建材，并且从黎巴嫩山区取得木材。整棵树木或整块大石被直接丢入海中。柳条编成的屏幕能够保护工人，同时还有两座攻城塔，能够让弓兵在塔顶提供火力掩护。提尔人的反制方式则是使用"火船"。火船是用大型运输船改装而成，船上装满可燃物质，控制船帆便能让船朝着堤道而去。当火船正中目

标时,吊挂在火船横桁臂上的火炉便能引发大火。火船在这场战役中造成亚历山大的军队损失惨重,连攻城塔也难逃一劫。不过,亚历山大的工匠随即又继续执行任务,终于把堤道修筑完成。虽然该城的防御工事如今已无留下任何遗迹,但是阿里安宣称,提尔的城墙高约46米,却是十分不合理的。狄奥多罗与库里乌斯都提到,城墙上装了很多发射弓箭的弩机,而城内的工程师也绞尽脑汁,想尽各种方法来抵挡马其顿人的攻击。他们使用兽皮铺成的屏幕来保护城墙上的士兵,或是在城垛铺上海草垫,借以吸收飞石的冲击力。本图中也可以看到被称为"海帕克"的铁爪,可以用来攫取敌方的人员或机械

THE PLATES
图版

公元前498年，波斯人进攻帕勒勒帕弗斯

关于这场战役虽然没有任何记载流传，但是考古遗迹的发现却能让人清楚得知战争的过程。波斯人主要的反制措施则是在土坡而守军的反制措施则是在土坡下方挖掘坑道。发现考古遗迹的学者相信，土坡是用来把攻城塔推近城墙的。关于波斯人的攻城机械，虽然没有任何历史记录流传下来，但是此装置很可能类似亚述人所使用的破城锤。在土坡发现大量投掷物，研究人员发现大量投掷物，以及石头投掷物，显示双方当时可能经历一场苦战。此外，现场还挖掘出两个希腊式头盔，显示波斯人可能雇用了一队来自希腊的雇佣兵

罗马时期围城战
SIEGE WARFARE IN THE ROMAN WORLD

公元前146年至公元378年

Introduction
导言

公元前 202 年，罗马大军击败了迦太基的汉尼拔将军，其后数十年间的东征西讨使得罗马军队广布整个地中海沿岸。大体而言，罗马军团一贯采用旋风强袭式的围城战术；然而，或许罗马与马其顿的关系处于亦敌亦友之故，双方对彼此的了解日益深厚，使得不少罗马将领大开眼界，领略到原来还有其他更为精心复杂的战术可以运用。公元前 210 年，罗马执政官普布留斯·苏尔皮奇乌斯·加尔巴（Publius Sulpicius Galba）在艾奇努斯城试图突破马其顿王腓力五世的围攻，马其顿的围城部队想必让加尔巴感到前所未有的震撼。二十年之后，罗马执政官曼尼乌斯·阿西利流士·格拉布里欧（Manius Acilius Glabrio）进攻希腊城邦赫拉克利亚，他所使用的攻城器械便与腓力五世如出一辙。在一连 24 天的攻城战中，他的部队不断运用"攻城塔、破城锤，以及其他任何能够用来围城的装备"猛攻，最终方能进行惊心动魄的攀墙攻击。

半个世纪之后，当迦太基陷落时，罗马的战术并没有任何改变。若想要夺下重装防守的阵地，"旋风强袭术"仍是最保险的策略，同时罗马军队执行起这项战术时也总是特别勇猛。虽然使用各种攻城器

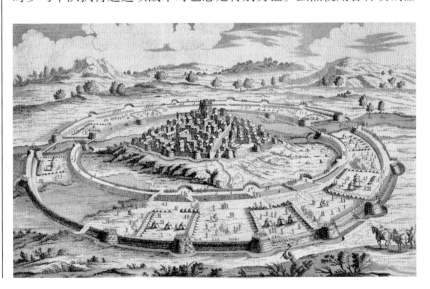

18 世纪法国军事家福拉尔所绘制的努曼提亚版画。此图虽然显示他对于努曼提亚的地形一无所悉，也未仔细参照史家阿庇安的描述，却让我们看到，福拉尔那个年代的人是如何想象罗马时期围城战的典型状况的。一般流传的错误观念认为，罗马人总是采取千篇一律的封锁战术，这种观念即使到了 20 世纪仍然盛行。

械在战争中日益频繁，但是仍然无法保证攻城掠地的成效，原因或许是缺乏投射武器的战力掩护。举例而言，公元前148年，据说卡尔普尔尼乌斯·皮索（Calpurnius Piso）花了一整个夏天的时间，试图攻进迦太基附近的伊帕格里达（Hippagreta），但是该城的守军力抗到底，烧毁了皮索的攻城装备。木制的攻城装备对于火攻毫无招架之力，这个主题在很多描写围城之战的作家笔下一再出现。然而，后来由于投射武器与投枪兵团的出现，部队能够获得绵密的投射武器掩护，因而得以阻挡敌方的火攻。伊帕格里达一役，皮索最终放弃了；但若是换成一位比较优秀的将领的话，他很可能就会坚持到底。

在迦太基发生的事件具体而微地呈现了该时期罗马的围城战术。公元前149年，当时的执政官们轻忽了一项事实，那就是迦太基虽然已经解除军备，但是却正在积极重建防御工事。他们轻率地认为采取攀墙进攻就足以夺下该城，直到几次攻击未果之下，他们才着手建造攻城机械。罗马史家阿庇安的记载中，提到罗马人建造了"两部安装着破城锤的巨大机器"。据说这两部机器能搭载6000人；而且为了要部署这些机器，罗马人必须特别强化图尼斯湖（Lake of Tunis）沿岸的道路。这意味着罗马人打算进攻迦太基南面的城墙。不料，攻击的结果十分不理想。守城的一方不仅及时修补了城墙上被锤头撞出的裂口，更趁着夜色出城袭击，一把火烧了罗马军队的攻城机器。罗马人在这场围城之战的头一年毫无斩获。到了第二年，罗马转而全力对付迦太基在北非内陆的盟邦。到了第三个年头，也就是公元前147年，由于攀墙入城的攻击战术错误，数千名罗马士兵在城内遭到伏击，所幸小西庇阿及时驰援，这些罗马将士才能逃过一劫。小西庇阿在公元前146年成为罗马军团的主帅。

小西庇阿随后进攻迦太基城内林木茂盛的麦加拉区，重振了罗马军团低迷的士气。夺下麦加拉区之后，他重新运用一项已有好几代历史的战术，进一步设下

希律大帝建造的夏宫兼军事堡垒希律堡，盘踞于锥形丘顶，地点接近今日以色列的伯利恒。此地的设备可抵御攻城。在此地的防御设施之中，最重要的是数十个加工过的大型石球，可从山坡上滚落来攻击入侵者

封锁网来孤立迦太基。在当时人记忆所及的几场大规模围城之战中，还没有人采取过类似的策略。然而，小西庇阿是大西庇阿的养孙，他想必曾听说过欧隆基司城（Orongis）一役的故事：公元前 207 年，大西庇阿的兄弟包围了欧隆基司，先以双层深沟与壁垒把该城团团围困，然后才发动全面攻击。小西庇阿对付迦太基的战术与此颇有几分雷同之处。

首先，他建造一道巨大的土垒来阻断迦太基的陆路交通。这道土垒不仅填平了宽达 4.5 公里的凹陷地峡，同时也为罗马的围城之师提供掩护。接下来小西庇阿为了封锁迦太基的大港，在港口建造堤堰，切断该城连接地中海的命脉。待迦太基陷入孤立无援之后，小西庇阿便可发动攻击。他将破城锤调度过来，击毁靠近堤岸的城墙。城内的迦太基人在走投无路的情况下，有一些人群起涌向港口放火烧掉罗马人的攻城器械；另一些人则试图补强城墙，但却遭到罗马人的攻击，死伤惨重。阿庇安宣称（他很可能是引用波利比乌斯目睹的情景）："走道上血溅四处，地面鲜血汩汩，让人连站都站不稳。[罗马人]心不甘情不愿地放弃追杀那些逃跑的人。"最后登场的便是旋风强袭式攻击，这个战术不知断送了多少与罗马为敌者的性命。历经六天的烧杀掳掠之后，迦太基只剩一片断垣残壁。

SIEGE WARFARE IN THE LATE SECOND CENTURE BC
公元前 2 世纪末期的围城战

公元前163—前133年：地中海东岸战事

早在一两个世代之前，罗马已开始卷入马其顿与希腊的事务，把罗马的统治权拓展到两地。那里离小亚细亚只有一步之遥，但是当时的罗马人仍在审慎研究，因而避免把军事行动往东方更深入推进。然而，在罗马势力未及之处仍然烽火不断，其中又以犹地亚（Judaea）地区为最。犹大·马加比（Judas Maccabaeus）在该地率众发起哈斯蒙尼起义（Hasmonean revolt），企图推翻塞琉西王国（Seleucid）的统治。公元前 163 年，他包围了位于耶路撒冷的要塞阿克拉堡（Akra），驱逐了驻守的戍卫队。很明显地，犹太人使用的围城器械相当完备。依据犹太史学家弗拉维奥·约瑟夫斯（Flavius Josephus）的记载，犹大"准备了攻城器械，并修筑土坡"；而另一份更早的资料则强调犹大的"弩弓阵地与各种机器"。公元前 2 世纪 40 年代，双方战情再度升级，犹大的弟弟约拿单（Jonathan）"制造了许多军械"来攻击阿克拉堡;而犹大的兄长西门(Simon)则围攻百苏拿(Beth-Sura),该地是塞琉西帝国在犹太地区的势力中心之一。西门的军队迅速筑起土坡并架好攻城器械,吓得百苏拿的戍卫部队惊慌失措,因此同意停战并撤离该地。不久之后,在围攻革则尔(Gazara)的战役之中,西门"也造了战楼,竖在城前,攻破了一座碉堡,而将城占领";同时,"战楼里的士兵,于是跃入城中"一节则意味着,此战楼的设计类似于攻城塔,但是很明显地,该装置配备着破城锤。

约拿单后来死于特里丰(Tryphon)之手。特里丰觊觎塞琉西帝国的王位,后来在公元前138年,被安条克七世(Antiochus Ⅶ)率领的正义之师包围于临海的多拉(Dora),即今日以色列的特朵(Tel Dor)。赛琉西的部队把该城团团环绕,不让任何人有机会潜逃,然后用器械攻击城墙。然而,特里丰并未等到城破墙倾,便跳上船逃往阿帕米亚(Apamea),最终死于该地。20世纪80年代在特朵考古发掘中,发现投掷用的石弹、箭头、投石机用的圆石球,以及尺寸更大的石头,显然是用来从高处滚落的。安条克七世夺回犹太地区,最终兵临耶路撒冷城下。他挖凿了两条又深又宽的壕沟,并驻扎了七个兵营,调度了一百座楼高三层的攻城塔,把耶路撒冷包围。虽然城内守军试图驱逐城内所有无作战能力的人,但是该城最终还是因为断粮而投降。

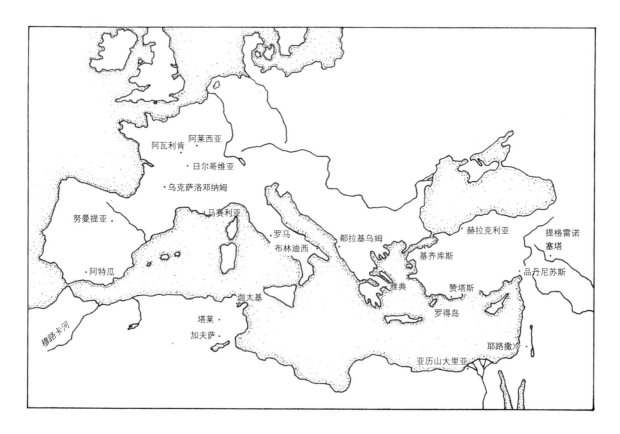

地中海世界,图中所示的部分地点在公元前146年至公元前27年间发生围城战役

公元前153—前134年：罗马在西班牙境内的战役

在迦太基人被击退后，西班牙境内呈现势力中空的状态，因此这一段时间罗马军队便汲汲营营地在此四处征讨。公元前195年，罗马执政官马库斯·波尔基乌斯·加图（Marcus Porcius Cato）在南方取得一连串重大胜利；不过，当他宣称占领400座"城镇"的时候，他对于"城镇"一词的认定恐怕有些宽松。同样地，据说执政官富维乌斯·弗拉库斯（Fulvius Flaccus）在公元前181年攻下"许多堡垒"，恐怕也是同样不严谨的说法。不管怎么说，罗马人对于住在西班牙北方高地的凯尔特伊比利亚人（Celtiberian）发动攻击，除了造成绵延数代的仇恨之外，没有其他实质益处。公元前153年，富维乌斯·诺比利尔（Fulvius Nobilior）试图进攻凯尔特伊比利亚人的要塞努曼提亚（Numantia）。诺比利尔的父亲也是执政官，公元前189年曾经围攻安布拉基亚。诺比利尔的攻击最终以失败收场，迫使接掌他的人签下议和条约。公元前142年，凯基利乌斯·梅特路斯（Caecilius Metellus）出任罗马执政官。由于他成功平定希腊北部的叛乱，因此当时的人称他为"马其顿征服者"（Macedonicus）。他任职执政官期间，最为后人所记得的事迹，是对付两个凯尔特伊比利亚人的城镇。第一个是孔特雷比亚城（Contrebia）。梅特路斯在抵达孔特雷比亚附近时，发明了一个奇特的战术：他一会儿叫部队前进，一会儿叫部队转向后退，看似毫无章法可言。等到城内的人因过于自满而松懈之时，他忽然令部队掉头袭击，在城内守军完全预料不到的情况下攻克该城。他使用这项战术的时候严加保密，就连手下将领都摸不清他的意图究竟为何，因此有一则传说：手下来向梅特路斯请示隔天的行动，他却回答说："如果我的罩袍知道下一步行动，我也会把它烧了。"

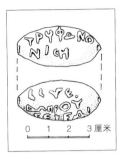

特朵（以色列）出土的石弹，上面刻有希腊文"特里丰胜利"（第1—2行，原文为Tryphōno(s) nikē），其余的文字无法辨认。不过，当时常见的做法是在石弹上刻上一些挑衅辱骂的话，因此最后一行文字有可能为"接招"（原文为geusai）

第二个城镇是琴托布里加（Centobriga），而梅特路斯在对付这个城镇的时候则使用攻城器械。罗马史家瓦勒琉斯·马克西穆斯（Valerius Maximus）在公元30年为罗马皇帝提比略（Tiberius）编撰了一本《嘉言懿行录》（Memorable Words and Deeds）。这本书中记载，梅特路斯攻城的时候，有一个人变节投靠罗马，圣多布里加人于是抓住了这位变节者

特朵东门（面向内陆）发现的石球。这些石球外表平滑，经过精心处理，重1—26公斤，显然是供投石机使用。有些球上刻有大略重量（© I. Shatzman，转载自E. Stern教授与Tel Dor Project）

罗马时期围城战 073

的孩子，"把他们当作抵挡攻城机械的肉盾"。梅特路斯立刻下令停止攻击，解救了孩子的性命。周遭的城邦于是立刻归顺罗马，显然是感佩于梅特路斯的高尚仁慈。马克西穆斯似乎暗指罗马人使用破城锤，但是李维（Livy）对于这个故事的记述则详细写道："圣多布里加人把背叛者雷索吉尼斯（Rethogenes）的孩子置于投射武器的炮口之下"。马克西穆斯的记载固然常常因为不够正确而遭人诟病，但是此处我们能够想见，如果罗马人的破城攻击伴随着投射武器的火力掩护，那么他与李维的记载就都是正确的。

与此同时，罗马人怎么也攻不下努曼提亚。该城位于山丘之上，固然易守难攻，但是另一位比马克西穆斯更为可靠的同时期史家韦勒乌斯·帕特库鲁斯（Velleius Paterculus）却难以断言，努曼提亚久攻不下，究竟是因为城内的军民奋勇抵抗，还是因为城外的罗马将帅无能。在梅特路斯之后，昆图斯·庞培（Quintus Pompeius）任执政官，他改采把努曼提亚的水源导引到别处的方法，但是部队在执行这项计划的时候却不断受到攻击骚扰；而派来递补的新兵则感到身体不适，还有不少人死于痢疾。这场战役是个大失败，不仅未能取胜，还让罗马人面子扫地。为了掩饰自己的败绩，庞培于是和努曼提亚人签订和约，但是他却随即反悔毁约。公元前138年，庞培的继任者波比略斯·拉耶纳斯（Popillius Laenas）继续打这场未完成的仗。这次努曼提亚人决心死守在城墙的防御工事之内，因此拉耶纳斯试图攀墙攻击。然而，他似乎害怕中计，于是在最后一刻忽然取消进攻，任由撤退中的部队遭受后方攻击，使得罗马人又吃下一场颜面无光的败仗。公元前137年，他的继任者霍斯提略斯·曼奇努斯（Hostilius Mancinus）接手，结果同样运气不佳而战败。确实，由于战况十分不利，曼奇努斯于是弃守阵地，打算在夜晚撤退。但是努曼提亚人却在后头不断穷追猛打，迫使他不得不向他们议和。后来罗马的元老院拒绝通过这份屈辱条约，甚至还把曼奇努斯重新派回努曼提亚，表示他

努曼提亚山城向北俯视图。照片右侧为卡斯提杰霍的兵营遗址；左侧则是皇家高地的山丘。杜罗河与特拉河汇流于照片中心位置（© F. Quesada）

们取消这份和约。

在这段时间,曼奇努斯的继任者埃米略斯·勒皮杜斯·波西拿(Aemilius Lepidus Porcina)则把注意力转到帕兰提亚(Pallantia)之上。不过,尽管他动员攻城机械,但是由于整个军事行动拖得太久,罗马军队因而又受到饥荒肆虐与疾病所苦。任何军队只要在同一个地方驻扎过久,一定会面临这两大祸害。勒皮杜斯因而被迫做出和曼奇努斯一样饱受谴责的决定:他抛弃伤病者不顾,在夜色掩护下撤退。后来他被召回罗马,接受惩处。勒皮杜斯的后继者凯普尼乌斯·皮索(Calpurnius Piso)则干脆完全不碰努曼提亚,转而对付已经筋疲力尽的帕兰提亚,进行小规模的劫掠。

公元前133年: 围攻努曼提亚

小西庇阿在大破迦太基之后转往努曼提亚,他所面临的就是上述这些接二连三的灾祸。在他身旁的友人与随行者中,波利比乌斯可能也是其中之一。虽然这位史家的记载只到公元前146年,但他可能结

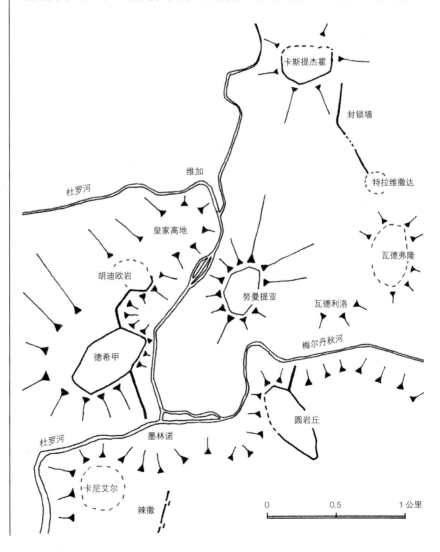

努曼提亚平面图,显示文中所指各处

识小西庇阿的友人；除此之外，一般认为，阿庇安所描写的努曼提亚战役，其参考的资料源头可能就是来自波利比乌斯。

小西庇阿循着罗马人作战的典型风格，命令部队在开始攻城之前，先在城外一段距离之外扎营远望。德国考古学家阿道夫·舒尔滕（Adolf Schulten）后来在努曼提亚东方7公里的瑞尼艾布拉斯（Renieblas）山丘发现了五处遗迹，小西庇阿的扎营之处可能就在其中之一，不过这些遗迹建造的时间顺序迄今仍无一个令人满意的答案。在远处侦察之后，小西庇阿接着在城外设置两个营地，一个直属他指挥，另一个则交由他的兄弟法比尤斯·马克西穆斯（Fabius Maximus）负责。舒尔滕从1905年开始在当地从事考古工作，一直到1912年为止，对于当地的地形了解透彻，因此他认为小西庇阿的营地应当位于努曼提亚北方的卡斯提杰霍（Castillejo）山丘，而法比尤斯的营地则位于南边的"圆岩丘"（Peña Redonda）。他的推测可能来自地形学的知识，因为卡斯提杰霍确实占据重要的战略位置，离努曼提亚约一公里，沿路尽是田野缓坡；然而，却没有什么特殊原因使得法比尤斯的部队非得位于圆岩丘不可。圆岩丘的位置隐蔽不易到达，照理说考古遗迹应当能够妥善保存下来，但是事实并非如此，也因此让舒尔滕的假设蒙上几许不确定性。事实上，位于德希甲（Dehesilla）的大营反倒是比较好的选择，此地一方面能够轻易接近努曼提亚，另一方面由于地处西南，刚好能与东北方的卡斯提杰霍相互呼应。

由于小西庇阿之前的人已经使用过各种战术，因此他开始着手建立规模宏大的围城工事。在阿庇安的描述中，此工事包括最初的两个兵营，以及后来环绕着努曼提亚建造的七座堡垒。又因为近旁的杜罗河（River Duero）又急又宽，无法在河上架桥，于是小西庇阿"沿河设置两座堡塔"，作为设置河面浮动障碍物的锚点。除了卡斯提杰霍、圆岩丘、德希甲之外，舒尔滕另外还发现了四处保存情况比较差的兵营遗迹，因此兵营总数为七座；此外，他还假设另有两座"岸头堡"。他的假设迄今尚未遭到太大的驳斥。

卡斯提杰霍的山丘确实曾有一座7公顷大小的攻城营地，这一点没有太大的问题。在当地考古活动中发现一些零星散布的石灰石地基，可能是兵营或是指挥总部的遗迹；除此之外，当地还发现罗马时期的陶器、硬币、以及兵器。同样地，在圆岩丘一地，4米厚的石壁垒清楚地围出一个11公顷大小的营地范围，兵营与其他建筑的大量遗迹仍历历可见，此地发现的物品也与卡斯提杰霍相同。在卡斯提杰霍南方、努曼提亚正东方半公里处，舒尔滕认为在此地的瓦德弗隆（Valdevorrón）矮丘也有一处兵营。此地虽然没有发现营地周界的壁垒，却发现一些陶瓷物品，以及罗马时期的硬币之类的小型物品。这个地方应该可以容纳9公顷大小的营地。瓦德弗隆与卡斯提杰霍之间的大缺口，则由设置在特拉维撒达（Travesada）的兵营补上，此处为4公顷大小的低洼地。在这个地方挖掘出建筑物以及零星的防

从圆岩丘朝西望向卡尼艾尔一景。图中前景可以看到罗马兵营遗迹，右侧可见蜿蜒的梅尔丹秋河（图中 b 点）。右边远方山丘为德希甲（A. Schulten, *Numantia: Die Ergebnisse der Ausgrabungen 1905–1912*, vol. III: *Die Lager des Scipio*, Munich 1927）

御工事遗迹，此外还有陶器与小物品。同时，舒尔滕也在瓦德利洛（Valdelilo）山丘上发现陶器与一些石制品；不过，他认为此地太过接近努曼提亚，因此不列入考虑之中。

舒尔滕相信，小西庇阿必定在努曼提亚南端设兵驻防，但是他在辣撒山丘（Raza）所找到的，只有一面 300 米长的墙，以及两处用"堤突路"（titulus）保护的大门。比较近代的考古研究在当地仍旧无法找到任何遗迹，但是西班牙的研究人员却表示，在附近的卡尼艾尔（Cañal）山丘上发现瓷器以及疑似防御工事的遗迹。卡尼艾尔的位置能够俯瞰整体围城工事。河岸地墨林诺（Molino）则发现比较明显的证据，此处挖掘出一两处疑似兵营的地基，以及陶器与罗马匕首等小物品。舒尔滕认为，这些证据显示此处有一座小堡塔，他进一步在更北边的维加（Vega）找到第二座堡塔。维加出土的遗迹虽然十分不一致，但是特色鲜明的陶器显示罗马人曾经出现于此地。令人感到好奇的是，舒尔滕把这两座"岸头堡"与他另外七处主要营地分开处理。当然，对于小西庇阿而言，维加是设置河面封锁线的理想地点，因为此处是杜罗河与特拉河（River Tera）汇流之处。在此地设置关卡，能够阻止任何补给品顺流而下，在进入努曼提亚之前就给拦截下来。

舒尔滕认为，俯瞰维加的一座矮丘"皇家高地"（Alto Real）当时也设有一座兵营。他虽然对此想法深信不疑，但是此地除了断垣残壁之外，只有少量的陶器出土，因此小西庇阿是否真的曾在此处设营，仍是个值得讨论的问题。（十分有趣的是，舒尔滕认为此处发现的陶器，其精巧程度根本比不上罗马工匠的水准；因此，他认为这些陶器想必是伊比利亚人助手所做的！）相反地，在德希甲发现的遗迹则比较不容怀疑。舒尔滕在此处仍能够追查出一个约 14 公顷大小的营地的完整周界，虽然此区域的内部已经遭到耕犁破坏。在德希甲与皇家高地之间，有一座名为"胡迪欧岩"（Peña de Judío）的山丘，舒尔滕认为此处应该曾设有一座堡塔，但是此处发现的城墙地基隐约环

从努曼提亚山丘望向圆岩丘。本图摄于清晨阳光之下。围城时所用的封锁墙随着左侧山坡降下（由d点至e点），由罗马人的兵营降至河岸（A. Schulten, *Numantia: Die Ergebnisse der Ausgrabungen 1905–1912*, vol. III: Die Lager des Scipio, Munich 1927）

绕山丘而建，并且从连带发现的陶器散布情形来看，墙内围起来的面积最多可达4公顷大小。

小西庇阿的围城工事不只军营与堡垒。阿庇安写道："我认为，用围墙包围一个不惧于平原战的城镇，小西庇阿可谓第一位这样做的将领。"事实上，这正是他在迦太基使用的战术，同样是作为没有办法中的办法。（此处阿庇安宣称小西庇阿在努曼提亚的做法是创举，很可能是因为他知道，迦太基严格说来并未被"包围"，只是被封锁。此外，迦太基人也不想和罗马人进行平原战，这一点也不同于努曼提亚。）他继续写道，小西庇阿接着用壕沟与木栅栏包围努曼提亚，又在不远的后方再挖一道壕沟，再后面则是一道8罗尺厚、10罗尺高（1罗尺约为30厘米）的城墙，墙上每隔一个"普雷松"（plethron，约等于31米）设置一座城塔。舒尔滕虽然没有找到壕沟的位置，但是他在努曼提亚周边很多地点却发现阿庇安笔下的"包围网"（希腊文为periteichismos），也就是环绕包围的墙。介于卡斯提杰霍与特拉维撒达之间的一小段墙已经残破不堪，只剩石灰石的正面，以及一米左右的碎瓦砾背面。然而，在德希甲两侧却各发现很长的城墙，内外均为石面，中间夹层填满粗石，总厚度约3.5米。在圆岩丘的城墙则是在夹心城墙之外还多一层，使得总厚度达到4.7米。舒尔滕解释说，从这些巨大地基来看，城墙后方应有阶梯以便登上城墙上宽达2.4米（对应阿庇安所记载的8罗尺宽）的走道。他推估整圈城墙总长约为9公里，但是他所挖掘出的墙址总长度只有1680米；因此，其他部分的城墙很有可能根本就不是用石头砌的。至于找不到壕沟遗迹的部分，舒尔滕认为是因为当地有河流构成天然阻隔，因此只有城镇东边没有河流之处才曾经有过壕沟。

针对阿庇安提到的间隔设置的城塔，目前只发现了极少数的线索。首先，在德希甲南方的城墙后方，舒尔滕依稀能够辨认出此处曾

由德希甲北方（图中 c 点）望向卡斯提杰霍（图中 a 点）。舒尔滕发现小西庇阿修筑的封锁墙穿越胡迪欧岩（图中 b 点）（A. Schulten, Numantia: Die Ergebnisse der Ausgrabungen 1905–1912, vol. III: Die Lager des Scipio, Munich 1927）

有守卫小室悬挂在城墙上，每间宽 3 米，共有三间，每间相距 25 米。然而，此处的遗迹状况却很差。在墨林诺更南边的地方也发现两间类似的附属建筑物，保存比较完整。但是舒尔滕的发现之中，较为惊人的是被石头覆盖的巨大柱孔，发现地点在德希甲附近的同一段城墙，位置则是紧临城墙后方。舒尔滕认为，这些柱孔能插入四根角柱，形成阿庇安笔下的城塔的主要结构；然而，现场却无法明确找出四个一组的柱孔。虽然如此，舒尔滕相信，从德希甲至墨林诺的这一段城墙，应该有建造 5 米见方大小的城塔，相隔约 8 米。至于城塔的外观，舒尔滕偏向认为是两层木造建筑，前面的两根角柱则嵌入城墙之中。然而，投射武器专家欧文·施拉姆（Erwin Schramm）将军却认为，

舒尔滕在德希甲南方挖凿出的壕沟之一，下方俯视墨林诺。有一些石块是小西庇阿所修筑的护墙基座，体积约 1 立方米（A. Schulten, Numantia: Die Ergebnisse der Ausgrabungen 1905–1912, vol. III: Die Lager des Scipio, Munich 1927）

罗马时期围城战 079

整个城塔盖在城墙之内更为安全，因此提出独立式三层城塔的设计，在高于城墙走道的高度配置一至两台轻型弩机，上层则为信号杆。

舒尔滕相信小西庇阿完成了整个"围堵"（circumvallation）作业，把七处兵营（卡斯提杰霍、特拉维撒达、瓦德弗隆、圆岩丘、辣撒、德希甲、皇家高地）与两座岸头堡（维加与墨林诺）连在一起。若是我们严格地解读阿庇安的记载，则总共应当有两处兵营、七座堡垒，以及另外两座在河岸上拦截封锁的岸头堡。我们可以看到，舒尔滕所提出的假设中，辣撒应该要换成卡尼艾尔；皇家高地应该要换成胡迪欧岩；墨林诺的地位应当升级为堡垒；至于维加的地方所剩遗迹不多，应当可视为小西庇阿河面防御的一环。若是我们把卡斯提杰霍与德希甲（较有争议）认定为兵营，则总共只有六座堡垒，而瓦德利洛很有可能就是第七座。无论如何，我们必须要承认，考古发现与阿庇安的史料并非十分吻合。

一名研究人员站在舒尔滕所发现的柱孔中。柱孔位于德希甲南方的努曼提亚封锁墙，形状为椭圆形，长1.3米、宽0.8米、深1.6米。舒尔滕认为，柱孔的尺寸如此大，是为了让粗大的木柱能够牢牢地笔直楔入定位（A. Schulten, *Numantia: Die Ergebnisse der Ausgrabungen 1905–1912*, vol. III: Die Lager des Scipio, Munich 1927）

SIEGE WARFARE IN THE AGE OF MARIUS AND SULLA

马略与苏拉时期的围城战役

公元前111—前105年：朱古达之战

努米底亚（Numidia）王国位于北非，国王密西撒（Micipsa）在位期间与罗马保持良好关系。密西撒驾崩之后，他的养子朱古达（Jugurtha）与正统王位继承人阿德巴尔（Adherbal）争夺王位，把阿德巴尔围困在锡尔塔（Cirta）。罗马作家撒鲁斯特（Sallust）描述道，在使用"移动式掩体、塔楼，以及各式各样的器械"发动初次攻击之后，朱古达如何使用壕沟与木栅栏包围该城，并且设置瞭望塔。整个封锁行动持续了四个月，锡尔塔城最后投降，请求罗马仲裁。然而，朱古达却趁机杀了他的对手，并且屠杀城内所有男子。撒鲁斯特解释说，朱古达会使用封锁策略，是因为"锡尔塔城的天然防御坚强，使得他无法用强袭猛攻的方法"。在罗马进攻努曼提亚的时候，朱古达是罗马的盟友，这一点绝非巧合。他在那一场战役中，见识到小西庇阿如何使用封锁战术，攻下一个同样固若金汤的城镇。

罗马人后来虽然试图平定乱局，但是接下来的几任执政官都无法擒获朱古达，这些人之中包括另一位凯西略斯·梅特路斯（Caecilius Metellus），他是35年前在西班牙打胜仗的梅特路斯的侄子。话虽如此，依照他们家族的传统，后来的这位梅特路斯被昵称为"努米底库斯"（Numidicus），意为"征服努米底亚者"。公元前109年，他派出部队包围扎马（Zama），同时试图在投石兵的掩护之下破坏墙脚并攀上城墙。但是扎马的防御十分坚固：城墙上列有整排的投射武器，城中军民还从城墙上推落大圆石，砸下尖木桩，甚至把沥青与硫黄混在一起倒灌在罗马士兵身上。次年，在塔拉（Thala）一地，梅特路斯以一道壕沟与木栅栏把该城包围，很可能是故意仿效朱古达在锡尔塔使用的战术。不过，他接着开始修筑土坡，以便把破城锤运至土坡上。围城行动进行到第六周的时候，他终于捣毁了塔拉的防御措施。不幸地，朱古达早在破城前几周就在趁人不注意的时候从城内开溜。城中居民在走投无路之下，焚烧了所有值钱的家当，自己纵身投入熊熊篝火之中。

盖乌斯·马略（Caius Marius）在梅特路斯之后出任执政官。他是位年约五旬的老兵，出身卑微，早年在努曼提亚之役中战功卓越。他最有名的作为，是吸收没有土地的贫民从军，然后指派可靠熟练的老兵负责管理，因此迅速扩大了自己部队的阵容。他先让部队攻打一些规模较小的城镇，让这些新兵接受战火的洗礼，然后才决定进攻位于沙漠中的城镇卡普撒（Capsa）。据说这座城镇"除了有壁垒、武器、兵力的防护之外，周遭地势更是难以克服"。确实，许多位于北非的城镇都让罗马大军面临后勤补给的重大问题。梅特路斯当年攻打塔拉时，饮用水的补给就是最大问题，后来由于及时降下甘霖，这才解决了他的难题，同时也让部队相信，他们是获得神明助佑的。同样地，卡普撒的位置不易抵达，因此需要特殊的战略。马略于是下令驱赶家畜跟随部队行进，因此他的部队有一周的时间随时能够吃到新鲜的肉，并且把兽皮做成水袋，以供部队穿越沙漠时使用。在距离卡普撒三天路程的时候，他下令部队只携带最基本的装备开始在夜晚行军。他们出其不意地现身城门之外，迅速攻占城门。虽然城内居民马上投降，但是马略的部队劫掠了整个城镇，杀光所有成年男子。撒鲁斯特解释说，这是为了瓦解朱古达的重要据点，因此不应当以此算作马略的贪婪与残暴。

马略的第二场重要战役主要仰仗大胆的袭击。这次的目标是朱古达的财库，地点是穆路卡河（Muluccha）附近岩丘上的一座孤立堡垒。根据撒鲁斯特的记载，"此地不适宜修筑土坡、使用攻城塔或其他机械"，而通往堡垒的唯一道路既狭小又陡峭。城内守军不断投掷石头与施放火箭，轻易地摧毁了马略部队使用的掩体。然而，纯粹出于偶然，一名利古里亚人（Ligurian）辅助步兵在抓蜗牛做晚餐的时候，偶然发现一条通往堡垒后方的密道。马略迅速领略到用计的时机浮现，于是便派了一小批号手与一支百人队抄小路，自己则率兵朝堡垒的正面展开全面攻击。他的部队组成"龟甲盾阵"，在投石机、弓箭手、投石兵的掩护下进攻。堡垒中的士兵对于他们所占有的优势极为自信，因此便离开了城墙的掩护。等到马略派出的小队抵达堡垒后方时，震天响的号角声让守军惊慌失措，因此便被轻易打败。

公元前91—前88年，以及前83—前80年：意大利战争时期的围城战役

在"同盟者战争"（Social War）之中，罗马当局为了平定意大利中部的叛乱，围攻了好几座城镇。这场叛乱起因于这些城镇的居民要

求拥有与罗马公民相同的权利。不幸的是，对于这场叛乱并没有详尽的记载，仅有的是一些细微线索，特别是来自史家阿庇安与狄奥多罗斯（Diodorus Siculus）。整起事件发生于奥斯库伦（Asculum），当时城中的所有罗马人全部遭到杀害。之后，叛乱分子攻击罗马在艾舍尼亚（Aesernia）的殖民地，击退了罗马执政官派来支援的军队。狄奥多罗斯的记载中写道，城中的居民放逐了所有奴隶，希望粮食能够多撑几个月。这是尊贵的罗马人常用来保命的法子。当战况持续恶化时，城中居民只好吃狗肉维生，最后在粮尽援绝之下不得不投降。维纳弗鲁城（Venafrum）因为有人变节而沦陷；诺拉城（Nola）则是遭人出卖；而当纽塞利亚城（Nuceria）遭到劫掠之后，迫使附近城邦不得不投降，并且同意出兵支持叛乱。

与此同时，另一支叛军包围了罗马殖民地阿尔巴弗森斯（Alba Fucens），并且打败了罗马执政官鲁提琉斯·鲁弗斯（P. Rutilius Rufus）。据说他"淌着血"被送回罗马。他的副将庞培尤斯·斯特拉博（Pompeius Strabo）则被围困于菲尔姆（Firmum），直到一支救援部队抵达后才联手反攻，一路追着叛军打到奥斯库伦，把他们围困在那里。一名奥斯库伦的当地人率领另一支叛军，成功地破围进入城中，而城中的统帅却因为对于军民在围城战中的表现绝望透顶，矫情干誉，选择自尽。次年该城落入罗马人之手，时为公元前89年。

差不多同一时间，苏拉（Lucius Cornelius Sulla）挥兵进攻埃克拉努（Aeclanum）。他曾经是马略的手下，但两人相处不甚愉快。埃克拉努人希望能够阻止苏拉的攻势，但是他的部队持续在木造的防御工事外围堆柴，然后放火焚烧。城内居民虽然立刻投降，但是苏拉洗劫了整个城镇，以此作为惩罚。其他城镇，如卡努西姆（Canusium）与庞贝（Pompeii）等，在公元前89年至前88年间是如何遭到包围的细节，仍然是未解的谜团。

公元前83年爆发了比较多的围城战役。当时苏拉的部队正从东部撤回，在途中遭到马略之子的部队拦截（老马略死于公元前86年，因此造成罗马内部一股反苏拉的氛围）。苏拉的军团骁勇善战，迫使马略之子的部队退守到普勒尼斯特（Praeneste）。苏拉的部队继而挖掘壕沟与建造封锁墙，不让任何补给进入城中；更糟的是，苏拉击败

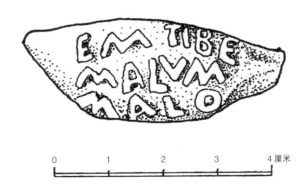

在奥斯库伦古城附近发现的投掷铅丸，证明在公元前90年发生过苦战。铅丸上头多半刻有敌方将领与军团的名字。本图中的铅丸以通俗拉丁文写道："看招！"

了驰援的部队，把将领的首级取下来绕着城外游行，借以打击城中军队的士气。后来城中的部队终于投降，马略之子则躲藏在地道中，最后自尽。

公元前88—前85年：苏拉与米特拉达提

由于第一次米特拉达提战争（First Mithridatic War）之故，苏拉离开罗马已经四年之久。公元前88年，本都王米特拉达提六世（Mithridates VI of Pontus）对小亚细亚的罗马省份发动攻击。尤有甚者，他羞辱罗马派驻当地的官员阿奇利乌斯（Aquillius），把他绑在一头驴子上游街示众，然后再把熔化的滚烫黄金倒入他的喉中，以这种酷刑来惩罚罗马人的贪得无厌。米特拉达提随后把目光投向繁荣的贸易之都罗得岛，该城的居民于是立刻加强城防，"在各处部署作战使用的器械"。随之而来的是一场大规模的海上攻城行动。但是米特拉达提的秘密武器——一种称为"萨谟布卡"（sambuca）的可怕大型器械——表现却十分糟糕，因为该装置的重量过重，因此自己就倒塌了。根据记载，当时女神伊西斯（Isis）从天空朝此器械投下火球，但其实这很有可能是罗得岛人使用燃烧的投射武器所造成。同时，罗得岛训练精良的舰队成功阻挡本都王船舰进入海港，致使米特拉达提六世最终悻悻然收兵而去。

本都王把自己的部队调度至整个希腊，他扶植了亲信阿里斯兴（Aristion）为雅典僭主，又指派爱将阿基拉斯（Archelaus）负责防守庇里犹斯港（Piraeus）。到了公元前87年夏天，苏拉的五支军团已经抵达希腊，开始围攻本都王分散于各处的部队。在雅典一地，苏拉的分遣部队发挥牵制作用，让他本人能亲自对付战略要地庇里犹斯港，因此他对于属下的表现十分满意。他对庇里犹斯港发动闪电强袭，可

庞贝古城北墙，位于赫库兰尼姆门（Herculaneum Gate）东方，城墙遗迹尚有7米高。图中可见城墙上的洞孔，似乎是受到投射武器攻击所留下的，如石丸或是小型弩机发射的石球。公元前89年苏拉攻打此处，他的部队主要瞄准的是木制大门或城垛上的守军，因此这些洞孔推测应为射程不足或是不小心打歪所造成（© M. Burns/Anglo-American Project in Pompeii）

英国"恩敏街卫队"所重现的罗马时期弩机，此大小最适合用来发射4罗磅（约1.3公斤）的石头。即使这种尺寸的弩机，仍需要不小的空间才能有效操作（© Ermine Street Guard）

是使用云梯进攻的部队却被打退回来。研究投射武器的学者埃里克·马斯登（Eric Marsden）认为，苏拉选择此战术似乎太过乐观；不过他的评论可能受到阿庇安过于夸张的描述所影响：阿庇安宣称，庇里犹斯的城墙高约18.5米。通常如此高的城墙，如杜美（Dyme）附近的提科斯（Teichos），就已经被认为是异常坚固的了，何况很少有城镇的城墙超过10米。无论如何，攀墙攻城的策略是完全合情合理的，毕竟像在迦太基或是努曼提亚战役中，一开始的战术也都是以攀墙攻击为主，况且罗马人通常能从这种大胆的战术中获得不少优势。

不过，若要攻陷一座防御完善的城镇，要不就是运气绝佳，要不就是得使用一应俱全的攻城器械。苏拉选择了后者。他击败了周遭的希腊城镇，从他们那里获得包含投石机在内的装备，然后指派他的属下打造攻城机械。罗马作家普鲁塔克（Plutarch）对这段历史的叙述十分惊人。他说，罗马人每天需要动员一万头骡子来驮运各种原物料。同时，苏拉的步兵团也开始建造土坡。他们使用的基材包括

舒尔滕在努曼提亚的考古活动中，发现的最大石弹（标号1及3）直径为16厘米，重约4公斤。第6号石弹出土于努曼提亚城，重约1.3公斤；舒尔滕推测发射此弹的是一台约10公斤的弩机。第10号与11号石弹的重量分别为370克与225克，很可能是用手掷（A. Schulten, *Numantia: Die Ergebnisse der Ausgrabungen 1905–1912*, vol. III : Die Lager des Scipio, Munich 1927）

罗马时期围城战 085

泥土、树木，以及石材。这些石材是从雅典连接港口的"长墙"（Long Walls）上掠夺来的。数百年之后，有一则故事流传：有一名苏拉的手下在搬运建造土坡的泥土时遭到雷击身亡。这个说法有些含糊，可能是指当时空中的石弹如雨般降下的景况。

然而，阿基拉斯确实是一位可怕的对手。当罗马人的土坡逐渐堆高起来以后，阿基拉斯便建造反制的塔楼，并且派部队半夜突袭，烧毁罗马人的装备。他甚至还打算破坏土坡的地基，并且当苏拉派遣工

投石机发射的箭头（长12厘米、重94克），地点是恺撒攻击日尔哥维亚的小营壕沟内，出土于1996年的考古发掘之中（J. Ward, © ARAFA）

兵挖掘地道入城时，在地下中途拦截，击退他们。围城行动持续了整个冬天，直到隔年。最后，在苏拉的部队接连用投射武器攻击之下，阿基拉斯的塔楼无法发挥作用，而罗马军队把破城锤运到刚修复的土坡上，击破了庇里犹斯的城墙。除此之外，罗马人同时也破坏了一段城墙的墙脚。然而，虽然苏拉派遣部队轮番上阵，但是本都军队数量仍旧十分庞大，足以抵抗攻势。

在攻打庇里犹斯的时候，苏拉也拦截了该城运到雅典帮忙解围的物资，而包围雅典的部队又环绕着该城在外面挖了一条壕沟；因此雅典城内的饥荒已使居民十分衰弱，只能吃野生植物或煮熟的皮革维生，据说有些人已经开始吃人肉了。苏拉后来注意到雅典城防上较为松懈的地方，于是下令发动夜袭攀墙。满肚子怨气的罗马士兵进了城，把怨气出在手无寸铁的居民身上。因为这个事件的缘故，后来的希腊作家帕乌撒尼亚斯（Pausanias）给予苏拉极差的评价，认为他"比一般的罗马人更为残暴"。帕乌撒尼亚斯想必知道，破城之后杀光所有能战斗的男子，这是当时战争中的典型手段；但是他可能期望妇孺能被卖作奴隶而逃过一死，如同公元前146年，罗马将军卢修·马缪斯（Lucius Mummius）大破科林斯（Corinth）之后的做法一样。相反地，苏拉下令不分青红皂白地大屠杀，因此普鲁塔克认为，苏拉的做法是想惩罚他们当初羞辱罗马人，以及报复他们从城墙上辱骂自己的妻子。解决了雅典之后，苏拉回过头来处理庇里犹斯未打完的仗。这回

罗马军队势如破竹，让阿基拉斯对他们前仆后继的攻击大为诧异，便弃城逃到海上去了。

在这一段时期之中，没有城镇像努曼提亚一样，有考古发现与文献资料可供交互参照。很多围城战役只在文献资料中简略提到。罗马建筑家兼军事家弗朗提努（Sextus Julius Frontinus）提到，公元前75年，罗马执政官赛尔维利乌斯·瓦提亚（Servilius Vatia）攻下一个名为伊萨乌拉（Isaura）的城镇。他使用的策略很出名，那就是把供给城镇的水源导引到别处。在撒鲁斯特的著作《历史》（Historiae）中，有断简残篇同样提到这场战役，内容是关于城内守军如何误以为罗马军队弃守阵地而发动夜袭。他写道："壕沟内尸体堆了一半高。"在土耳其的荒野之中，偶然发现了一座碑铭，不仅证实了该城镇的位置，还保留了赛尔维利乌斯的献辞，为他能够顺利夺下该城而向某个神祇还愿。

公元前74—前71年：卢库卢斯、庞培、米特拉达提

公元前74年，罗马的两位执政官奥列利乌斯·科塔（Aurelius Cotta）与利西尼乌斯·卢库卢斯（Licinius Lucullus）迫不及待地对米特拉达提重新发动攻击，科塔立刻派遣舰队出征，结果反被击退而困于卡尔西顿（Chalcedon），后来在卢库卢斯的解救之下才全身而退。

米特拉达提从卡尔西顿朝基齐库斯（Cyzicus）挺进。此处今日是一个半岛，但古时候却是一座岛屿，靠着桥梁与大陆相连。普鲁塔克的记载写道："米特拉达提双管齐下包围塞西卡斯：陆路方面，以十个兵营将其包围；海路方面，以船舰封锁海峡，截断岛屿与大陆的联系。"阿庇安的叙述则增添了一些细节，写道："由于他有足够的士兵，便使用一切可能的方法尽力攻城，修筑双层城墙把住宅区隔离起来，用壕沟把城市其余部分包围。"同时，他还修筑土坡，以便把破城锤推上土坡。在同一时间，本都舰队搭载着攻城器械朝城墙逼近。这些设备包括一座高46米的木制塔楼，塔楼上配置投石机与各种投射武器。然而，米特拉达提这次的攻击行动却不如十五年前进攻罗得岛一样成功。他所有的机械，那些"塞萨利人尼可尼德斯（Niconides the Thessalian）的杰作"，全部毁于一场风暴之中。接着由于环境卫生不良，他的围城兵营内疾病肆虐，米特拉达提最后只好听劝撤退。

卢库卢斯使用的消耗战策略——普鲁塔克很有画面地描述为"一拳捶向米特拉达提的肚子"——不受军团的支持，因为如此一来他们就丧失趁火打劫的机会了。卢库卢斯可能想要安抚手下不满的情绪，便让部队积极猛攻地米西拉（Themyscira），在那里筑起土坡来推进攻城塔，并且挖凿巨大的地道，"在庞大的地道中，一大群人足以在地面下战斗"。然而，这个用地道攻城的行动最终被迫放弃，因为守方把熊与其他野生猛兽送入地道中，据说还有成群的蜜蜂。后来在攻打富裕的阿米苏斯城（Amisus，今日土耳其黑海沿岸的萨姆松）时，

卢库卢斯的部队反复使用云梯攀墙攻击，看来似乎已经失去挖掘地道的兴趣。最后，罗马人趁着守卫不注意的时候进攻，本都王派驻当地的代表卡利马科斯（Callimachus）为了掩护撤退而在城内放火，成功地造成极大的混乱。罗马士兵争先恐后地冲入着火的房子大肆搜刮，卢库卢斯则力图挽救整个城市免于毁灭。翌日，据说他在巡视毁坏的状况时，不禁潸然泪下，如同小西庇阿当年在迦太基城一样。

在此同时，科塔则致力于对付更西边的赫拉克利亚-本都卡（Heraclea Pontica）。"他发明了许多机械，如龟形攻城器械，认为一定能够让守城的一方吓得半死"。然而，他的攻城设备却未能发挥预期功效，因此他在盛怒之下一把火烧了那个装置，并且砍了好几个工程师的脑袋。后来的封锁行动导致粮荒，米特拉达提部队的守城将领因而心生谋反念头，把城门打开让罗马人进入。不过这场胜利差点就以悲剧收场，因为首批入城的罗马士兵把所有战利品据为己有，不肯与在营内的弟兄分享。眼看就要酿成暴力冲突之际，科塔及时下令所有士兵交出战利品，然后把这些战利品汇集后重新均分，这才避免了一场内斗。公元前69年，卢库卢斯最终在提格雷诺塞塔（Tigranocerta）发现了米特拉达提的行踪。这座城镇十分富裕，每一位罗马士兵除了自己搜刮到的小物品外，掌管战利品的库房还分给每人800"德拉克马"（drachma）钱币。虽然后来部队的叛变让他未能给予米特拉达提致命一击，但是卢库卢斯仍获准在罗马举行凯旋式，游行队伍中的装饰品包括"数量极多的敌人武器，以及第一流的攻城器械"。

给予米特拉达提最终致命一击的，是苏拉的另外一位弟子格奈乌斯·庞培（Gnaeus Pompeius Magnus，自封为庞培大帝）。在收拾了米特拉达提之后，公元前63年，庞培动身前往犹太解决当地一连串的危机。当时犹太王室的两兄弟阿黎斯托步罗（Aristobulus）与依尔卡诺（Hyrcannus）为争夺王位而兄弟阋墙，因此向罗马的庞培请求代为裁判。虽然两人都同意遵守庞培的裁决结果，但是拥护阿黎斯托步罗的群众却占据了耶路撒冷，以如同要塞一般的圣殿作为据点。庞培由北方接近，建造了一座18米深、77米宽的土坡来填平巨大的护城壕沟。犹太史学家若瑟夫认为，由于犹太人在安息日不准劳动，因此无法阻挡罗马人，所以每逢安息日罗马人就能取得重大进展。庞培从提尔城征调攻城器械来撞击城墙并向暴民猛烈攻击，花了三个月的时间才攻进神圣的圣殿。虽然庞培出于对圣殿的尊敬，不准属下掠夺其中的财物；但是他自己却忍不住甘犯亵渎之名，进入圣殿的至圣所（Holy of Holies）。

SIEGE WARFARE IN THE LATE ROMAN REPUBLIC
罗马共和末期的围城战役

公元前57—前51年：恺撒的高卢围城战役

到了恺撒（Julius Caesar）的时代，罗马军团在作战现场的工程技术早已名闻遐迩，其中最鲜明的例子，当属他们每日行军后挖凿壕沟保卫的营地。攻城部队通常会搭建一个这样的营地，有时则是两个——如同小西庇阿在努曼提亚一样。不过，德国学者威利·利贝南（Willy Liebenam）相信，他发现一种特殊的攻城战术，能够省去所有准备作业的时间，因此能够出其不意地迅速发动攻击。讽刺的是，他的灵感来自公元前48年，恺撒攻打希腊城镇戈姆菲（Gomphi）。由于城内军民紧闭城门，恺撒因而发动"猛烈袭击"。但是，即使在这场战役中，恺撒的军团所做的第一件事，也是先搭建营地，接下来才是制造云梯、掩体、树栅等器具。等到发动攻击时，固然十分矫捷迅速，但是恺撒事前已经做足了准备。四年之前在钦那布姆（Cenabum，今日法国奥尔良）的战役情况相似。恺撒的部队抵达城外时，天色已晚，无法组织进攻，于是他们便在城外扎营。然而，城内居民却打算趁着夜色开溜，这才使得罗马军团迅速采取行动。他们放火焚烧城门，无疑让整个局面更加混乱。在混乱之中，罗马人在城内大肆劫掠，纵火烧毁了那个城镇。

目前已知，恺撒本人亲征围攻的城镇不下17座，其中多次行动都借助士兵卓越的野战建筑技术。阿凡历古姆（Avaricum，今日法国布尔日）的例子最能说明这一点。这座城镇几乎完全被沼泽环绕，只在南边有一条路可以接近，但是那里却有一道深壑形成障碍。公元前52年，恺撒挥兵进攻，他不得不建造一座巨大的土坡，才能让大

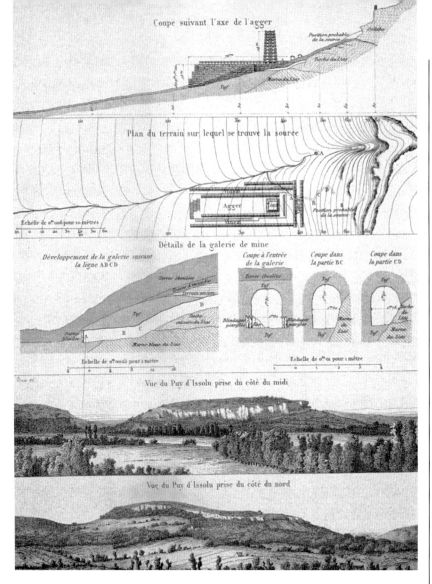

恺撒进攻乌克萨洛邓纳姆的时候，高卢人把一桶桶装满沥青、油脂、木屑的桶子点火，从斜坡滚落到罗马人的土坡之上。1865 年，拿破仑三世在皮德伊索吕的研究结果促使他认为，此场景应当发生在西侧山坡。他宣称在该处找到大火烧灼的痕迹（*Napoléon Ⅲ, Histoire de Jules César*, Ⅱ : Guerre des Gauls, Paris 1866）

军越过深壑登上城墙。他们只花了 25 天就完成这个庞大的建筑物：宽 98 米、高 24 米（参见第 131 页）。翌年，在攻打乌克萨洛邓纳姆（Uxellodunum，今日法国皮德伊索吕）时，则又是另一个同样让人叹为观止的工程壮举。恺撒命人建造一座约 18 米高的土坡，坡上则是楼高十层的攻城塔。塔上的士兵配备投射武器，从塔上瞄准摧毁城内的一座水泉，让城内军民无水可饮，因而能够加速结束这场战役。

大部分的情况之下，土坡是用来把重型攻城机械运上被包围的城镇的城墙。苏拉在庇里犹斯建造的土坡是为了这个目的；卢库卢斯在地米西拉以及庞培在耶路撒冷所造的土坡也都一样。公元前 57 年，恺撒在诺维奥洞纳姆（Noviodunum）所修筑的土坡也不例外："防御掩体迅速朝城镇挺进，敌人的城壕也被填进泥土，攻城塔也竖立起来。这些庞大的机械让高卢人备感震惊，因为他们从未见过或听说过类似的装备。罗马人的速度之快也使他们惊慌，于是他们便派遣求降的使者要求晋见恺撒。"同样地，阿杜亚都契人（Atuatuci）"老远看到一座攻城塔竖立在那儿；而在此之前，罗马人已建好掩体防护，并建好一座土坡。起初他们还在城墙上揶揄罗马人,笑说为何把这样一座机器盖得老远";但是没多久,攻城塔开始持续朝向城墙步步逼近,他们的讥笑变成了惊恐,于是立即要求议和。

前面所有的例子中,在考量地形特色之下——如阿凡历古姆的深壑——为了成功执行拟订的战略,修筑攻城土坡可谓必要的措施。但是在不同的情况之下,攻城行动则可以不必使用土坡。举例而言,公元前52年,恺撒挥军进攻日尔哥维亚(Gergovia)。这个城镇位于形势险要的山上,易守难攻,只有南方可以接近。恺撒决定潜行穿越这片不毛之地,步步为营。他最初扎营在山丘的东方山脚下,以此为据点攻占了西边的一座小丘陵"白石丘"(Roche Blanche),接着"从大营到小营之间挖凿了宽约3.5米的双重平行防护沟,让人员能够在里面来回走动,不必担心敌人突袭"。很不幸地,由于部队的鲁莽行事,他们被敌人发现并击退,因此恺撒的计划便失败了。在惊心动魄的撤退行动中,至少有46支百人队阵亡。1862年,法国的欧仁·斯特费尔(Eugéne Stoffel)上校在当地的考古活动中,发现了恺撒当年的土木工事遗迹。他的考古计划由法兰西第二帝国皇帝拿破仑三世(Napoléon III)资助,目的是替法皇编撰的《恺撒传》(Histoire de Jules César)搜集资料。近年来,法国"奥弗涅铁器时代研究协会"的研究证实了恺撒当年确实搭建了两处兵营;然而,在双重壕沟可能路径上的几个地点只发现一个1.7米宽、1米深的单一壕沟,因此不禁让人猜测:整个土木工事并非从头到尾都是一模一样的设计。

日尔哥维亚的土木工事规模较小,比较接近野战防御工事,就像公元前57年在埃纳(Aisne)所挖凿的壕沟与投射武器阵地一样,主要为支援战线之用,而非攻城措施。然而,恺撒常常准备好用壁垒包围敌方城镇,这一点倒是挺令人意外的,因为小西庇阿在努曼提亚使用过的这种"包围网"战术,已经将近25年从未有人使用了(至少就目前研究所知)。苏拉是当时最后一位使用过此战术的将领。他在围攻普勒尼斯特的时候,"在远处以壕沟和围墙封锁该城"。四年之前,他在雅典"下令挖凿壕沟包围该城,不让任何人偷偷逃跑"。恺撒大约在公元前1世纪50年代采用此战术,如同苏拉在公元前1世纪80年代一样。围城战役有时索然无味,这种大兴土木的战术或许有助于维持部队纪律。诚如普鲁塔克所言,公元前71年,斯巴达克斯(Spartacus)所率领的奴隶大军在意大利半岛西南方活动。罗马将军克拉苏(Licinius Crassus)试图限制其行动,便用围墙封锁半岛,其中一个理由便是"让官兵保持忙碌"。

同样地,像苏拉或恺撒这样经验丰富的将领,想必知道包围网会对敌方士气造成多大的打击。公元前52年,恺撒在连续包围维隆诺邓纳姆(Vellaunodunum)两天之后,"第三天,城内派出使者求降"。若是他们没有投降的话,恺撒很可能会发动攻击。次年在乌克萨洛邓纳姆的战役就是这样：在恺撒抵达之前，他的副将坎宁纽斯·莱比鲁斯（Caninius Rebilus）在周围的山丘上扎了三个营，接着"继续修筑壁垒把该城包围"。但是后来因为恺撒发动攻击，切断城内的供水，这才迫使乌克萨洛邓纳姆投降。在数年前，恺撒对付阿杜亚都契人时，为了把他们牵制在城内，好使他能顺利建造攻城土坡，他环绕着该城建了"总长15000罗尺（4.4公里）的护墙，每隔一小段距离就有堡垒严密看守"。如此浩大的工事在此只是猛烈攻击的前奏。罗马雄辩家马库斯·图留斯·西塞罗（Marcus Tullius Cicero）与恺撒属于同一时期的人，他写过许多书信传世。在书信集中，他宣称在公元前51年围攻品丹尼苏斯（Pindenissus）时，使用过同样激进的攻城战术。在写给友人马库斯·波修斯·加图（Marcus Porcius Cato）的信中，西塞罗扼要地叙述整个军事行动："我建造壁垒与壕沟包围该城；用六座堡垒与大型兵营把他们围困；又使用土坡、掩体与攻城塔发动攻击。"

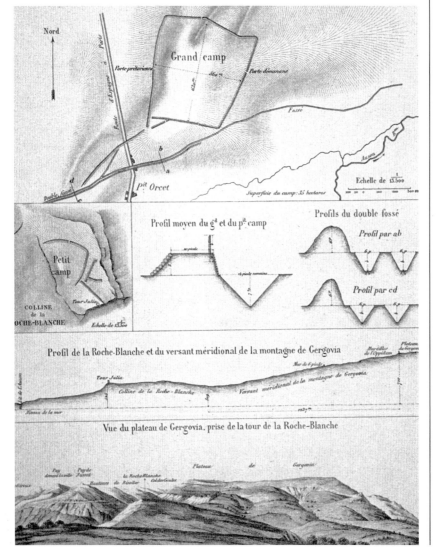

斯托费尔上校于1862年在日尔哥维亚的考古发掘细部图。拿破仑三世认为："大营与小营之间是靠着低矮护墙联系。修筑此护墙的泥土来自挖凿两条比邻的狭沟，每一条深4罗尺（1.2米）、宽6罗尺（1.77米），因此两条狭沟并在一起的总宽度达12罗尺（约3.5米）"（Napoléon Ⅲ, Histoire de Jules César, Ⅱ : Guerre des Gauls, Paris1866）

公元前52年：阿来西亚围城战

讽刺的是，西塞罗对品丹尼苏斯发动的动态攻势，并未常被人认为是罗马最有代表性的攻城战术；相反地，却是恺撒对于阿莱西亚（Alesia）采用的封锁战术。就地形而言，阿莱西亚坐落于奥索瓦山（Mont Auxois）的高地之上，与努曼提亚非常相似；而恺撒在此地所选用的战术也与小西庇阿如出一辙，同样凭借建立封锁线的方式，以断粮逼降。对于整个攻城行动的顺序，恺撒这样写道：首先，军队在有利的位置扎营，接着一连设置23座围成环状的堡垒，好能严密监控阿莱西亚的动静，最后再绕着该城建立护墙，完成全面封锁。1862—1865年，斯托费尔上校在此地从事考古发掘工作，其结果一直没有完全公之于世，因为那些资料纯粹为了提供给拿破仑三世撰写《恺撒传》时佐证之用。然而，学者米歇尔·雷迪（Michel Reddé）所率领的法德考古团队，则用现代考古技术研究了此地部分的围城工事。

拿破仑三世制定了八个营地的设置顺序，分别以A到D、G到I，以及K来表示。他把A营与B营标定在芙拉维尼山（Montagne de Flavigny）；把C营定在普西山（Montagne de Bussy），这些都有非常充分的考古证据支持。诚然，B营的壁垒在19世纪60年代时显然还昂然挺立，而在1986年与1995年间的空中拍摄图也巨细靡遗地呈现了C营的状况。不过，他把D营定在利亚山（Mont Réa）山脚，这点倒是有商榷的余地。斯托费尔上校在此处只发现零星断续的壕沟，但是拿破仑三世却能神奇地想象此处曾有个营地浴血奋战的景况。他声称，此处弃置的武器与日常生活制造的垃圾混在一块儿，其中还包括陶器与磨石，"让吾人合理地推测，罗马人当时把手边拿得到的一切物品都丢向敌人"。这项证据是间接的，说服力不足，因此长久以来他提出的D营位置一直受到质疑。

恺撒位于日尔哥维亚的大营北侧狭沟。在挖凿沟的旁边清楚可见狭沟内典型的V型区块，宽约1.1米、深约0.5米。此图后方可见日尔哥维亚的山丘（Y. Deberge; © ARAFA）

拿破仑三世提出的其他营地位置，全都与遗迹现场的围城工事没有太大关联。他把葛西尼平原（Plaine de Grésigny）上发现的围墙标定为G营，但是此处却是在封锁线后方很远的空旷地点；同样，他标定在劳梅斯平原（Plaine des Laumes）上的H营、I营、K营也有同样的问题。事实上，最近的考古研究已证实I营设

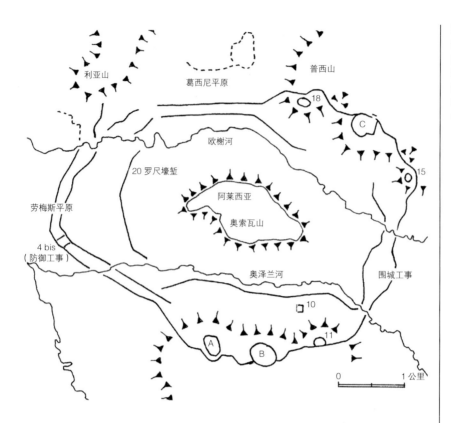

阿莱西亚平面图，图中显示的项目来自考古发掘或空中摄影资料。为了清楚说明，本图保留拿破仑三世原本标记的营地，以数字或英文字母标示（© 本书作者）

立的时间是在罗马帝国之后，此结果让我们对于其他营地是否真的属于罗马时期，不得不抱持小心谨慎的态度。

拿破仑三世所提出的 23 个堡垒地点则更糟糕，因为他自己也承认只有五个实际存在，其余的则是环绕着奥索瓦山用笔标出"最便利的位置"。在这五处实际存在的遗址中，只有芙拉维尼山北坡被拿破仑三世标为第 10 号的地点，确定为恺撒当年第 22 座"城堡"（castella）；而利亚山的高地上被拿破仑三世定为第 22 号的，实际上是个史前遗迹。至于分别位于芙拉维尼山（第 11 号）与普西山（第 15 号、18 号）的其他三座堡垒，很可能只是恺撒当初驻扎营地的一部分。

奥索瓦山由于三面都是河谷，因此不利于军事行动，只有西侧是宽阔的劳梅斯平原；因而无论是城内想要大举撤退或是外来的援军赶来解围，这里都是比较可能的路径。因此，恺撒在此处挖凿了一道壕堑作为防御之用。据说此壕堑宽达 20 罗尺（6 米），两壁与壕堑的底部和顶部垂直。斯托费尔上校找到了这个遗址，跨越两河之间略呈弧形，但是尺寸却比恺撒所言小上许多。1996 年此壕堑的横断面显示，此为一个平底渠沟，宽约 3.1 米、深约 1.3 米。

依据恺撒所述，主要的围城工事周长 11 罗里（约 16 公里），由两道壕沟以及防堤和壁垒组成。靠里面的那道壕沟引水在内，而防堤与壁垒之内每隔 80 罗尺（约 24 米）就设置一座塔楼（参见图 C）。20 世纪 90 年代在劳梅斯平原的考古发掘证实了恺撒围城工事的大致阵列，但是也凸显了许多细节之处与恺撒的叙述有所出入。举例而

从南方空中拍摄的奥索瓦山（古时之阿莱西亚），远方为普西山。图中前方可见奥泽兰河（Archéologie aérienne René Goguey）

言，最接近敌人的最内侧壕沟，其宽度介于 4 米至 6.5 米之间，而各处的深度都不超过 1.5 米；但是恺撒本人的记叙则是 15 罗尺（约 4.5 米）宽、15 罗尺深。离敌人 5 米远处是第二道壕沟，每一处均为 2.7 米宽，但是同样地，深度都不超过 1.5 米。出乎意料的是，在这两道壕沟后方 15 米处，发现了第三道壕沟，地点就在壁垒前方。此壕沟的宽度从 1.1 米至 3.2 米不等，深度则介于 0.8 米至 1.4 米之间。壁垒本身每隔 15 米设一座四脚塔楼。葛西尼平原的考古发现只有些许细节上的出入。在该处找不到第三道壕沟，而在第一与第二道壕沟之间的狭窄区域，研究人员发现柳条围篱的遗迹。

恺撒宣称他设置了额外的防御工事，"使得围城防线能以更少的兵力防守"。这些防御工事包括：五列"阴阳界"（cippi，有墓碑之意）——把带有削尖树枝的树干摆放在 1.5 米深的壕沟底部；或是八列"百合花"（lilia）——把圆木桩削尖后安放在 0.9 米深、以梅花形排列的坑洞底部，坑顶则盖上树枝柴草；又或是被称为"踢马刺"（stimuli）的装置——那是在 0.3 米长的木材上钉上铁钩，然后埋在土中的任意位置。劳梅斯平原的考古研究与恺撒的叙述有一些细微的差异：在第二道与第三道壕沟之间，有六列小型桩洞以梅花形分布，直径只有 0.3 米，很像恺撒所讲的"百合花"，只不过尺寸小得多。而在沿着利亚山的围墙，虽然考古人员只找到一条壕沟，但是此壕沟前有六七列类似的小型桩洞，同样也是呈现梅花形排列。

在利亚山更东边的葛西尼平原，内层壕沟前方有两列平行的狭沟，相距 1.5 米。如果说这两条狭沟是用来设置"阴阳界"的——如同考古人员的看法——那么与恺撒的说法又有细微而重要的差异。恺

阿莱西亚 C 营之东方空中拍摄图。此营面积约 7.8 公顷，是恺撒最大的营地（Archéologie aérienne René Goguey）

撒的叙述明白写到"五列"，但是却很难知道他指的是有五列壕沟，还是指每条壕沟内有五列三叉木桩。拿破仑三世偏好第一个说法，并依此说法重建阿莱西亚围城工事。然而，专门研究恺撒与高卢战役的学者托马斯·莱斯·霍姆斯（Tomas Rice Holmes）却相信，第二个说法比较符合恺撒使用拉丁文的习惯。可惜的是，葛西尼平原上发现的狭沟，每一条的宽度只有 25 厘米，深度 20 厘米，若要放进好几列木桩恐怕太过狭小。

　　恺撒在设下一道防御工事之后，随即着手建造另一道"依照同样形式的防御工事，面向另一边，以防从外面来袭的敌人"。劳梅斯平原上的考古发掘发现，这层外部防御工事的壁垒前面有一条 3.5 米宽的壕沟，然后在 8 米之后则是另一条 5.7 米宽的壕沟。同样地，这一道防御工事在两沟之间，以及第一道壕沟前方都设有一些障碍地带。从事希腊罗马研究并常绘制成插图的英国学者彼得·康诺利（Peter Connolly）发明了一个词来描述这种一边朝内、一边朝外的双层防御工事：双围堵（bicircumvallation）。早在公元前 262 年的阿格里真托（Agrigentum）与公元前 212 年的卡普阿（Capua）战役之中，就已经可以看到这种防御工事。当军队可能面临腹背受敌的处境时，这种形态的防御工事是相当合理的。不过，这倒证明了罗马军队的攻城高效率，因为他们很少面临被前后夹击的状况，战争就结束了。

罗马兵使用的重型标枪的枪尖，出土于阿莱西亚的芙拉维尼山上 11 号堡垒之中的一条浅沟（© M. Joly/Ph. Barral）

拿破仑三世提出的阿莱西亚围城工事形态，重建于法国的伯恩考古博物馆。图中左侧可以看到3.5米高的壁垒，上面有木栅栏，柳枝筑成的城垛下方有向外突出的尖树枝，称为"鹿角"。图中右侧两条壕沟前方，可看到恺撒设下的障碍地带，第一道是纠结缠绕的尖树枝，称为"阴阳界"

阿莱西亚的围城工事还有一点值得一提，那就是在劳梅斯平原上的围墙所发现的防御工事。此工事标记为 4 bis，因为它发现的地点接近拿破仑三世标定为 4 号的兵营（castellum）。此处两道平行壁垒在前后围墙之间隔出一个封闭空间，约 100 米见方，而每道壁垒前方则有一条壕沟，宽 3.8 米、深 1.1 米。进出这个空间得通过一道闸门，设于壁垒与主要围墙接合之处。此空间很有可能是恺撒当时设置的兵营之一，而在整圈围城工事相似的位置，可能还有其他类似的兵营有待发现。

公元前49—前31年：内战时期的围城战役

到了公元前 50 年，恺撒征服高卢地区的行动已大致完成。他有感于昔日好友庞培对他的敌意日深，于是便班师回罗马。后来恺撒和庞培两人的党羽间爆发冲突，在整个罗马世界掀起了几场史上著名的围城战役，其中最引人瞩目的，是恺撒仍然继续沿用他所熟悉的包围战术。举例而言，公元前 49 年，恺撒兵临科菲尼乌姆（Corfinium）城下，他的部队在城镇的对面扎营，然后环绕着该城筑起了壁垒与碉堡。为了不让城内的人有任何机会逃跑，"他设置了一圈哨岗和警戒点，彼此相互连接，布满整个围城工事"。在这场战役中，该城七天内就因叛变而投降。由于这场战役结束得太快，我们难以断言恺撒究竟要像对付阿莱西亚一样，采用封锁的方式逼降；或是像对付阿杜亚都契一样，打算采取更为主动的攻势。

在某些情况下，采用封锁战术是较佳的选择。公元前 49 年，庞培打算利用意大利境内的布隆狄西乌姆港（Brundisium）撤走他的部队,而恺撒则试图封锁该港口。在此战役之中,恺撒的部队再一次展现了卓越的工程技术。他们把两岸的堤坝加长,用一个巨大的浮桥把两者相连,在浮桥上设置塔楼。然而,在屏障未完成之处,庞培的重型运输船仍旧得以突破,因此在恺撒发动攀墙攻击入城之时,庞培与他的部队早已

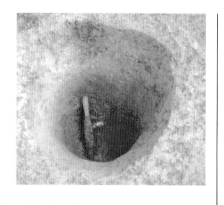

考古现场发现的铁尖原貌,此即为恺撒当年设置的"百合花"。在阿莱西亚的葛西尼平原上,百合花阵列在壕沟前形成一片障碍地带(© M. Reddé)

成功脱逃。翌年,恺撒在亚得里亚海岸遭遇庞培,为了阻止他与位在都拉基乌姆(Dyrrachium,今日阿尔巴尼亚境内的都拉斯)的补给营联系,恺撒在庞培所在地周围建立一圈土木工事将其围困。庞培的反制措施则是在恺撒的工事之内,另外建造了一圈自己的土木工事,迫使恺撒不得不扩大土木工事范围,最后达到25公里。恺撒写道:"就堡垒的数目、防御工事的规模与尺寸,以及动员封锁的人力来说,这种作战方式是既新颖而又不凡的。"在频繁交手之后,庞培发现恺撒阵线的南边最为脆弱,此处恺撒虽然建筑了双层壁垒,两壁相隔600罗尺(175米),直入海边,但是却尚未沿着海岸把两壁相连。此封锁工事一旦完成,将会如同小西庇阿在对付迦太基时的其中一面封锁,只不过规模较小;同时也类似当年包围阿莱西亚的状况。庞培同

罗马人著名的安普里亚斯投石机,由施拉姆将军重制。原本的铁制弹簧座于1912年出土于西班牙的安普里昂古城遗址。据推测此机器属于公元前2世纪,但是从马略、苏拉等人的时代起,一直到犹太战争时期,类似的机器常被用于战争之中(© D. Baatz)

时发动海陆攻击,硬是破坏了恺撒的封锁工事,使得恺撒最终放弃此行动。

不过,最有趣的事件,要算是发生在恺撒派驻西班牙的将军卡西乌斯·隆吉努斯(Cassius Longinus)。公元前47年,他与自己的财政官马库斯·克劳狄乌斯·马尔克卢斯(Marcus Claudius Marcellus)起了争执,他扎营于乌利亚(Ulia)城外,希望能够利用该城提供保护。然而,他的营地与乌利亚却双双被马尔克卢斯包围,而包围工事的形态很像阿莱西亚之役的缩小版,因为据称有相当数量的援军被击退于"外围工事"。恺撒指派的西班牙行省长官马库斯·埃米略斯·勒皮杜斯(Marcus Aemilius Lepidus)及时赶到,从中调解两人纠纷,命令马尔克卢斯解除围城工事。

当然,这个时期的围城战役并非全部皆采用封锁战术。举例而言,公元前45年,恺撒攻打阿特瓜(Ategua)时,就采用先前对付维隆诺邓纳姆与乌克萨洛邓纳姆的策略。阿特瓜当时被庞培占据,恺撒为了攻打此处,首先建造土木工事把该地包围,接着开始修筑土坡。然而,在施工期间城墙守军不断使用火攻,阻挠工程进行。后来记载,有一段城墙被摧毁了,这当然是借助破城锤的威力(《西班牙战记》一书原文至此残缺中断),但是沿着整个包围工事,不断有零星战斗发生,因此恺撒不得不派出士兵团团包围该城。攻城行动最终得以落幕,不是因为强袭进攻的结果,而是因为阿特瓜人眼见毫无胜算而主动投降。

公元前49年,恺撒的副将盖尤斯·特雷博尼乌斯(Gaius Trebonius)进攻海岸城市马西利亚(Massilia)。这场战役是使用积极进攻战术的鲜明例子。在该城面向陆地的那一面,特雷博尼乌斯在不同地点着手建造两条攻城用的土坡,但是却遭到来自城墙上的弩机(ballistae)猛烈攻击。据说这种弩机的设计,能够发射12罗尺(3.5米)的铁尖长矛,而非一

福拉尔所想象的马西利亚围城战,此战役发生于公元前49年,图中可见攻城者建造的砖塔(图左)。不过,根据恺撒的叙述,18米长的廊道应该从砖塔直达城墙下方,如此才能在部队前进或后退时提供完整的保护。图中有车轮的防御掩体为福拉尔所添加

般使用的圆石球。罗马军团所使用的典型柳枝遮屏根本无法抵御这项武器的攻击,因此特雷博尼乌斯下令用1罗尺(0.3米)厚的木头建造廊道,保护进行建筑工事的人员。除此之外,他还要求在靠近马西利亚城外的地方,建造一间30罗尺(9米)见方的砖造避难室,墙壁厚达5罗尺(1.5米),让工人能够躲进去走避攻击。不过,特雷博尼乌斯迅速发现,若在该位置建造一座塔楼会更有用处,因此他再一次利用部队优异的工程技术,在敌方猛烈攻击之下建造塔楼,直达六层楼的高度。塔楼建好以后,便有可能施展新的战术。特雷博尼乌斯于是下令建造一条巨大的廊道,总长60罗尺(18米),由塔楼一直延伸至马西利亚的城墙。马西利亚人发现塔楼带来的威胁,便从城垛上向下丢石块,又朝塔楼倾倒一桶又一桶烈焰熊熊的沥青。然而,塔楼内的弓箭手却不断反击;除此之外,三角形的塔顶厚度达2罗尺(0.6米),除了以泥土被覆之外,外面还包了一层生兽皮,因此能够轻易弹开来自城垛的投掷物。特雷博尼乌斯的军团就这样以廊道为掩护,破坏了马西利亚的城墙。城内的人最终放弃希望,主动投降。

公元前44年,恺撒遇刺身亡,此事件造成他的继子屋大维(Octavian,也就是之后的奥古斯都大帝)与他的昔日下属马库斯·安东尼(Marcus Antonius,即莎士比亚笔下的马克·安东尼)之间新一波的内战。这一段时期我们能够轻易看到各式各样的围城战术。举例而言,公元前44年末,安东尼包围了穆提纳(Mutina,即今日意大利摩德纳),因为谋杀恺撒的凶手之一——德西穆斯·布鲁图斯(Decimus Brutus)窝藏在此地。然而,由于后续前来解围的兵力不断增加,使得安东尼备感威胁,只好在翌年春天撤退。屋大维或许从安东尼的失败中汲取了教训,因此在公元前41年末,他把安东尼的兄弟卢西乌斯(Lucius)围困在佩鲁西亚(Perusia,今意大利佩鲁贾)的时候,便煞费苦心建造围城工事,"共有两面,一面向着被包围的城镇;一面向着外面以防任何攻击"。卢西乌斯作困兽之斗试图突围,但是无法成功,因此不得不投降。公元前40年,布隆狄西乌姆港(今意大利半岛靴跟处的布林迪西)拒安东尼大军于城外。安东尼用围墙与壕沟把该城包围,并且调来攻城器械。不过,屋大维的军队就驻扎在附近,两位统领最终言归于好。

罗马东部省份的军队比较常使用希腊式的围城战术,一方面因为当地能够获得这种技术;另一方面则是因为复杂的城防需要特别的手段方能攻克。公元前43年,谋杀恺撒的另一位共谋者凯乌斯·卡西乌斯·隆吉努斯(Caius Cassius Longinus)在劳迪西亚港(Laodicea)筑了一道墙横断该半岛,把叙利亚省总督普利乌斯·科尔涅利乌斯·多拉贝拉(Publius Cornelius Dolabella)困于城中。由于海战失利,多拉贝拉没有办法像庞培当年在布隆狄西乌姆港一样从海上脱逃。卡西乌斯进一步建造土坡威胁城墙,但是该城最后却因为叛变而沦陷。次年,卡西乌斯进军围攻罗德斯岛,与他声气相通的朱尼尤斯·布鲁一组投掷铅弹，出土于公元前41年至前40年的佩鲁西亚战役。铅弹上常可见雷电形图案，如图中7号弹。有些铅弹上刻有军团与将领的名字，如5号弹，其上刻有恺撒名震八方的百人队"司凯伐"。其他的铅弹上则刻有猥亵的话，例如2号弹，把对方指为安东尼之妻芙薇亚（Fulvia）的性器官（C. Zangemeister, *Ephemeris Epigraphica* 6, Rome & Berlin, 1885）

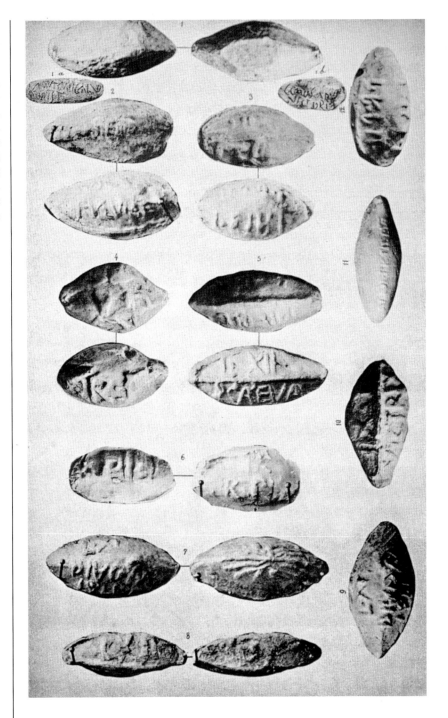

图斯（Junius Brutus）则进攻桑瑟斯（Xanthus）。桑瑟斯人此时早已破坏了城墙外的建筑物，以防侵略者拿木材作为原料，同时，他们更挖凿了一条50罗尺（15米）深的防御壕沟，作为进一步的防御措施。不过，布鲁图斯的部队夜以继日地赶工，很快就把壕沟填平，罗马人的攻城机械旋即兵临城下，桑瑟斯人于是赶紧使用火攻对付。普鲁塔克的记载中写道，风向改变反倒把火焰吹入城中，引发一场大火；不过阿庇安的书中则描述，罗马人破城后，城内居民把财物投入篝火

中,并且跳入火中自焚。不论何者的记载为真,桑瑟斯城的毁灭让布鲁图斯感到十分沮丧,因为他想要的是攫取钱财与招募部队。

公元前37年,统治以色列全境的希律王(Herod the Great)向安东尼的将领盖乌斯·索西乌斯(Gaius Sosius)求援,试图收复被安提古纳(Antigonus)率领的叛军所占据的耶路撒冷。在这一场战役中,全套的攻城器械乃是不可或缺的。如同庞培在公元前63年围攻耶路撒冷一样,这次攻击行动也是先建造攻城土坡,好使攻城塔与破城锤能够接近固若金汤的城防,而圣殿的平台则是借助攀墙攻击而夺下。公元前36年,安东尼挥兵安息帝国的首都普拉斯帕(Praaspa),他的心中可能也打算采用类似的战略。不过,他使用的攻城器械可达300辆马车的载货量,由于太过笨重以致落在队伍后面,轻易成为敌人攻击的目标。虽然安东尼也建造土坡,可能希望像恺撒当年攻打阿凡历古姆一样,让步兵从土坡之上发动攻击,但是最后却被迫撤退,颜面扫地。撤退的过程中,他损失了大约2万名士兵。

虽然土木工事与攻城器械让人有很多发挥想象的空间,但是对于正面强攻这样的简单暴力,罗马人也并未失去兴趣。举例来说,公元前43年,科尔涅利乌斯·多拉贝拉(数个月后即将命丧劳迪西亚)就在夜色掩护之下,发动典型的"一招毙命"攻势,一举攻占士麦那(Smyrna)。守城的将领正是特雷博尼乌斯。他要求擒住他的士兵带他面见多拉贝拉,但是士兵们却回答说,统帅要见的,只有他的项上人头。公元前35年,屋大维试图强袭进攻美图朗(Metulum),这个城市位于今日克罗地亚境内。他倚着城墙建造土坡,并且打造了四座登陆桥。不过,由于激烈的近身搏斗,其中三座桥因不堪负荷而折断。众士兵于是不敢登上第四座桥,屋大维只好身先士卒,亲自登上去。虽然这座桥后来也断了,但是已经足以震怖城内军民,让他们主动投降。

攻城战术的规则

有些学者主张,罗马人的法律规定,必须饶恕主动投降的城镇;然而,这个说法实际上是没有根据的。虽然像撒鲁斯特或阿庇安等作家,显然期望一位重荣誉的统帅会展现仁慈的一面;但是马略在公元前107年对卡普撒的行动显示,广泛的战略考量还是占据优先地位。公元前57年,罗马帮忙平息犹太王室的纷争,其过程便提供了另一个更明显的例子。当时亚历山大堡(Alexandrion)、赫卡尼亚(Hyrcania)、玛革洛(Machaerus)等三处碉堡均已投降,但是罗马人依然摧毁了他们的防御,显然是为了防止叛军再次加以运用。大部分的情况之下,一座城镇的命运通常系于统帅的心情好坏,这一点从公元前88年苏拉洗劫埃克拉努便可略窥一斑(参见第83页)。普勒尼斯特的命运则更是令人寒毛直竖:苏拉固然饶恕了城内所有的罗马公民一命,但是却屠杀了所有当地人与痛恨的萨姆奈特人(Samnite),并搜刮了全城的财富。

现代学者的另一个迷思,是认为凡出动破城锤便代表围城行动正式展开。学者们从多方面论述,主张一旦派出破城锤,此战非打不可,没有转圜的余地。又或有人说,一旦破城锤撞击到城墙,此时若再投降,是不会被罗马人接受的。不过,只要看一看屋大维包围美图朗的例子,这个说法便不攻自破。在第一道城墙被破坏后,美图朗人在其后方又盖了一道城墙,因此使得屋大维动用破城锤的攻击受阻。他之后打算使用登陆桥登上第二道城墙,虽然这个行动失败,但是却让城内人有所觉悟,屋大维后来仍然很乐意接受他们的投降。在此例中,美图朗人后来毁弃和约,遭到屠杀。话虽如此,认为一旦派出破城锤就没得商量的迷思,很可能是因为误解了恺撒对于阿杜亚都契所下的最后通牒。恺撒很明显地暗示,只要他们让他省得劳师动众去调度破城锤,他会接受他们的投降。恺撒的作为并不是因为遵守某个虚构的罗马法律条文,他自述这么做的原因,"是出于自己一贯的作风(慈悲宽仁),而不是阿杜亚都契人值得如此对待"。学者也常常用西塞罗的恳求之词为佐证。西塞罗说,不只对于被征服的城镇要展现仁慈,对于那些主动投降而免于被征服者亦当如此,"不论破城锤已经击穿多深"。西塞罗的话只是修辞上的华丽辞藻,不应拿来证明有某种规则存在,认为任何在破城锤展开攻击后才投降者,都不会被罗马人饶恕。

SIEGE WARFARE DURING THE PRINCIPATE

第一公民时期的围城战役

罗马历史上的"第一公民"时期,包含公元前23年至公元284年为止的各朝皇帝。当我们回顾这段时期便会发现,很少有围城战役留下详尽的资料。虽然屋大维仍然持续使用包围战术,比如攻打梅都利欧斯山(Mons Medullius)的山中要塞时即可略窥一二,但是旋风强袭战术又再一次获得重视。公元9年,罗马军队出征达尔马提亚(Dalmatia)地区,当时领军的是格马尼库斯(Germanicus)与后来成为罗马第二任皇帝的提贝理乌斯。他们的部队如秋风扫落叶般一连攻占好几个要塞。在斯普洛努姆(Splonum)时有一则有趣的轶事流传,一名骑兵以石头击毁了防御矮墙,使守军大惊失色;而在拉耶廷努姆(Raetinum),城内的人等到罗马人破城而入之后,便放火烧城,然后举家走避到安全之处。

大约数十年后,尼禄(Nero)的优秀大将格涅乌斯·多米提乌斯·科尔布洛(Cnaeus Domitius Corbulo;后来因为锋芒太露,反倒为尼禄所杀)曾说过一句非常有名的话:"镐是用来歼灭敌人的利器。"乍听之下,他说这话虽然像是建议挖掘围城工事来攻破要塞,但是他却很可能是在主张，每天入夜前要在营地周围小心地挖凿防御壕沟，以确保部队的安全。他时常使用的动态式攻城战术，并非见诸土木工事的建造，而是以公元58年强袭进攻沃伦丹（Volandum）最具有代表性。他先派出石弩、投石索、投石兵在远距离处发动一轮猛攻，接着派出一支部队，在"龟甲盾阵"的防御阵形下破坏城墙墙脚，此时另一支队伍则使用云梯登墙。史学家塔西佗（Tacitus）写道："攻击十分猛烈，第三天城墙上的守军已经全数阵亡，城门前的路障也被推倒，罗马人爬上各处碉堡一一占领，成年人全部惨遭屠杀。"科尔布洛的部队接着抵达阿尔塔克撒塔（Artaxata）城外，城内军民立刻投降，因而保住了性命，但是仍旧无法阻挡科尔布洛摧毁他们的家园。

公元66—74年：犹太战争

在罗马人与犹太人进行第一次犹太战争期间，约帕（Joppa）、加巴拉（Gabara）、杰拉什（Gerasa）等地的要塞遭到罗马军队强袭攻击，再次显示罗马军团对于发挥这项战术的充分准备。一旦城镇的防御遭到突破，典型的下场是城内所有能够作战的男子全部死于剑下，而罗马军团则恣意烧杀掳掠。不过，在对付约塔帕塔（Jotapata）、迦马拉（Gamala）、耶路撒冷等地，以及今日考古发掘出的壮丽的玛撒达堡（Masada）时，速战速决的强袭战术便相形失色，取而代之的是较为精心擘画的攻击行动。

公元67年夏初，约塔帕塔的守军与罗马人对抗了一周，成功击退每一次的进犯。当时尚未成为罗马皇帝的韦斯巴芗（Vespasian）于是决定建造一座直达城墙的土坡。如同当年恺撒对付阿凡历库姆一样，韦斯巴芗意图让罗马军团直接强袭攻击城垛，但是他的计划却未能奏效，因为城内守军加高城墙作为反制措施。史学家约瑟夫当时是统帅城内防守的将领，他的记载中写道，韦斯巴芗后来调度了一台破城锤，使其在投

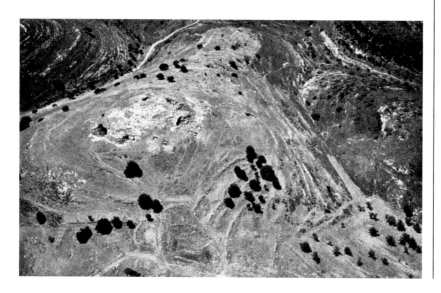

今以色列尤德法特（Yodefat）向南方观望之空中拍摄图。此地为古时候的约塔帕塔。考古研究在北方的斜坡发现灰泥与碎石块，可能出自韦斯巴芗修筑的攻城土坡。此地同时也发现大量箭头，以及罗马士兵靴底的两枚鞋钉（© M.Aviam）

古时迦马拉（今以色列境内）遗址，山坡陡峭，唯有从东方沿着一处狭窄的隘口（图右下）方能进出。犹太会堂（图左下）以下的护墙已经破损。此处的考古研究多年来发现大量的箭头与弩机发射的石球（© 本书作者）

射武器的火力掩护下进攻。虽然城墙最后被撞破了，但是罗马军队却被击退，使得韦斯巴芗不得不再一次扩大整个军事行动的规模。这一次他建造了三座50罗尺（15米）高的攻城塔，外表以铁皮覆盖，能够俯瞰城墙；此外，他还下令继续增加土坡的高度。据约瑟夫所述，最后"在第47天，土坡的高度超过了城墙"；当天晚上，罗马军团悄然翻墙入城，大肆杀伐，把妇女与小孩卖作奴隶。

数个月之后，在迦马拉这个地方，韦斯巴芗又一次凭借攻城土坡，让破城锤得以克服艰困的地形。然而，当罗马军团大举涌入城中时，却因为城内的街道陡峭狭窄，行走起来十分艰难，使他们变成活箭靶，不断受到山坡上方的守军以投射武器攻击。罗马军团全速撤退，但是不久后城墙上的一座城塔基座被破坏，罗马人发动的第二波攻击因而得手。罗马军团入城后一如往常地烧杀掳掠，根据约瑟夫的记载（或许略为夸大），"鲜血如涌泉般自山坡流下，淹没了整个城镇"。

公元70年，犹太战争的战况升至高潮，罗马军队再一次兵临耶路撒冷城下。韦斯巴芗之子提图斯（Titus）策划发起全面进攻，显然是相当熟稔罗马部队以前对于耶路撒冷的战术。根据提图斯之后的自述，"所有能够用来征服城镇的器械——无论是古时候就使用的或是新近才发明的——尽皆组装起来"。为了替破城锤铺路，三条土坡靠着耶路撒冷的外城墙修筑起来。此外城墙是自庞培与希律王攻击耶路撒冷之后所建造的新防御工事。很快地，耶路撒冷的第二道城墙也被攻破，罗马人对着圣殿的平台建造了两对土坡。其中一对因为底部遭到破坏而坍塌；另一对则遭到火攻焚毁。提图斯旋即试图封锁该城，因此下令建造一面长达40"司达德"（约7公里）的围墙，其中设置13座堡垒。如同一般大型土木建设一样，罗马人的工班互相竞争，抢着要最先完成，约瑟夫写道："整个建筑原本需要好几个月，结果三天便完成了。速度快得令人无法置信。"（有一位译者在翻译这一段

时，十分幽默地评注道："一点不假！"）然而，如同过去常见的情况一样，封锁工事一旦完成，猛烈的进攻便随之而来。罗马人新修筑了一条土坡，把破城锤推上位于圣殿平台一角的安东尼堡（Antonia），该堡垒被击毁之后，形成了登上圣殿平台的宽阔坡道。尽管提图斯坚决反对，但是耶路撒冷圣殿最后还是被摧毁了。在接下来的几天至几周之内，烧杀掳掠由圣殿蔓延至整个耶路撒冷。

虽然耶路撒冷的沦陷诏示着犹太战争已经告终，但是一些起义者仍然占据三处有防御设施的行宫。这些行宫都建造于希律为王的年代。第一处是希律堡（Herodium），我们对于此处所发生的围城战役一无所悉。第二处是玛革洛，位于今日约旦境内。根据约瑟夫的记载，罗马将领塞克苏斯·路奇力乌斯·巴苏斯（Sextus Lucilius Bassus）"在附近侦察之后，决定从东方的峡谷堆土建造土坡，于是便开始行动，迅速把土坡筑起来，因而使攻城行动变得轻而易举"。然而，考古发掘的遗迹却恰好相反，显示巴苏斯打算从西方发动攻击。这一侧今日仍能看到未完成的围城工事遗迹，以及该遗迹后方某处的一个小型营地，约0.18公顷大小。在2.9米厚的壁垒保护之下，这个营地约能容纳100多人。在此地的周围零星分布着另外九至十座兵营，大部分的规模都小得多，以断断续续共达3公里的围墙联结在一起。然而，巴苏斯后来却不是凭借武力征服此地，而是靠计谋：有一个起义者试图破坏罗马人的护墙而被擒获，罗马人威胁要把他钉在十字架上处死，城内守军因而投降。

公元74年：马萨达堡围城战役

希律王的第三处行宫马萨达堡，是犹太战争中最著名的战役发生之地，甚至可说是最广为流传的围城战。此处与努曼提亚与阿莱西亚一样，提供了极为宝贵的机会，能够交互参照史料记载与考古研究的发现。巴苏斯后来死于任上，因此罗马便派遣新任指挥官路奇乌斯·弗拉维奥·席尔瓦（Lucius Flavius Silva）接替。根据碑铭资料显示，席尔瓦

右上图　提图斯凯旋门（Arch of Titus，位于今罗马市）的浮雕，显示年轻的"恺撒"（右方）驾着四马战车，后方站着有翅膀的胜利之神。公元71年，提图斯结束犹太战争返国，与已退位的父皇韦斯巴芗共同举行凯旋仪式，意在强调王权的延续（© R. Cowan）

左上图　提图斯凯旋门的浮雕，显示公元71年掠夺者拿着从耶路撒冷洗劫的物品凯旋游行。带着花环的人手举立牌（左方与中央），可能是标示每一件展示品名称；另一人则拿着有七个分支的烛台，此烛台乃夺自耶路撒冷圣殿（© R. Cowan）

玛革洛鸟瞰图，视线延伸穿越有防御设施的行宫（中央），朝东方而去。图片前方是罗马人的主要兵营（右下），其上方依稀可见约瑟夫所提到的攻城土坡遗迹（© D. L. Kennedy. APA98/30.10/17 May 1998）

大约在公元73年奉命接掌犹太事务，而他想必于同年底便抵达犹太地区，好能着手准备攻城。如同小西庇阿攻打努曼提亚一样，席尔瓦"在具地利之处设兵驻守，迅速占据全区，在该要塞外围建造一圈围墙，使得被包围的人插翅难飞，并且派人监控"。

英国考古学家克里斯托夫·霍克斯（Christopher Hawkes）在1929年曾研究过该地的鸟瞰图。他认为席尔瓦先扎营于东边的B营，后来才把部队移往西边的F营。然而，德国考古学家舒尔滕则凭借他在努曼提亚的经验，发现这样的设置与努曼提亚雷同，因此B营与F营实际上是两个互补的位置。席尔瓦纯粹只是遵循标准做法，确保能够尽量完全监控被包围者的一举一动。因此就这一点而言，B营与F营的作用如同努曼提亚的卡斯提杰霍与德希甲（或圆岩丘），又像是阿莱西亚的A营（或B营）与C营。一旦长达4.5公里的围墙完成，C营将能够提供巡守东边的兵力。此营大小0.43公顷，应该被归类为小型堡垒，但是却缺乏堡垒常见的指挥处所。此处约能容纳500人。位于西边的E营与C营大小相同，可能肩负相似的职能。东边的A营与D营，以及西边的G营与H营规模较小，每一处约能容纳二三百名士兵。小营H盘踞在南方峭壁上，居高临下，类

从西方望去的玛萨达堡C营。舒尔滕认为，营内地上一列列的干石结构为营房的砖块；但是英国的考古学家伊恩·里士满（Ian Richmond）爵士则认为，这些是低矮的座台壁，罗马士兵把帐篷架于其上，便能轻易地让棚内变得凉爽（© 本书作者）

似努曼提亚的卡尼艾尔，今日到此参观的游客仍能够感受到此地的瞭望观测功能。

席尔瓦在包围了敌方的要塞之后，着手建造土坡，进行下一阶段的攻击。这些虽然都是广为使用的有效战术，但是此地的后勤补给成就再次令人折服，即使以今日的眼光来看仍旧十分了

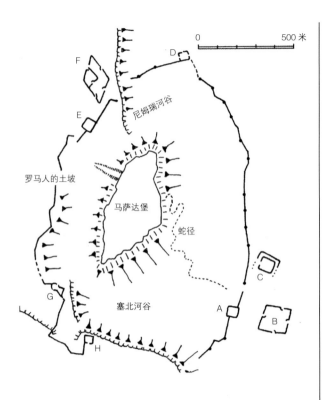

马萨达堡示意图，显示席尔瓦的包围工事，以及相关的兵营（图中标示为B及F）与堡垒。暴露于东方的部分则以一连串的塔楼来巩固安全。C点似乎为一处较早搭建的兵营，或许为先遣的侦察部队所建（© 本书作者）

不起。约瑟夫写道，席尔瓦发现只有一个地方能够负荷得了攻城土坡，也就是所谓的"列乌吉"（Leukē，白地之意）。根据他的记载，此处"极为宽阔，岩石构成的突面向外延伸出去，比玛萨达堡低了300腕尺（135米）"。舒尔滕于1932年考察了这个地方，同行的还有阿道夫·拉默洛（Adolf Lammerer）将军。据拉默洛的推测，罗马人不过是把土坡盖在玛萨达堡旁既有的尖坡（spur）之上。他的推测如今已获得地理学家丹·吉尔（Dan Gill）的证实。吉尔推测，今日看到的坡道，主体结构为一座天然的白垩土露头（outcrop），上面覆盖着压密了的岩屑，约4—5米厚。此尖坡因白垩土而呈现白色，显示此处就是约瑟夫笔下的"列乌吉"（虽然此尖坡的基部与顶部的高度差为300罗尺，而非300腕尺）。

约瑟夫写道："席尔瓦爬了上去，占据该处。他命令部队建造土坡。在投入大量人力辛勤工作之下，该土坡结结实实地到达200腕尺（90米）的高度。然而，他认为该土坡仍旧不够结实，也不够宽阔，无法作为攻城器械的基台。因此，他们在土坡最上面又铺上一层密合的大石，此层的宽度与高度均为50腕尺（22米）。"最外面的这一层目前没有留下任何痕迹。关于这段记载，有人解读为那是在土坡的顶部另外建造的独立平台，但是席尔瓦的攻城塔需要一条平坦的坡道才能上到城墙。霍克斯的见解，认为有一条石头坡道一直修筑到土坡顶端，应是最可信的说法；然而，约瑟夫的测量数据便出现问题，除非他所谓的"200腕尺"是指原本的尖坡；而"50腕尺"是指罗马人后来覆盖在表面上的材料。不过，根据吉尔的推测，这层材料原本的平均厚度只有8米（坡顶为6米；坡腹则为10米），若建造一条平坦的坡道，它的最高点仍比马萨达

罗马人所使用的最大型弩机（ballista），能发射80罗磅重（约为26公斤）的石块。依据约瑟夫记载，很可能就是这种弩机击毁了约塔帕塔的城垛，并且让一名士兵身首异处。此图为英国广播公司（BBC）为拍摄电视节目所制作的实验机，图中的仰角可能过高，无法达到最大射程（© A. Wilkins）

堡的最高点矮了12米。当然，这样就能解释约瑟夫的描述，亦即席尔瓦使用了极高的攻城塔；但是就算该塔60腕尺（27米）高，最上面的10米依旧能够从上而下，俯攻马萨达堡的城垛。

铁皮包覆的攻城塔据说还搭载投石机，或许还装配了破城锤，席尔瓦最终便靠它击破城墙。然而，众所周知，破城锤对付石制城墙最为有效，因为锤头撞击能够造成个别石块移位，致使整面墙分崩离析。因此，当罗马人击破马萨达堡的城墙之后，城内守军立刻建造木格网的土木工事，让破城锤毫无用武之地，如同约瑟夫所说："这种材料吸收撞击后会弯曲，变得更加牢固，使该器械的每次攻击都显得乏力。"因此，席尔瓦便采用对付木造设施最有效的老方法：火攻。然而，隔天，当他的部队终于进到马萨达堡城内，却发现城中居民早已集体自杀。

现代的学者通常臆测，这一段时期是古代围城战役的全盛时期；但是若将此时期与苏拉或恺撒的时代相比，却没有明显的优胜之处。马尔斯登指出，韦斯巴芗在攻打约塔帕塔时，使用了160件投射武

阿道夫·拉默洛将军认为，罗马人围攻马萨达堡的土坡是盖在既有的尖坡之上。他是第一个提出此理论的人。他提出的坡度为19度，因此需要额外覆盖20米厚的材料（此处以虚线表示）。丹·吉尔较晚近的研究则显示，今日看到的尖坡表面之上，只有约1米厚的原材料被侵蚀掉（© 本书作者，依据拉默洛的研究所绘）

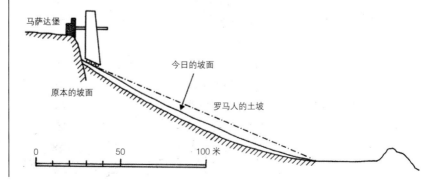

罗马时期围城战　**109**

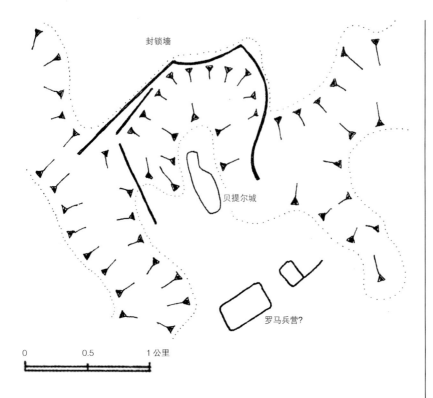

公元131—135年第二次犹太战争时,罗马皇帝哈德良派将领尤利乌斯·塞维鲁斯包围位于贝提尔(Bettir,今以色列境内)的要塞。此围城工事的状况乃是通过徒步勘探与空中摄影所得。舒尔滕在此处西北隅发现双重围墙,很可能只是城墙重新对齐时留下的

器,这便是决定性的因素。确实,如此大规模的阵仗,先撇开强大火力不谈,单就心理效果而言,想必也能提振攻城者的士气,严重打击守方的信心。然而,这个时期所使用的攻城战术,都能轻易地对照到往昔的类似例子:韦斯巴芗在约塔帕塔的大规模准备行动,这不禁令人想起恺撒当年攻打阿凡历库姆的状况;迦马拉城内街道中的背水一战,这颇类似恺撒在日尔哥维亚被击退的场景;此外,包围马萨达堡城的战术则与小西庇阿当年包围努曼提亚遥相呼应;席尔瓦的战术则是仿效西塞罗攻打品丹尼苏斯的策略。

公元2世纪的围城战役

即使图拉真(Trajan,97—117年在位)与塞普提穆斯·塞维鲁斯(Septimius Severus,193—211年在位)等皇帝拓展帝国版图的时期,围城战役的相关资料也不多见,而且两次战役之间往往相隔很长时间。这并不是说此时期没有围城之战发生,只不过是因为相关史料未能保存下来。举例而言,保存在罗马的"图拉真凯旋柱"(Trajan's Column)上面就刻画了达契亚人(Dacian)攻打罗马要塞,以及罗马

出土于特贝塔(Tel Betar,古贝提尔)的一组石弹,直径约6厘米,平均重量250克。弩机测试的结果显示,石弹的射程通常比较轻的黏土制投射物更远,但是却比体积小、密度大的铅弹短得多。石弹在80米之内的距离能发挥相当大的杀伤力,但是却无法像铅弹一样穿透甲胄(© D. Ussishkin)

杜拉欧罗普斯 19 号城塔后方 1 号坑道中发现的骨骸，据推测应该为攻城的士兵，因为他面朝城镇向后倒下，或许是被前来阻止波斯攻城行动的罗马士兵砍杀倒地。这个士兵身穿锁子甲，身旁还有一副波斯式样的头盔（© Yale University Art Gallery）

人攻打达契亚人的山丘据点等场景；而"奥勒留凯旋柱"（Column of Marcus Aurelius）上则显示罗马军团洗劫日耳曼村落的画面。特别遗憾的是，公元 193—195 年，拜占庭被塞维鲁斯的大将马略·马克西穆斯（Marius Maximus）包围，但是关于这场史诗般的围城战役，我们却缺乏完整的史料叙述。

　　罗马帝国东部的围城战绩，由于三度进攻哈特拉（Hatra，今伊拉克境内）都未能得手，因而显得黯淡无光。首先，公元 117 年，图拉真试图占领这座繁华的沙漠之都，但是他在侦察的时候差点中箭，再加上恶劣的天候以及蚊虫肆虐，迫使他的部队不得不撤退。八十年

波斯人围攻杜拉欧罗普斯的示意图。攻城土坡下方交错纵横的地道有待进一步的考古研究调查。13 号城塔往西北方伸出的部分，原先以为是罗马人的反制地道，但很可能只是天然形成的岩石裂缝

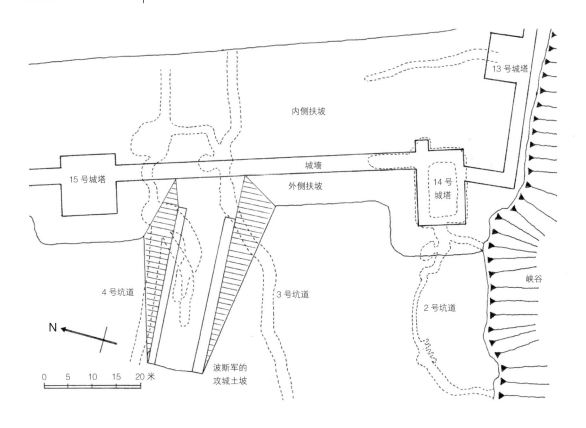

罗马时期围城战　**111**

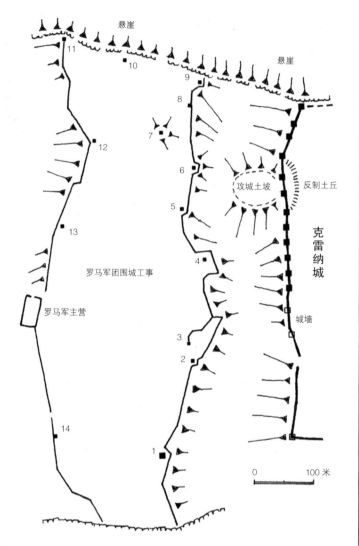

克雷纳围城工事示意图。西侧城墙（图右）建于希腊化时期，隔着前方河谷形成的天然屏障，与对方的双层围城工事遥相对峙

后，罗马大军再次抵达此地，塞维鲁斯的围城器械却两度遭到对方火攻焚毁（公元198/199年）。塞维鲁斯在二度尝试之中，虽然一度攻破了哈特拉的外墙，但是对于来自欧洲的罗马军队而言，待在酷热的沙漠中二十天之久宛如置身地狱，再加上塞维鲁斯之前处决了一名受士兵爱戴的军官，因此造成士兵的愤恨不满，塞维鲁斯最后只得像图拉真一样，铩羽而归。

公元3世纪的围城战役

比起公元2世纪，3世纪的战役史料更是残缺不全，而现代的评论家也刻意避免去讨论这段时期的围城战。所幸考古研究发现了两处气势恢宏的遗址，多少弥补了一些遗憾：一处是位于叙利亚境内的杜拉欧罗普斯（Dura Europos）；另一处则是土耳其西南方的克雷纳（Cremna）。

杜拉欧罗普斯位于沙漠之中。约在公元256年，罗马戍守此地的卫队开始准备迎战波斯人。由于这个城镇的东方、南方、北方均有峡谷作为天然屏障，因此只剩西方需要特别留心。在此处的城墙内外，罗马人用泥土建造了巨大的扶坡，借以巩固城墙。此举并非为了阻止攻城器械接近城墙。因为若要达到这个目的，挖凿宽阔的壕沟才是最佳做法；相反地，罗马人这么做是为了防止敌方破坏城墙的墙脚。因为若是墙脚遭到破坏，两侧的扶坡能够提供临时支撑力，使城墙虽然下沉，但却不至于完全倒塌。事实上，当波斯军破坏了城墙中央第19号城塔的基座时，全赖此紧急措施的支撑，才让城墙防御得以维持。然而，后来城中居民弃城而逃，显示此城最终仍被攻破。

20世纪30年代初期，一支法国与美国的联合考古团队发现了一条波斯地道（1号坑道），约1.2米宽，1.75米高，穿越第19号城塔一角下方，然后转向沿着城墙下方前进15米。波斯的工兵沿用屡试不爽的方法：一边挖凿地道，一边巩固他们的工事，因此城塔与毗连的城墙并非安立在岩床之上，而是立在木梁之上，只需要放一把火，就能够让整个防御工事倾倒。罗马守军可能听见了丁字镐的声响，或是看见了沙漠西方逐渐堆起来的废土，因此警戒起来，开始挖凿反制地道以先发制人。在这场战役中，地道固然被焚毁了，但是当波斯人看到城塔依然纹丝不动时，心中想必十分沮丧。

波斯人很有可能是到了这个阶段，才开始修筑攻城土坡，地点是在第15号城塔南方某处。然而，波斯人的行动似乎受阻，因为第14号城塔的守军不断发射投射武器。第14号城塔位于最南边角落，一侧是面向沙漠的西城墙，另一侧是沿着南方峡谷向东而去的城墙。波斯人为了化解来自第14号城塔的攻击，挖凿了另一条坑道（2号坑道），从峡谷的隐匿之处进入地下，很有技巧地迂回而行，抵达该城塔正下方。他们同时挖凿了另一条分支坑道，回通峡谷，很可能是作为主燃烧室进气调节之用。同样地，在巨大的扶坡支撑之下，后来城塔虽然免于完全毁坏的命运，但是却因为城墙下沉到坑道中，因而四分五裂。

令人感到好奇的是，攻城土坡下方的坑道盘根错节，但是我们只能臆测其可能的作用。法国考古学家梅尼尔·杜比松伯爵（Comte du Mesnil du Buisson）研究了石头上的丁字镐痕迹，断定两条主要坑道皆为波斯人挖凿。依据他提出的假想，4号坑道穿越城墙下方后，遭到罗马军队拦截；而罗马人则继续往上挖，希望能够穿入攻城土坡之中，从下方使土坡松动。梅尼尔·杜比松伯爵认为，罗马人确实办到了，证据就是沿着土坡走到半途时，可以看见一处明显的凹陷处。除此之外，依据他的看法，从考古发掘时发现的烧焦痕迹看来，罗马人应该总共挖凿并烧毁了两条廊道。为了反制罗马人，波斯人挖凿了另一条坑道（3号坑道），从下方穿过城墙后转而向北，直捣一处据说是罗马工兵聚集的大型穴室。波斯人最后终于解除了来自4号坑道的威胁，便接着使用3号坑道攻进城内，分散守军的注意力，好让城外的士兵能够沿着部分坍塌的土坡直冲而上。以上描述虽然合理，但全是凭借考古证据臆测的，因此不是唯一的诠释方式。唯有凭借更进一

本图为所谓的克雷纳攻城土丘，视点为北方。考古学家认为此土丘是投射武器的平台，但也不排除此土丘最终可能是要让部队对城墙发动强袭。事实上，此土丘具备一般攻城土坡的各种特点，很可能是为了要把破城锤推上城墙而建造的（© S. Mitchell）

步的调查，才能厘清事件发生的真正顺序。

公元278年克雷纳的围城之役则比较直接明了。史学家卓西姆斯（Zosimus）写道，罗马军队抵达该地，意图对付强盗首领利狄乌斯（Lydius），而利狄乌斯则遁逃到固若金汤的克雷纳城内。该城三面均有无法通行的悬崖作为屏障。利狄乌斯打算驱逐城内所有无法武装战斗的人，但是这些人又聚集起来回到城内，因此事与愿违，他便把这些人推下悬崖。据说利狄乌斯特别仰赖一个人，"此人精于制造各种器械，能够使用投射武器，准确命中目标"。不过，这名士兵后来因为难得失手，未能击中目标而受到处罚，使他一怒之下投靠罗马人。利狄乌斯后来站在一扇敞开的窗户前，结果被这名士兵运用他的拿手技能射杀。

此地1980年的考古活动发现了围城工事，但是卓西姆斯的记载中却丝毫没有提到。考古学家发现两面互相平行的护墙，相距大约250米，横断通往城内的唯一道路。每一面墙上都设有塔楼，能够协助监视。唯一一处能够辨认出的营地，大小约0.17公顷，依附在外城墙的外侧，考古学家因而相信，此处的围城工事是以双重围墙面向着被包围的城镇。然而，塔楼的方位却显示，西侧的城墙面朝外侧，因而构成"双围堵"的形式。罗马军队很可能是在两墙之间的区域活动，类似小西庇阿当年攻打迦太基一样。

史有明鉴，一旦围城工事完成，进攻行动便随之而来。克雷纳一役最令人惊讶的，是介于围墙与城墙之间，横越河谷地的巨型人工土丘。虽然这座土丘被认为是投射武器的平台，让短射程的武器能够射到城墙，但是从各种特色来看，此土丘都像是一座尚未完成的攻城土坡，难怪此处旁边有一座破城锤待命，一旦剩下的20米缺口被填平，就能马上发动攻击。城内军民的反应自然是加厚此处的城墙，因此建造了一座15米高的反制土丘，显然是为了强化此处的间壁，以便抵抗即将进犯的破城锤。然而，利狄乌斯后来遇刺身亡，想必因而使得该城乖乖投降。

波斯人在杜拉欧罗普斯修筑的土坡,本图视角为西南方。20世纪30年代的考古挖掘结果显示,此土坡建筑于两座泥砖边坡之间,其中右侧边坡约2米厚,可能超过坡道的高度,形成边墙。图左侧可见15号城塔(© M. C. Bishop)

THE ELEMENTS OF ROMAN SIEGECRAFT
罗马攻城战略的元素

扎营

在每日行军之后,罗马军队习惯搭建一座防御扎实的营地。此类型的营地在好几场围城之战中都有明白提及,而且我们似乎可以合理地认为,在大多数情况下,罗马将领的首要之务,便是确保部队有个安全的栖身之所。一旦部队拔营接近要攻击的城镇,就需要驻扎新的营地。根据史料显示,罗马人通常会在两个互补的位置分别设下一个营地,以此确保完全掌握敌方城镇的一举一动。除此之外,罗马人通常还会环绕着城镇设置哨岗以弥补不足之处,达成更严密的监控措

从西方俯视之英国苏格兰伯恩斯渥克(Burnswark),图中可见两处宏大的罗马兵营遗址,分别设于被包围的山丘两侧。此处的围城战役很可能发生于公元2世纪末叶(© G. D. B. Jones)

施。在多数情况下，这些哨岗会以某种连续的屏障串连在一起。罗马军事作家韦格蒂乌斯（Vegetius）的写作年代可能是公元4世纪末，他解释说："围城者在投射武器的射程之外挖凿壕沟，不只设置壁垒与木栅栏，同时也配置塔楼，因此能够抵御来自城中的突袭。他们昵称此围城工事为护胸甲（loricula）。"

围堵

在拉丁文的文献之中，并未出现circumvallation（围堵之意）一词。古时候的作者通常在动词前面加上字首circum（环绕之意），来表示包围着某个城镇的意思，比如说，circummunire的意思是"以城墙包围"；而circumvallare的意思则是"以木栅栏包围"。然而，罗马人似乎没有一个特别的词来对应希腊文的periteichismos（包围网之意）。在阿莱西亚一战中，恺撒只以"罗马人的防线"来指称；而他设置在迪拉基乌姆的堡垒群则是借"一长列工事"串连在一起。然而，有一处十分罕见的例外：恺撒称呼他在科菲尼乌姆的壁垒与碉堡时，用了circummunitio一词，直译的意思就是"环城的工事"。作者若要指称circumvallation，比较常见的做法是借用西塞罗描述庞培在布隆狄西乌姆港的叙述："以壕沟与壁垒将其围困。"《西班牙战记》的作者则用另一个不同的说法："恺撒修筑工事围攻阿特瓜，开始在城镇四周设'臂'布防。"在阿莱西亚这样难得的例子之中，由于具有两道围城工事，因此第二道工事直接简称为"外层的工事"。

19世纪时，法国的拿破仑三世让此问题更加复杂。他用contrevallation一词来指称恺撒的包围防线，比如在阿杜亚都契的战役；而他描述阿莱西亚战役时，则用同一个词来指称内层的防线，而

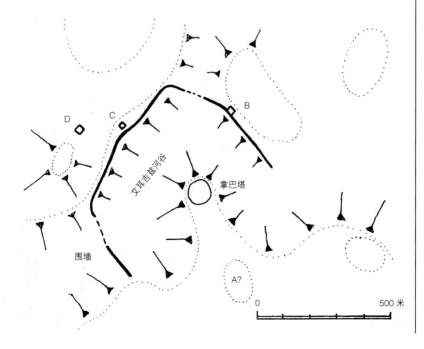

拿巴塔（Narbata，位于今以色列境内）平面图，在这里发现罗马人的封锁工事。此地有几项特殊之处，比如三处营地（图中之B、C、D）面积都很小，其中只有一营与围墙相接。北方与西南方的裂口可能为艾耳吉兹河谷（Wadi el-Jiz）中的水流冲刷而形成，但是整个封锁网的南方仍是个开口。图中的A营纯属臆测

用另外一个词 circonvallation 来指称外层的防线。这两个词可算是法国军事理论家的标准词汇，他们常用来描述 15、16 世纪围城战役中常见的双层土木工事。不过，舒尔滕强烈反对法国人的用语，建议应当把拿破仑三世使用的两个词对调，把内层的防线（确实是唯一的防线，此处只有一道围墙）称为 circumvallatio，而十分罕见的外层防线则给了一个比较现代的名词：contravallation（直译为对垒）。法国的学者习惯上仍沿用拿破仑三世描述阿莱西亚战役的用语，但在其他地方则建议避免这样使用。

有趣的是，在《亚历山大战记》（*Bellum Alexandrinum*）中，乌利亚的围城工事是类似"双围堵"的形式。该书的作者在提及这样的工事时，同一句内同时使用了 munitione（防御设施之意）与 opera（工事之意）两个词。这又是另一个有问题的词汇，因为古人并未特别区分是建筑土木工事，还是建造攻城器械；因此无论哪种情况，都完完全全可以用 opera 一词来指称，而唯有从文章脉络才能看出作者本意。举例而言，李维在描述公元 189 年的安伯西亚战役时，便区分如下：他以 munimenta 指称"包围城墙者"；而以 opera 指称"执政官准备运上城墙者"。前者是指防御设施，后者则是指攻城器械。另一方面，希尔提乌斯（Hirtius）的著作中写道，公元前 51 年，坎宁纽斯在乌克萨洛邓纳姆周围建造了 opera，他所指的却是 circumvallation 一词。

壕沟与木栅栏可能是最常使用的屏障。即使文献之中只提及单一壕沟，如同公元前 86 年的雅典或是公元前 69 年的提格雷诺塞塔，这条壕沟的最上层恐怕还是筑有一道低墙。当然，若是单靠壕沟，就算是十分宽阔的壕堑，恐怕也不是十分安全的屏障，但是却能让敌方由于被局限住而产生心理压力，这一点当然是围堵战术相当重要的层面。然而，奥地利学者格奥尔格·韦特（Georg Veith）却受到努曼提亚与阿莱西亚的例子过度影响，因而认为罗马人偏爱使用封锁战的策略。小西庇阿曾经说过，只有鲁莽的将领才会在不必要的情况下发动攻击。他的这句名言常被后人误解，以为他说优秀的将领不会去冒险进攻；因此便有人以此为佐证，主张罗马人喜欢用断粮封锁的方式逼降，也不愿冒险大动干戈。当然，舒尔滕相信，努曼提亚（阿莱西亚也可算在内）的围城战役，体现了有名的"守株待兔"战术，而当年法比尤斯·马克西穆斯便是以此战术慢慢消磨迦太基大将汉尼拔的战力。不幸的是，现代诸多学者依此想象，认为罗马将领皆奉行一个完全虚构的方针："耐心固执，贯彻到底。"他们的这般主张，完全忽略了一个事实，那就是很多城镇是被罗马人用快速的血腥攻击夺下的。

土坡

如同我们之前所见，土坡是攻击敌方城墙时常用的装置，虽然偶尔可以用来让步兵跨越城垛，进行大规模的进攻，但是大部分的情况下，土坡是为了让有轮子的攻城器械穿越崎岖不平的地区或是跨越峡谷深壑。几乎什么原料都能作为建造土坡的材料，一部拜占庭时期的辞典如此定义攻城土坡："一种作战时所使用的装置，使用石头、木材，以及泥土堆叠而成。"木材肯定是常常使用的原料之一，因为在很多战役之中，守城的一方都试图放火烧毁土坡——比如说，在阿凡历库姆（参见第131页）、乌克萨洛邓纳姆、马西利亚、约塔帕塔、耶路撒冷等地的战役——而在马萨达堡的土坡也发现断木遗迹。罗马诗人鲁坎（Lucan）在描述特雷博尼乌斯建造于马西利亚的土坡时，写到该土坡的主要材料为泥土与灌木，然后两侧使用木制框架将其压密。

莱贝南相信，在一般情况下，攻城土坡乃是一层又一层渐次筑高，直到达到敌方城墙的顶部。然而，各个土坡的设计却不尽相同。在阿凡历库姆战役中，恺撒的部队仍然必须攀墙——或许使用云梯；

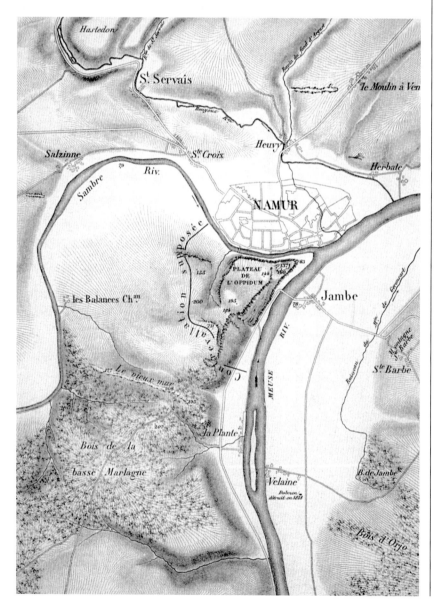

拿破仑三世认为，古时的阿杜亚都契即为今日比利时的那慕尔（Namur），并且指出恺撒的围城工事可能的位置（此图中标示为contrevallation supposée之处），但是此处的总长度比史料所载的4.5公里短少许多（*Napoléon III, Histoire de Jules César*, II : *Guerre des Gauls*, Paris 1866）

而在约塔帕塔战役中,韦斯巴芗建筑土坡的目标则是城垛口,而且要抢在敌方加高城墙之前完成。韦斯巴芗调整战术,祭出破城锤攻击,然后再回头完成原本的作战计划,再一次把土坡盖到高过城墙为止。在迦马拉战役中,由于地形之故,得需采取另一套方法:土坡在此只是用来填平崎岖艰困的地形,好使攻城装置能够顺利抵达敌方城墙。我们在史料中常常读到,守城的一方往往试图破坏土坡的地基,这意味着土坡就算没有到达城垛口的高度,仍旧是座相当庞大的建筑。举例而言,在庇里犹斯一地,城墙稳立于一座 2 米高的基座之上,此基座由巨大方正的石块砌成。因此,我们可以合理地假设,苏拉当年建造的土坡,应该是为了让破城锤能够超过此基座的高度。

莱贝南所主张的渐次高筑方式也很可能是错误的;而斯托费尔上校提出的说法似乎比较有吸引力。他认为,土坡的建筑分为几个大阶段,每个阶段都会设法让土坡达到最大高度,然后才进行下一阶段。使用这种方法的话,一座未完工的土坡就不会像莱贝南所说的,是一座低矮的平台;相反地,此土坡看起来比较像斯托费尔所言,会是一座土岗。此土岗依照各个阶段达到想要的高度,但是离敌方城墙仍有一段距离。我们在玛革洛所发现的,正是这样的情况:逐步升高的土坡距目标高度还有 50 米便戛然停止。同样地,在克雷纳发现的土坡,比城墙矮了 20 米。此土坡极为宽阔,想必是因为筑坡用的泥土、石块等物都散布于下方溪谷中。

器械

著书立说来教导将领围城与破围的方法,乃是流传已久的传统,而关于各式器械的建造更是如此。建筑工程师维特鲁威(Vitruvius)在奥古斯都大帝的赞助之下,把其传世名著《建筑十书》(*De Architectura*)中的第十册专门用来讨论各式器械,其中有一些器械是"作为防范危险、确保安全的必要措施而发明的"。另一位作家阿忒纳奥斯(Athenaeus)替奥古斯都大帝的外甥与女婿撰写了《论器械》(*Peri mēchanēmatōn*)一书,其所涵盖的范围与维特鲁威差不多相同。不过,两人的著作专务于希腊化时代的围城器械,因此他们的书籍如何影响奥古斯都大帝的战术,是目前尚未厘清的问题。诚然,希腊哲学家奥纳

小西庇阿在努曼提亚建造的城塔,此为舒尔滕提出的构想。整个结构分为上下两层,共有四根支柱,人员从塔楼外面进入。在德希甲 4 米厚的围墙后方,他发现了巨大的柱孔,认为是原来塔楼的后支柱所在处。至于前支柱部分,他认为一定是嵌入石制的围墙之内(© 本书作者,依据舒尔滕构想所绘)

阿莱西亚C营东北隅空中拍摄图。图中粗黑色线条为营地的壕沟，中间断开之处为12米宽的大门。两条平行的防御线坐落于大门外，形成"堤突路"以保护营门外面区域。此外，图中依稀可见壕沟略向内弯，把大门环抱于内。右侧可见一处较小的"边门"，位于营地右上角与包围壕沟相会之处（© Archéologie aérienne René Goguey）

山大（Onasander）认为，率兵围城的将领应当尽可能通晓各种装备，如此方能依据相关知识作一番抉择；然而，奥纳山大本人似乎偏爱一波又一波的旋风强袭战术，尤其是发动于攻其不备之时。他的著作《统帅》（*Stratēgikos*）一书曾被人在公元49年向某位执政官提过。同样地，曾任高阶将领与官员的弗朗提努（三度获选罗马执政官，最后一次是与图拉真皇帝同为执政官），在他的著作《兵法》（*Strategemata*）一书中，完全忽视围城工事与器械，认为"这些东西老早就全部发明出来了，我看不出有任何需要改进之处"。

弗朗提努的评断言之过早。公元100年左右，除了投射武器的建造有了大幅度的翻新之外，我们也可以从大马士革的阿波罗多罗斯（Apollodorus of Damascus）的作品之中略窥一二。这位图拉真大帝麾下的建筑与军事工程师，显然在皇帝的谕令之下着手设计新的攻城机器。在名为《攻城设备》（*Poliorkētika*）的文章中，阿波罗多罗斯假设的进攻对象，是位于山丘上的某个部族据点，而非有防御工事的城镇。首先，他在文中提醒读者，务必慎防从山坡上滚落的物体。此场景令人联想到安得提昂（Andetrium）的战役，不过提贝理乌斯在该地准备采用旋风强袭战术。面对从山坡滚下的巨石、树干，甚至是货运马车，阿波罗多罗斯建议使用斜面或沟渠把它们导向别处，并且

从西方望去之玛萨达堡。图中清楚可见攻城土坡的白色物质，沿着山边攀延向上

1932年，舒尔滕的同伴阿道夫·拉默洛将军前往玛萨达堡考察，发现攻城土坡南面有树干等物凸出来，认定为罗马人筑坡时使用的骨架（©D. Gill）

搭配专门用来使这些物体转向的防御掩体。接着，他谈论作战时需要用到的防御掩体，包括用以保护罗马士兵的安全，使他们能够继续破坏城墙墙脚者，以及让破城锤得以接近城塔、城门或城墙者。再接下来的一个段落，阿波罗多罗斯专门讨论攻城塔的建造，之后则是讨论一种新型的连锁式云梯。该文最后一段讨论一种有防卫墙的浮台，能作为渡河攻击之用。此段有一些附带的细节描述似乎过于夸张，比如说，在破城锤的末端装置一根扭力棍。虽然这些叙述中，有一些推测为后来某位热心的编辑所添加，但是阿波罗多罗斯全文的核心，旨在提供一系列可供选用的机器，这些机器"既有效，又能发挥防护作用，同时尽可能以容易取得的材料打造"。

从北方拍摄的玛革洛空中拍摄图。图中左侧延伸拉长的隆起处为攻城土坡的遗迹（© D. L. Kennedy. APA98/29.37/17 May 1998）

大马士革的阿波罗多罗斯所描述的龟形破城锤,此为重建图。机器外部覆盖的树木、柳木条,以及最外层防火用的泥土层等均予以省略,以便呈现内部构造与机器底盘(© P. Slisz)

EPILOGUE

跋

罗马之敌的围城战役

　　公元前146年至公元378年,关于围城战役的历史故事,其内容多半是罗马军团围攻非罗马人的城镇或是罗马人之间互相征伐。在这段时期之初,罗马实际上是地中海地区的统治者,一步步蚕食东方希腊化时代逐渐没落的各个王国势力。在东方诸王中,本都王米特拉达提六世是最后一位有财力且精通围城之术的人,即使连希律王在公元前37年意图夺回耶路撒冷时,都还得请求罗马人的协助。公元51年,另一位同样名为米特拉达提的亚美尼亚国王,为了走避来自邻近的东伊比利亚(今格鲁吉亚东部及南部)所发动的攻击,便躲入罗马人戍守在加尔尼(Gorneae)的堡垒之中。这个事件让史家塔西佗不禁轻蔑地评论道:"野蛮民族对于围城的器械与战术一窍不通,这一点没有什么大不了的;但是我们对于这种战术却是相当熟稔。"

　　安息帝国承继了塞琉西帝国在伊朗境内大部分的领土,但是安息人同样缺乏围城攻击的能力,这一点众所周知。当时安息帝国与罗马之间正在进行一场冗长而乏味的角力战,双方都企图借助扶植新的亚美尼亚统治者,来显现自己比对方更有影响力。罗马皇帝尼禄派出部队支持他的人选提格拉尼斯五世(Tigranes V);安息帝国则派兵将他们围困于王城提格雷诺塞塔。然而,安息人即便用了云梯与其他攻城器械,依旧未能得手。安息帝国的骑兵团比较适合"打带跑"的战术,他们凭借这一招曾在公元前36年瓦解了安东尼的攻城部队。

　　一般认为,日耳曼的各部族也欠缺制备攻城器械的能力。虽然塔西佗知晓两场日耳曼人之间互相攻击的围城战役;但是他们凭借的是压倒性的兵力优势，而非科技或战术。公元 69 年，日耳曼各部族组成联盟，由巴达维亚人（Batavian）组成的辅助军团率先发动叛变，集结联盟势力，在维特拉城（Vetera，今德国境内的克桑滕）包围了罗马的军团。城墙上的罗马守军轻易地就能摧毁日耳曼人临时制造的攻城器械，而后来驰援的罗马部队更吓退了日耳曼人。同样地，公元前 54 年，高卢人攻击恺撒的副将昆图斯·西塞罗（Quintus Cicero）的军营，但是当恺撒的军队前来解围时，高卢人便迅速逃逸。令人大感惊奇的是，在恺撒抵达前几周，高卢人曾经仿效恺撒采用围堵攻势，并且在罗马俘虏的指导下，建造了一座包围用的城塔。这一点有助于提醒我们，虽然罗马人与围城战役的关系密不可分，但是他们并未将建造与使用器械的技术把持不放，反倒是会在适当的指导之下，交由非罗马人的工匠与工人执行。

公元4世纪的围城战役

公元 356 年，罗马帝国的皇储尤利安（Julian）在高卢地区的某个城镇中避冬，身旁只有一小批随身卫队。这时，日耳曼的阿勒曼尼人支派（Germanic Alamanni）趁机发动攻击，但是却无法突破深锁的城门。当时参与军务的人之中，阿米阿努斯·马塞林（Ammianus Marcellinus）也是其中之一，他后来成为极为出色的历史学家。据他所述："历经四十天之后，蛮族终于撤退了，他们嘴里还一边抱怨着，想要围攻一座城镇真是既愚蠢又徒劳无功的做法。"日耳曼人在围城之战中一直无法获胜，或许和这个民族的脾气比较有关，而不是因为技术落后。公元 376 年，一支哥特人（Gothic）组成的辅助军团叛变，被逐出哈德良堡（Hadrianopolis，今土耳其境内的埃迪尔内）。他们威胁要包围该城，但是却被守军的弓箭与石弹击退。两年后，趁着该地邻近区域的战祸，一群哥特人再次试图围攻哈德良堡，但是却仍然无法取得任何进展（参见第 125 页）。

唯有当萨珊波斯王朝（Sasanian Persian）兴起之后，罗马才遭遇了同

由东北方望去之哈特拉城。此城被一道围墙包围，即为图中从左至右横越画面，拐弯后消失在远方者。目前没有发现兵营或哨岗，很可能为公元 240 年波斯的入侵者所建造

样精于围城战术的对手。公元 3 世纪末，萨珊波斯王朝占领杜拉欧罗普斯、尼西比（Nisibis），甚至安条克等地，他们让罗马帝国的东部省份饱受蹂躏，对于罗马人而言一直有如芒刺在背。马塞林的记载中，描述了公元 359 年波斯人围攻阿米达（Amida）的情形。入侵者显然从罗马驻守的辛加拉（Singara）取得了投射武器与攻城器械，并使用于战斗之中；此外，他们还在铁皮包覆的攻城塔掩护之下开始修筑土坡。时间一天又一天地过去，但是任何一方都未能取得进展。后来，城内守军用来强化城墙的一条巨大扶壁竟然向前移位，使得城防出现破洞，并且与波斯人在城外修筑的土坡连成一条天桥。波斯人循此进城后大肆劫掠，马塞林记载了之后发生的惨况："无论是否持有武器，也不论男女，所有的人都像牲畜一样被宰杀。"翌年，波斯人使用同样的投射武器与攻城器械，在辛加拉与贝札布德（Bezabde，今土耳其境内）两地都取得胜利。

现代的评论者常常主张，公元 1 世纪是围城战役的黄金时期，之后便开始逐渐式微。大家也普遍相信，1 世纪以后的军队较不擅长围城战术，也早就遗忘了如何建造攻城土坡或攻城塔。这个论点显然是错误的。公元 4 世纪时，无论是罗马帝国或是波斯帝国，他们的技术水准可以媲美恺撒或维斯帕先的时代。举例来说，公元 324 年，君士坦丁（Constantine，后来被尊为"大帝"）把对手李锡尼（Licinius）困在拜占庭，之后建造了比城墙还高的攻城塔，并且掩护部队修筑土坡。当破城锤准备就绪之后，李锡尼早已逃之夭夭，城中居民于是乖乖投降。在这场战役中，君士坦丁使用的各式各样攻城装备，都是好几代以前的人曾经使用过的。

当然，能够取得攻城装备并不代表出师告捷。公元 360 年，君士坦丁的其中一位儿子君士坦丁二世（Constantinus II），对波斯人占领的贝札布德发动全面攻击。然而，波斯人的防御十分顽强，远超过君士坦丁当年在拜占庭所遭遇的情况。首先，君士坦丁二世意图从下方挖空城墙墙脚，但是守城部队不断朝罗马工兵的掩体投掷大瓮、石磨，以及圆柱，计划因而失败。接着，罗马人建造了一条土坡，并且把一台巨大的破城锤运抵城墙。波斯人于是发射一波又一波的火箭，罗马人的机器虽有防火外皮而不至于损坏，但是破城锤的锤头却被套索拴住，因而陷入瘫痪。波斯人接着朝那台机器浇灌滚烫的沥青，并用铁桶盛装了着火的树枝，朝机器丢掷过去。罗马人费了好一番功夫才拯救了那台机器。最后，波斯人暗中用火红的炭块使罗马人的土坡着火，君士坦丁二世只得失望地放弃攻击行动。

罗马帝国早期在围城战役上并没有显著的非凡之处；同样地，在帝国晚期，其围城能力也没有显著的衰退。虽然理论上而言，领军统帅能够左右一场围城战役，但是大部分情况下，守方的能力与策略才是影响胜负的关键。尤利安时期没有显著的技术突破，比如公元 363 年，他攻打毛扎马查（Maiozamalcha）时，修筑土坡、使用投射武器，并且用破城锤击毁城墙等措施，都与小西庇阿、苏拉，以及恺撒的时代如出一辙。

THE PLATES 图版

公元 378 年，哥特人围攻哈德良堡

云图描绘罗马帝国城市遭受蛮族哥特人攻击的情形。哥特人以为城内有帝国的宝库，因而对此地发动攻击。史学家马克西林描述了城内军民如何准备抵抗包围："在城内，军民用巨大的石块封住大门，强化不牢固的城墙；又为了要从四面八方发射石头与标枪，他们选定适当位置设置投射武器。"城内的居民也加入守军的行列，共同抵御攻击。阻止试图以云梯攀上城墙的哥特人。除了各式各样的投射武器之外，守军还在城垛上朝哥特人丢掷碎石块与圆柱。

我们无从得知该城镇的细部防御状况，因此只得参考 2 世纪克桑滕的南城墙遗迹，再加上向外突出的城塔等，来重建当时的场景。由于城墙上的走道太过狭隘，无法架设一种名为"野驴"(onager)的大型单臂式投石机，因此在城墙的支撑舍之际，一台"野驴"朝哥特人发射了一发巨石，虽然没有打中任何人，但是看到此巨累的人无不惊吓丧胆

罗马时期围城战 **125**

图版

公元 73 年，米特拉达提六世围攻塞西卡斯

本图所绘场景为米特拉达提从海上进攻塞西卡斯。在他的攻城器械之中，最受瞩目的当属由船舰搭载的攻城塔。"当他们把攻城塔推近城墙时，有一座桥从机器下方伸出"。这段描述令人联想到"萨谟布拉"。米特拉达提十五年前攻打罗德斯岛时曾使用过。巧合的是，公元前213年罗马人进攻叙拉古时，也曾使用过类似的设备，这一点史学家波利比乌斯有详尽的记载。当时此机器可能是首次出现，并且成为整场战争的焦点。

阿庇安的记载写道，塞西卡斯的守军被击退，有四名米特拉达提的士兵得以登上城垛，但是他们后来被杀了，攻击行动也未能成功。目前没有记载显示塞西卡斯的城墙是何模样。本图所绘封闭式墙梁与掩闭的窗户只是一种可能，如同拉德斯山脚下的赫拉克利亚城（Heraclea-by-Latmus）一样。这种形态的防御工事难以用云梯攻克，或许能够解释何以米特拉达提会失败。

公元52年，恺撒围攻阿凡历库姆

本图描绘的场景为正在修建中的巨大土坡，其用途是填平阿凡历库姆城外极为陡峭的斜坡。恺撒本此处意图让步兵能够从土坡大举攻击高卢人的壁垒，但是在其他战役之中，恺撒也使用类似的地表置把破城锤运上敌方城墙。图中可见两座攻城塔昂然而立，不仅能够攻击指挥作战，也能够为筑坡人员提供火力掩护。土坡上有一条条廊道，让筑坡人员在前后移动时受到保护。

随着土坡日益逼近，高卢人对着土坡在城墙上朝罗马军团发射弓箭与石弹，并且投掷大圆石与用火烧干的硬木桩。土坡最后仍然完成了，但是恺撒接着写道："土坡上冒出黑烟，因为敌人借助地道从土坡下方放火。"虽然这场火很快就被扑灭了，但是此事件却凸显出这种木造结构易受火攻的风险

罗马时期围城战　**127**

THE PLATES
图版

公元 52 年，恺撒围攻阿莱西亚

本图描绘恺撒的内层围城工事。高卢人制造了大量的柳木板，并且携带了梯子与爪钩。他们用柳木板在桥跨越壕沟，用泥土填平一些地方，用梯子攀上壁垒，用爪钩拉倒罗马人的防御矮墙。高卢人的投石兵与弓箭手则在一旁支援。恺撒的记载中写道，罗马人击退了高卢人，所凭借的是"能发射 1 罗马磅重（0.3 公斤）石块的投石器，以及遍布在围城工事之内的木桩，再加上石弹助阵"，他又写道："投掷兵部队发射了许多武器。"许多高卢人虽然躲过这一波攻击，但是在恺撒设下的障碍地带内，他们不是一脚踩在木桩上，就是跌进"百合花"的陷阱中，因此高卢人的攻击行动最终以失败收场。

通过结合最新的各种发现，我们得以精确地重现恺撒当年设在劳梅斯平原的防御工事。比如说，本图中相距不远的轻型塔楼，以及屏障内侧壕沟的轻型围篱。其中最有趣的，图右此处构成的封闭区域（标记为 4bis），里面可以架设帐篷，约可容纳半个大队的兵力。

公元 9 年，提贝理乌斯包围安得提昂

该部族中有一群人占据了防御工事外围之地。当罗马部队前来继地爬上斜坡时，他们不断朝进犯的罗马人投掷石头与其他投射武器。当时尚未成功罗马皇帝的提贝亚理平叛命前往达尔马提亚，将叛军首脑巴图（Bato）包围在一座山丘堡垒上。提贝理乌斯相当轻视这群乌合之众，便下令部队直接朝山坡上进攻，自己则登上高塔观战。(对于当时的将军而言，在塔上观战是十分常见的作为，由于居高临下，将军能看到任何英勇作战的士兵，并给予奖赏。)罗马人后来派出一支分遣队绕远路奇袭，在守军未料到的情况下忽然下该现于城镇侧翼，最终夺下该地。罗马史学家卡西乌斯·狄奥（Cassius Dio）记载，该部族的人"投落许多石头，有些是从山坡上抛射的，其他人则从山坡上推下车轮，以及那个圆形大箱子，里面装满整车石头，使用的圆形大箱子，里面装满石头"。只要地形许可，被包围的一方通常会从山坡上推落重物攻击，这是常见的战术。在其他的战役中，这是常见的战术，被推落的物品还包括树干与着火的桶子

THE PLATES
图版

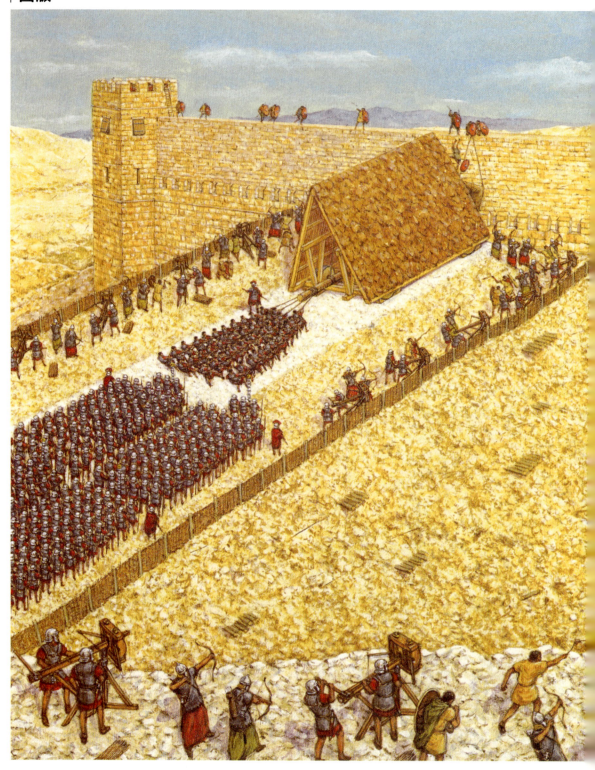

公元 67 年，维斯帕先围攻约塔帕塔

本图可以看到，约塔帕塔的土坡最前方有一台破城锤正在发动攻击。土坡原本是要让罗马军团登上约塔帕塔城的城墙，但是守军很聪明地加高了城墙高度，使其达到 20 腕尺（约 9 米），罗马人无可奈何，只得选择击破城墙，因此土坡成了推进破城锤的坡道。如同史学家约瑟夫的评论："罗马将领采行此计划，亟欲攻占此城镇。"

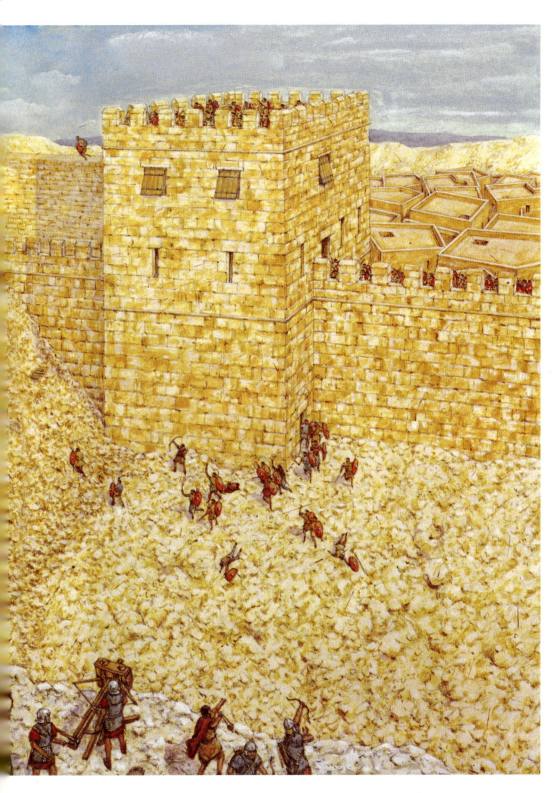

罗马人的弩机、弓箭手、投石兵不断射击,使城墙上的守军不得不躲在掩护之处,无法阻挠破城锤的行动。然而,有些人仍试图干扰罗马人的攻击行动,冒险登上城垛,从上面垂降下装满谷壳的布袋,挡在破城锤的锤头前面,试图减缓撞击力。另一些人则手持火把从城内冲出,试图烧毁罗马人的围城工事。虽然有一名犹太人用大石头砸断了破城锤的锤头,但是该机器很快就修好了,因而得以继续撞击城墙

THE PLATES
图版

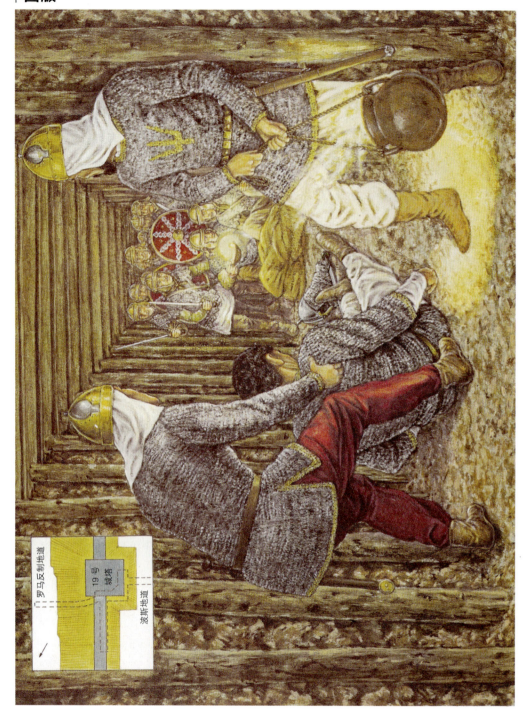

公元 256 年，波斯人在杜拉欧罗普斯挖掘地道

本图描绘罗马军与波斯军在地道内遭遇的场景，双方都在沙漠之城杜拉欧罗普斯的下方挖掘地道。考古研究的证据显示，波斯人在破坏了 19 号城塔的地基之后放火支撑起地道，准备在之后放火烧掉，这时罗马人从反制地道切进波斯人的地道之中。波斯人想必成功阻止了罗马人的干预，他们之后放火把地道烧掉，造成 19 号城塔西北角明显下陷。整起事件发生的顺序始终是个谜团。依据此处所做的诠释，波斯人成功地把罗马人挡在反制地道之中。考古学家发现，罗马人的反制地道仍然完好如初，不知道是因为地道末端封住了，还是因为意外坍塌而产生警觉。波斯人在击退罗马人之后，把自己的地道口封闭，也把自己的地道口封闭，使地道中的一群人命丧地底。地道中的其他骨骸，包括十几个聚集在角落的士兵，很可能都死于浓烟窒息，因为用来支撑地道顶的木材留下烧灼的痕迹

土耳其色拉穆斯（Ceramus）的坚固城防，很可能建于公元前 2 世纪末，似乎从未受到围城战火的洗礼。公元前 81 年，苏拉将此城赏赐给邻近的史崔腾尼西亚（Stratoniceia）（A. W. McNicoll, *Hellenistic Fortifications from the Aegean to the Euphrates*, Oxford, 1997）

恺撒在阿凡历库姆的围城工事立体模型，依据拿破仑三世的投射武器专家韦谢尔·德雷菲（Verchére de Reffye）将军之设计。1930 年代，梅尼尔·杜比松伯爵在研究过杜拉欧罗普斯一地的波斯攻城土坡之后，批评此设计有遭受火攻的风险。他把德雷菲的设计比喻为"火葬用的柴堆"（© West Point Museum Collections, United States Military Academy）

罗马时期围城战　**133**

THE PLATES

图版

君士坦丁凯旋门（Arch of Constantine），建于公元312年的罗马。此图描绘一群士兵攻击一面城墙。公元312年初，君士坦丁进攻维罗纳（Verona），此地被他的对手马克森提乌斯（Maxentius）的禁卫军长官卢理修斯·庞培阿努斯（Ruricius Pompeianus）占领。为了避免坐困愁城，庞培阿努斯选择出城战斗，结果被击毙（© R.Cowan）

罗马军团攻击敌方城墙。著名的"龟甲盾阵"能够抵挡来自上方的投掷物攻击，此图中以一柄剑、一个车轮，以及一根火把代表（E. Petersen, A. von Domaszewski & G. Calderini, *Die Marcus-Säule*, Munich, 1896）

从杜拉欧罗普斯城内望去之第14号城塔。波斯军队成功地破坏了城塔的四面墙壁，使城塔分崩离析，无法再作为弩机与弓箭手的阵地。图中的扶壁是现代增建的（© M. C. Bishop）

中世纪围城战
MEDIEVAL SIEGE WARFARE

Introduction
导言

攻城战在欧洲中世纪的军事策略上扮演极为重要的角色。在此时期之中，无论是攻打用栅栏防守的小型工事，还是全面进攻固若金汤的大型要塞，攻城战发生的频率要远高于大会战。虽然大会战比较能够留名青史，但其本身却是一场极为危险的赌注，因为大批部队很可能在会战中阵亡，而部队多寡又将左右战争的成败。因此，若非有绝佳的理由，深思熟虑的将领通常不愿冒此风险。然而，若是我们反观城堡的话，则会看到另一幅景象。城堡通常能够掌控周边区域；尤其在封建时代，城堡是骑士团的基地，作为他们攻击敌人的据点。面对这样一座要塞，若是入侵者打算绕道而行，便得时常面对来自城堡中的攻击骚扰；同时对于部队的通讯与补给线而言，位于进攻路线途中的城堡也构成严重威胁。除此之外，城堡通常建造于水陆要冲之处，因此若是一支进犯部队的实力不够强大，通常会选择绕路而行以避免与城堡发生冲突，使得整个攻击行动变得费力耗时。

为了巩固占领下来的国家，入侵者势必得要一一征服该国境内的城堡。根据历史记载，威廉公爵（Duke William）在黑斯廷斯战役（Battle of Hastings）之后能够轻易地横扫英格兰，其中一个原因就是因为当地缺乏任何建造城堡的系统。亨利五世（Henry V）能成为法国国王，也不是因为阿让库尔（Agincourt）一战取得胜利——此役固然振奋士气，但却无实质帮助。他凭借的是后来吃尽苦头的攻城行动。然而，部署攻城行动不仅能用来征服领土，同时也可以用来弭平诸侯的叛乱，以及对付打家劫舍的骑士。在其他的时期之中，穷兵黩武的领主则趁着邻邦势力不振之际攻占他们的城堡，占领之后再强化这些城堡的防御，以免又被夺了回去。其中最显著的例子，便是公元1087年征服者威廉（William the Conqueror）驾崩之后，残暴的罗贝尔·德·贝莱姆（Robert of

公元1000年耶路撒冷遭受围攻的图像。图中可见攻者使用有轮子的破城锤，以及早期的十字弓雏形。石制的建筑物外围则是木栅栏（Bibliothèque Nationale, Paris, Ms. Lat. 12302, f.1）

诺曼骑士放火烧毁环绕着迪侬堡丘的木栅栏。本图取自《巴约挂毯》。堡丘顶端建有一座木塔，通过吊桥与下方堡场联系（本图未显示）。本图显示出木防御工事特别易受火攻的弱点。比《巴约挂毯》早250多年的卡洛林王朝时期也描绘了使用火攻的情况。本图中双方借助交换绑在长枪上的钥匙来表达正式投降

Bellême）便趁乱攻打诺曼底（Normandy）边境的许多城堡。相反地，公元 15 世纪时意大利雇佣兵团——或称"雇佣兵"（condottiere）——的统帅们则比较小心谨慎，他们或许会命令部队在城堡外静待一整个夏天。因为前来解围的雇佣兵也同样是拿钱办事的，他们通常不愿冒险攻打堑壕等防御措施。这是场不用流血就有钱可赚的战争。

对于中世纪的人而言，研究攻城战的学问——又称为"攻城术"（poliorcetics）——当然不是新观念。"早期"的参考文献可以一路追溯至《旧约》。虽然亚述人（Assyrian）在公元前 900 年至前 600 年左右的浮雕也生动地刻画了攻城战役的场景；但是这门学问真正获得完备的发展，当归功于希腊人与继之而来的罗马军事工程师。罗马帝国覆亡之后，罗马人的部分技术因为蛮族进占欧洲而失传，但是诸如韦格蒂乌斯（Vegetius）与维特鲁威（Vitruvius）等人的著作，却在修道院的图书馆中得以誊写保存下来。到了 12 世纪，许多修道院都收藏了他们的作品。纵观整个中世纪，攻打城堡的方式并无任何实质性的重大改变。其中变化最大的，当属弹道学方面的研究，以及继而发明的新式攻城机器。最终则是火药的发展。

CASTLES AND FORTIFIED TOWNS
城堡与有防御工事的城镇

城堡并非只是一座要塞，它同时也是领主居住的地方。就这一

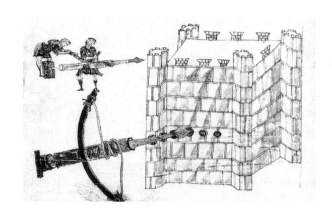

两种螺旋钻。本图出自11世纪的拜占庭文献。通过转动钻头的铁尖（其中一个应用弓钻的原理），便能在石造工事上凿洞。实际使用时，这两种螺旋钻都会装在厚实的木篷车内。（Vatican Library, Rome, Codex Grec.1605, f.8v）

点而言，城堡或许与盎格鲁－撒克逊人（Anglo-Saxons）和卡洛林王朝（Carolingian）时期那种共同防卫的城镇（burh）有所不同；同时也与都铎王朝（Tudors）在英格兰南方海岸所建造的纯属军事用途的堡垒相异。另一方面，自从城镇与都市出现在人类历史上的那一刻起，它们便总是带有防御工事的。随着城堡的兴建，城堡周围必定有城镇依附发展，使得城堡不仅成为村民最后的庇护所，同时在新占领的地区也能产生威慑四方的作用。

城堡出现于欧洲的封建时期，时间很可能在公元9世纪。随着卡洛林王朝倾覆，维京人（Viking）、马扎尔人（Magyar）与穆斯林相继入侵欧洲，城堡成为宣示领主统治权的标志。虽然公元864年西法兰克国王"秃头查理"（Charles the Bald）颁布一连串法令，要求拆毁一切违法建造的"城堡"与"要塞"（firmitate）；但是这种情况在一个世纪之后才比较常见。现存的石头城堡之中，法国北部的埃杜拉方丹（Doué-la-Fontaine）与朗热（Langeais，约建于10世纪末11世纪初）两地所遗留下来的城塔或许是最早的。方丹的城塔约建于公元900年，起初只是一座石制大厅，后来在五十年后改建。今日还有一些其他建筑物保存下来，比如比利牛斯山（Pyrenees）的鲁西永（Roussillon）一地边界的城堡与瞭望塔。有些城堡则使用被罗马人弃置的城墙。依据文献显示，10世纪时欧洲各处都在大兴土木建筑城堡，但是以法国西北部与弗兰德（Flanders）的数量最多。这些地方有许多封建领主的领地，并且常常受到维京人的攻击。

"堡丘－堡场式"（motte-and-bailey）的城堡是一种早期的城堡形态，常见于11—12世纪的法国与诺曼底。这种形态的城堡也随着诺曼人传入英国，在当地发挥了相当大的作用。此类型的城堡包括一座堡丘，高度介于4.5米到9米之间，有时会用木头巩固，外围再以护城河或壕沟保护。丘顶则设有一圈有走道的栅栏。栅栏内部是一座矗立的高木塔。此木塔有时会架在支柱上，使得木塔下方的通行更为便利。堡丘下方则是城堡的庭院，又称为堡场，其本身也被栅栏与壕沟环绕，可借助吊桥或是木板桥与阶梯通往堡丘。堡场之内是房舍、马厩、商店、铁匠铺等，以及最重要的设施——水井。堡丘有时是一座天然的山丘。有些城堡只有一圈封闭的防御工事，称为"环形工事"。

虽然木制城堡的造价低、工时短，但是石制城堡由于能够防御火攻，因此从城堡发展之初就已出现这种形式，且其数量在中世纪不断增加。同样地，很多城堡则混合使用木头与石头为建材。有些堡丘的木栅栏改为石墙，城内人民居住的地方则倚着石墙内缘而建。这种结构称为"壳状主堡"（shell keep）。英国的伯克利堡（Berkeley）外围石墙拔地而起，把整个堡丘完全保护于内。石制的城塔很少会盖在人造堡丘之上，因为堡丘恐怕无法承受其重量。有些城塔则将基座盖在地面上，然后再于基座之上建筑堡丘。

大部分的石制主堡建于12世纪的英国与法国，长度12米到45米不等。这些主堡大多为正方形或长方形，入口设在一楼，前方通常还有"前楼"（forebuilding）作为保护。至于其他楼层则可能是起居室、小教堂，以及地下室等，端视领主的财力而定。早期的"厅式主堡"（hall keep）偏向矮胖式设计，楼层数目少于后来的"塔式主堡"（tower keep），因此小教堂可能会设置在前楼之中。主堡之内含有一座水井，通常位于地下室。日耳曼人也有类似的设计，德文称之为"城堡塔"（Bergfried）。那是一种石头建筑物，功能类似瞭望塔，但是缺少主堡的体积。此处的许多城堡都是以土木为主的设计。主堡的设计随着诺曼人征服西西里（Sicily）而传入地中海；又随着十字军东征而传进圣地（Holy Land）。

主堡形状有时会舍弃方形的设计。英格兰萨福克郡（Suffolk）的奥福德堡（Orford）建于12世纪，其主堡即为多角形；而我们在诺曼底的法莱兹堡（Falaise）则可以看到，腓力二世（Philip Augustus）在亨利一世（Henry I）所建筑的方形主堡旁边又盖了一座圆塔。后者的设计是主堡形状的一大改进。由于没有凸角之处，工兵的尖镐找不到可

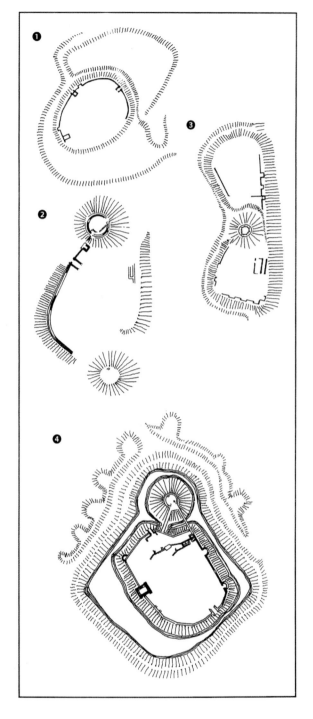

以下手破坏的弱点。此外，方形建筑常常会造成视野死角，柔和的线条则能避免这个缺点。12世纪末13世纪初所建的一些圆塔常向外突出面向敌方，看上去颇像一艘船的舰首。然而，在整个中世纪之中，有棱有角的城塔仍旧十分盛行。

到了13世纪，或许是受到拜占庭帝国的防御工事所影响，城堡的建筑开始不断地强调堡场四周幕墙（curtain walls）的强度。在此时期之

11世纪的城堡土木工事

❶ 英国肯特郡的邵特伍德堡（Saltwood），环形工事与堡场

❷ 英国萨塞克斯郡的路易斯堡（Lewes），有两个堡丘

❸ 英国伯克郡的温莎堡，有两个堡场

❹ 英国赫特福德郡的伯克姆斯特德堡（Berkhamsted），为堡丘－堡场式，壕沟内常注满水。壕沟外面的平台很可能建于1216年的攻城战。此城堡当时历经两周的猛烈攻击，最终向法王路易投降

早期使用的拉力式投石机，本图出自一幅1180年的西西里图画。通过把绳子往后拉曳的方式使投石机臂一端向下，造成另一端翘起来，释放绳索后发射物体。图中有一名士兵将投石索置于胸口，准备让投石机朝正确的方向发射。这是此类型投石机的特征。图左侧可以看到守军士兵也有一台类似的机器（Bibliothèque de la Bourgeoisie de Berne, Cod. 120 f.109）

中，位于两侧的城塔通常突出于城墙之外，让弓箭手能够一览无遗地监看幕墙的墙面。主堡的设计此时已不流行。腓特烈二世（Frederick II）在意大利的西西里所建造的蒙特堡（Castel del Monte）便呈现八角形，八个顶点则分别是八座多边形的城塔。此时期的城堡通常都有防御坚固的"门房"（gatehouse），以及内外两层同心圆式的城墙。内城墙通常比外城墙高。既存的主堡也可能会增添类似的环状防线，如同英国的伦敦塔（Tower of London）。同心圆的设计在英格兰、威尔士、法国与西班牙等地都十分常见。至于德国，由于当地的城堡大都高高地盘踞在悬崖峭壁之上，且受到加洛林王朝的宫廷建筑风格影响比法国更久，因此外观不常看到这种高大厚实的城墙，内部区域自然更不用说了。在欧洲，低地国区域的地形平坦，被当地人称为"水上堡"（Wasserburg）的设计，便是利用大型护城河来提供保护。

城堡的建筑技术在14—15世纪只有些微的实质进步。不过，由于社会生活水准逐渐提高，城堡的建筑已经不再强调防御功能，反倒更注重居住的舒适程度。举凡偶尔重获青睐的方形城塔、整合程度更高的内部区域，以及外城墙上越开越大的窗户（西班牙除外），都是呈现这种趋势的佐证。话虽如此，欧洲有些地区的城堡仍旧一直以安全为主要考量。法国在英法百年战争之中饱受英军、勃艮第（Burgundian）军队，以及雇佣兵军团的袭击，因此深知防御坚实的城堡是何等重要。他们深知一座城堡往往比平原战更能让对手感到威胁。西班牙由于基督徒的骑士精神义愤填膺，在"收复失地运动"（Reconquista）中也建造了许多座城堡。虽然主堡的设计又重新在欧洲出现，但是以西班牙最为盛行，通常还伴随着圆形的城塔与角楼（turret）的设计。在边界爆发的战争之中，小型主堡是非常合适的设计，像是位于苏格兰的塔楼即为一例。德国明显受到这波来自西方地区的影响，因此很多"城堡塔"的尺寸加大，

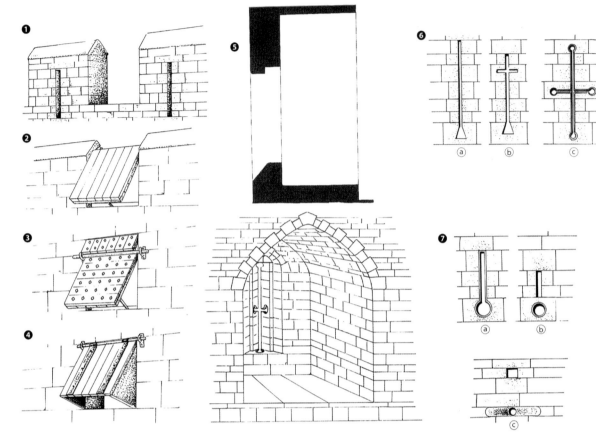

❶ 城垛分为两部分：垛口，以及坚固的部分城齿。此处的城齿上开有射箭用的洞眼
❷ 自13世纪起，垛口上加装活动式的木护窗来提高防护性。护窗以基部的横杆为轴旋转。横杆一端插进一侧城齿上的洞口，另一端则放入另一侧城齿上的凹槽，因此护窗能够拆卸
❸ 与 ❹ 为其他形式的护窗
❺ 射击孔的部分图。洞口斜置使守方获得广大的火力范围，并使正面暴露于外的面积变小（参见 ❻）
❻ 在13世纪之前，真正的洞眼设计并不常见：
ⓐ 自12世纪起的洞眼形式。请注意图中鱼尾状的部分，此设计让弓箭手能够朝城墙的墙脚攻击
ⓑ 13世纪初出现十字形设计。根据一位编年史家的说法，水平的开口是特别为了弩弓之用
ⓒ 十字形洞眼，末端有圆孔。此设计最早出现于13世纪
❼ 14世纪末出现火枪使用的洞眼：
ⓐ 早期呈现钥匙孔的形式
ⓑ 后来出现的中世纪形式，有独立的观测孔
ⓒ 15世纪末的形式，外部有开展宽处

好扮演主堡的角色。古滕菲斯堡（Gutenfels）便是一个例子。除此之外，有一些盖在低地的德国城堡，其设计形态与盘踞在山崖上的要塞相去甚远，反倒更像西方地区的城堡。到了中世纪晚期，各式城堡的设计令人眼花缭乱。同心圆式的城堡变得不受欢迎，高耸的幕墙与城塔成了城堡的防御重心。然而，开垛口的胸墙（parapet）与高瘦的角楼等设计，似乎是为了华丽的外观，而非军事上的实用目的。

十字军东征

在西方基督徒攻打东方穆斯林的过程中，有两个重要的主题是我们研究攻城战时值得注意的。首先，来自拉丁语世界的军队通过拜占庭的领土，继而深入穆斯林世界的途中，壮丽雄伟的建筑想必让他们大为震撼。君士坦丁堡（Constantinople）气势恢宏的防御工事乃是

英国肯特郡罗切斯特堡（Rochester），拥有巨大的主堡与前楼。此堡乃科贝尔的威廉（William of Corbeil）于1127年所建，使用的材料为肯特郡所产的石头。图中所见的一座圆形角楼留下了英格兰王约翰于1215年秋冬之交攻打此处两个月的痕迹。当时约翰的部队派遣工兵破坏外城墙，并且开始在主堡地下挖掘地道。他们在地道内放满了木柱与猪油，放火之后使一角塌陷。即使到了这个地步，守城将士仍不放弃，退守到主堡内呈十字交错的巨大墙壁后面继续抵抗。这座城堡在重建的时候把角落的角楼修建为现在看到的圆形，因此没有锐角之处让工兵得以破坏

狄奥多西二世（Theodosius Ⅱ）在413年所建。这座城市有三列城墙，其中两列城墙上有城塔，而城墙最前方还有一道护城河。1204年，十字军第四次东征时攻打此地，西方基督徒军队从金角湾（Golden Horn）攻击面海的城墙，因为此处的防御力较弱。然而，位于陆地上的防御工事则丝毫未受到攻击。1453年，在土耳其人强袭进攻之下，君士坦丁堡才终于沦陷。

十字军第一次东征时（1095—1099）便立刻发现，虽然他们的军容在西方世界堪称壮大，但是就算全部倾巢而出，也无法包围像安条克（Antioch）这样的大城。除此之外，他们还必须应付从不同城门中出动的突袭，因此他们便建造了第一座防御阵地。十字军立刻开始建造城堡，以便对付有防御工事的城镇。因此，袭击提尔（Tyre）的部队便是来自托伦堡（Toron）与伊斯肯达鲁纳堡（Iskandaruna）。这两座城堡距离提尔分别为13英里与9英里。提尔在1124年被攻了下来。当萨拉丁（Saladin）的威名逐渐广播之际，十字军的城堡便扮演了边界驻防的角色，一方面提供庇护，另一方面也阻挠入侵者的攻击。同时，负责戍守的卫队人员还能够退下阵来，加入后方集结的法兰克部队。然而，如同在西方地区一样，城堡依旧是领主管理统治的中心，因此助长不少法兰克领主在城堡的保护之下，拓展自己的势力范围。一些法兰克的统治者趁机利用拜占庭或穆斯林早期的防御设施，即使这些地方并非实际的作战前线。这一点便说明了上述的现象。除此之外，并非所有的城堡都是沿着易受敌方攻击的阵线设置；相较之下，有一些路线的城堡数量少得可怜。

十字军主要借助天然屏障作为防护，这一点他们自己提供了一个十分极端的例子。1182年在厄耳哈比斯（el-Habis），负责防守一座洞穴要塞的十字军士兵可说是靠其他同袍给挖出来的。三面环水的岬角是最常被十字军利用的地形，例如位于海岸的阿特利特（'Atlit）或是位于叙利亚山中河流交汇处的萨赫扬堡（Sahyun）。在这些地方，由于仅剩的那一面容易受到攻击，因此通常会在该处挖凿壕沟加以保护。此处的城墙也是最坚实的。盖在陡峭山崖上的城堡，比如摩押（Moab）的卡拉克堡（Kerak），则是顺着地势起伏而建，因此堡场并非一圈包着一圈的完美同心圆。叙利亚境内许多其他的十字军城堡，

比如萨菲塔堡（Safita），虽然没有华丽装饰，墙上的洞眼数目比较少，入口处也位于地面，但是仍旧带着西方城堡的特色。由于缺乏木材，这些城堡的内部通常是穹顶式设计，外观看似矮胖，但是却比较能够抵御火攻；此外，平坦的堡顶还能作为宽敞的作战平台。有时主堡会被紧密的幕墙环绕，墙内还有一些穹顶式的建筑，因此城墙上有宽敞的走道。走道因为极接近主堡，得以保护主堡基座。

当时拜占庭的风格遍传欧洲，受到这股影响的城堡恐怕才是最令人感兴趣的。这种类型的城堡绝大多数呈现正方形或长方形，城堡的四角以及幕墙之间都设置有城塔。从各方面而言，这种风格在本质上十分近似罗马时期的"堡垒"。这种城堡通常盖在缺乏天然屏障之处，由于这些地点极易遭受攻击，必须在可行范围之内尽快把城堡建好，因此才会呈现这种形状。不过，拜占庭的风格在韦格蒂乌斯等罗马帝国晚期的军事作家笔下已有所闻，且当时的西方世界仍可看到罗马人的建筑，比如英国的波特切斯特堡（Portchester）。在十字军第一次东征之前，有一些城堡虽有石幕墙，但是却没有主堡，比如位于英格兰的拉德洛堡（Ludlow）。此外，十字军在吸收了拜占庭的城堡设计之后，他们所修筑的城墙很可能与原来的城墙并列，而不是环墙的形式。拜占庭的设计之中，每一个区域的幕墙之间以城塔隔开，从城墙之上无法进入塔内。此外，炮塔通常建于幕墙之内，复以施放弓箭的洞眼作为第二道防线。这两种设计在西方世界并不常见。城塔的入口设置于侧面，目的是让来犯者暴露于来自城墙的攻击之下。城塔的第二道门则与入口成直角。这两个特色也属于罗马晚期的建筑。同心圆的防御方式很可能为晚期所添加，如同在西方世界一样。

城堡备战

当战事迫近之际，小心谨慎的城主会忙于料想各种可能的结局。1088年，巴约主教奥多（Odo）发动叛变对抗同母异父的兄弟威廉一世（William I，即征服者威廉）。奥多的支持者挖凿防御工事，强化城堡的驻防，并且囤积粮食。壕沟通常需要疏通，有时甚至需要重新挖凿；而松动的石制建筑物则需要修复。城堡周围的树木通常会被砍掉，让敌军无所遁形。若是城堡附近有村庄的话，则也是同样难逃被摧毁的命运，以免提供给敌人粮食或木材。城垛上会架起木板或"护城木楼"（brattice 或 hoarding），向外突出，借以监控保

投石机把敌人的首级抛回城内，打击敌军士气。这种残忍的手段在十字军东征期间尤其盛行。此幅法国图画的年代可追溯至13世纪上半叶。有时候被拒绝的书信会钉在信使的脑袋上，然后一齐抛回城内（Bibliothéque Nationale, Paris, Ms. Français 2630 f.22v）

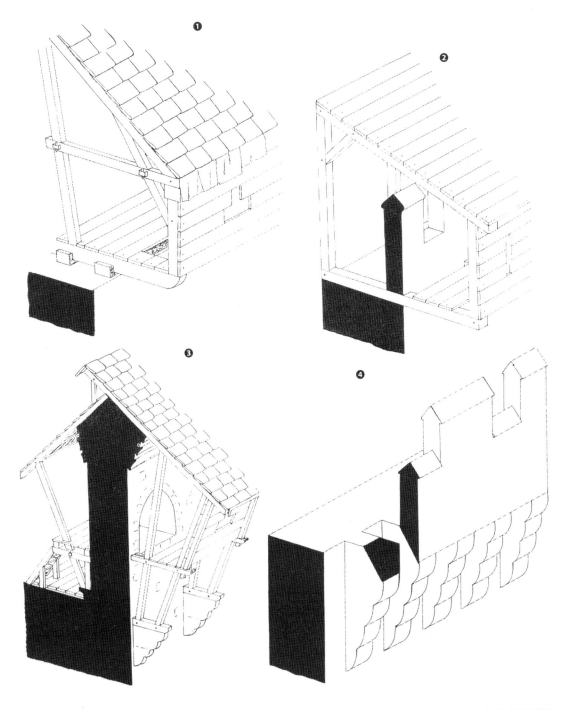

护城木楼，由城墙架空延伸出来，能够通过平台地板上的开孔向下丢掷攻击物。这种木楼的屋顶可能使用瓦片或生兽皮。
❶ 平顶城墙上架设的平台
❷ 木梁插入穿过城垛基部，作为平台下方支撑
❸ 法国库西堡 (Coucy) 的主堡使用石制梁托来支撑木头
❹ 石制的突堞口使得城垛本身可以支撑向外伸出的护墙基座

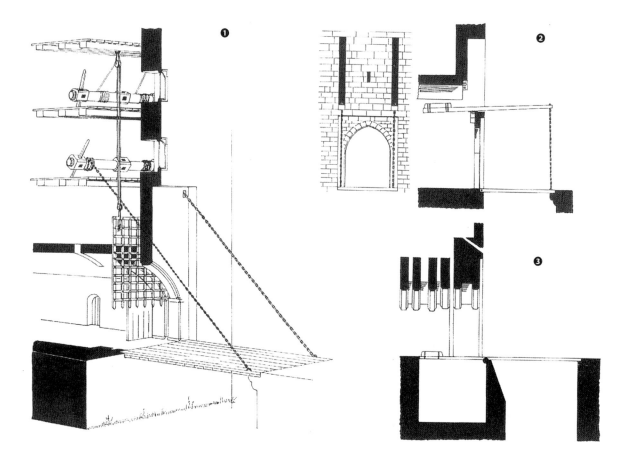

各式吊桥。最早的城堡可能使用木桥,用滚动的方式收回。有时在大门与主桥之外会再建造小门与小桥
❶ 升降桥,使用绞盘与链条升起
❷ 上开桥,使用带有平衡锤的木梁
❸ 回旋桥,以桥中段为轴心旋转。这种桥在城堡的内侧有重物,下方有支柱。把下方的支柱抽起后,桥的前端便会朝门的方向旋转上来,此时内侧便转到沟槽内。这种类型的桥前后都需要沟槽。请注意:门的上方有洒水孔,能够用来扑灭敌方的火攻。通道上方有屠眼,用途可能是用来注水灭火或是投掷攻击物品

护城墙的基座。

城门是整个城堡中最脆弱的一环,因此总是需要一些额外的防御措施。城门起初设置在木塔之内,以达保护作用。我们在一些12世纪的城堡,如英国约克郡的里士满堡(Richmond),则可以看到,为了保护城门,入口会设在类似主堡的城塔之中。然则,上述做法仍非万无一失,因此大部分城堡采用两座城塔的设计,把城门夹于其中。这种简单的设计孕育了高大的门房,此设计今日仍旧可见。入侵者得通过重重关卡,方能进入堡场。

第一道关卡通常是壕沟或护城河,然后通过可升起的吊桥抵达门房。吊桥后方可能有好几道十分坚固的门。要开启这些门,得要拉下位于石制凹槽中的拉杆(这是比较常见的方式)或是转动沿着中心枢轴旋转的旋杆。通过这些门之后,通常还有一道升降闸门(portcullis)阻挡去路。升降闸门是一面外表覆铁的木格栅,能够沿着墙上的沟槽升降。在城门走道上方的拱顶或天花板还设有"屠眼"(meurtrière),

诺曼底的法莱兹新旧城堡。亨利一世兴建了方正的主堡，而后法兰西的菲利浦二世在 13 世纪时增建了城墙与圆形城塔（本图承蒙法国政府观光局提供）

士兵可以从这里向下投掷攻击物。位于威尔士卡那封堡（Caernarvon）的"国王之门"（King's Gate）有两座吊桥、六道升降闸门、五扇门，以及许多屠眼和呈直角的拐弯。门房外面通常有额外的工事保护，称作"桥头堡"（barbican）。此工事以两道平行的城墙保护城门，且本身通常也有门房，因此能够纵向守备相邻的城墙。土木工事或小型城塔则是偶尔可见的设计。我们在袖珍手稿本之中有时会看到，一道铁闸门曾在没有危险威胁的时候升起，以利人员通行。

还有其他改良的措施会增添城堡的防御设施。比如城墙的基座会采斜面（talus）设计，一来可以增加基座的厚度以抵御攻击；二来可以让城墙上方丢下的攻击物反弹开来打伤入侵者。约自 1200 年起，城垛上便有箭孔（arrow slit）的设计，而城墙走道上也有洞眼与垛口。为了采取以攻为守的战略，城堡也设置突袭用的边门或侧门以利骑兵进出，对攻城部队发动出其不意的攻击。有些城塔是特别用来安置攻城器械的。据说 1343 年在威尔士的克里基厄斯堡（Criccieth），堡内的"器械塔"（Engine Tower）便用来安置架子弩（springald）。

城内守军

在中世纪的社会中，实际控制城堡的阶级是皇室与高阶贵族；虽然动荡不安的时期，平民也可能建造防御设施，并且希望在动荡平息后该设施仍能保存下来。城堡若是缺少领主或是领主死亡，城堡的女主人便可能一肩扛起抵御侵略者的责任。比如林肯郡（Lincoln）郡主的遗孀妮古拉德拉海（Nicolaa de la Haye），她亲自率兵奋力抵抗 1217 年的判乱攻击。有权有势的人在他们的领地各处建造城堡，一方面作为向外拓展时的休息据点，一方面也是基于安全的考量。在西班牙境内，由于当地人奉行应当及时行乐的生活态度，因此很少把城堡作为有防御功能的住所。

在日耳曼邦国之中，迟至12世纪初期，大多数的贵族并未住在城堡里。不过，有一种做法逐渐发展出来，那就是将城堡托给非自由之身的骑士（在这个地区特称为"待诏骑士"）或是可世袭的城主管辖。法国的一些地区如同德国一样，城堡也是交由世袭城主管辖。在此做法之下，城主为了要对王公君主负责，必须肩负城堡的维修保养责任。在其他地方（除了意大利的西西里之外。当地的城堡在承平时期几乎没有防卫）以及跨越英吉利海峡的盎格鲁－诺曼英格兰（Anglo-Norman England）地区，驻守城堡的工作变成轮班性的职务，兵士有义务拨出一段时间去戍守封建领主的城堡，如同他们每年有义务在野外服勤四十天一样。每次驻守时间的长短因城堡而异，短则十五天，一年一回至数回；长则四个月。平均而言，驻守时间为三个月。有一些士兵则是当战争爆发时才需要履行这项义务。为了补偿士兵驻扎城堡的辛劳，领主有时会特许这些士兵在打仗时不需要出外勤，虽然这样的情况并不多见。尤其在法兰克与诺曼底两地，打仗的重任大多落在"军士"（sergeant）肩上。

有些人民认为驻守城堡是件十分繁重的工作，因此这项义务很快地便允许付钱了事，好使领主能雇用专业的佣兵。这种税金称为"免役税"（scutage）。1196年，编年史家布雷克隆德的约瑟林（Jocelin of Brakelond）写道，圣伯里埃德蒙兹（Bury St. Edmunds）原本希望派出40名骑士组成四支警卫队，前往诺里奇堡（Norwich）服役。但是实际上，骑士们却在讨论究竟该付2先令5便士还是3先令来免

1240年《马基乔斯基圣经》中所描绘的攻城者腹背受敌一景。攻城者被前来救援的部队与城内的突袭部队夹攻。背景可见一台拉力式投石机正要发射，一名掌管投射武器的士兵在投石索上升的时候仍紧抓着不放（Pierpont Morgan Library, M. 638, f. 23v）

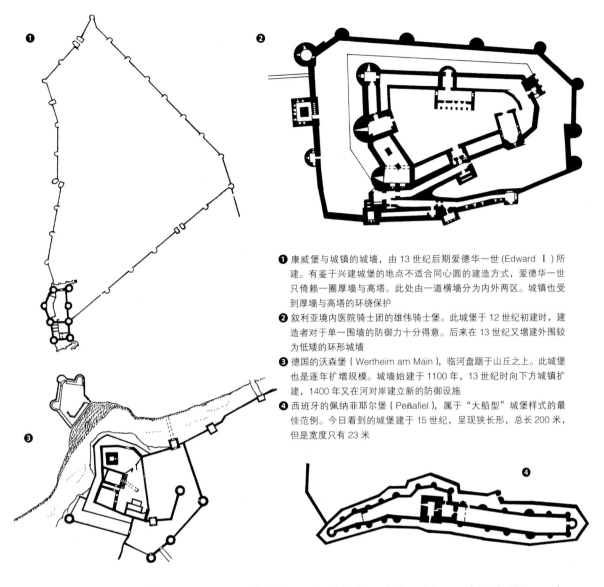

❶ 康威堡与城镇的城墙,由 13 世纪后期爱德华一世(Edward Ⅰ)所建。有鉴于兴建城堡的地点不适合同心圆的建造方式,爱德华一世只倚赖一圈厚墙与高塔。此处由一道横墙分为内外两区。城镇也受到厚墙与高塔的环绕保护

❷ 叙利亚境内医院骑士团的雄伟骑士堡。此城堡于 12 世纪初建时,建造者对于单一围墙的防御力十分得意。后来在 13 世纪又增建外围较为低矮的环形城墙

❸ 德国的沃森堡(Wertheim am Main),临河盘踞于山丘之上。此城堡也是逐年扩增规模。城墙始建于 1100 年,13 世纪时向下方城镇扩建,1400 年又在河对岸建立新的防御设施

❹ 西班牙的佩纳菲耶尔堡(Peñafiel),属于"大船型"城堡样式的最佳范例。今日看到的城堡建于 15 世纪,呈现狭长形,总长 200 米,但是宽度只有 23 米

役。1193 年,修道院的骑士付了 37 先令 6 便士,才能雇得起 25 名骑士、25 名轻骑兵军士,以及 25 名步兵军士。并非每个人都喜欢付钱了事。英国的《大宪章》中明文规定,若有人愿意服役,就不得勉强他用付钱的方式取代。免役税颇受君主与高级贵族的喜爱,因此 13 世纪时有越来越多的城堡卫队是花钱雇来的。有钱有势的人也会雇用私家佣兵。这些佣兵跟着他们迁徙,因此当这些大人物待在某座城堡时,私家雇佣兵也会加入守卫城堡的行列。即使到了 15 世纪,法国仍有一些封建领主的部队是用来守卫城堡的。

在威尔士、西班牙境内十字军所到之处、耶路撒冷,以及日耳曼邦国的东方前线,城堡的防守几乎是以无止无休的战争为前提。圣地则以封建制度为基础。有时像雇佣骑射手(Turcopole)与叙利亚人等雇佣兵曾负起守卫城堡的责任。十字军的许多要塞都是由军团的成员负责掌管。圣殿骑士团防卫城堡的力量除了来自军团的骑士与军士之

外，还借助雇佣兵之力（圣殿骑士团显然以 50 人为单位雇用步兵。）

从欧洲来的志愿者加入协助作战的行列。医院骑士团也会雇用雇佣兵来戍守城堡，这些雇佣兵通常是步兵与骑射兵。1212 年，在无战事之时，医院骑士团分别从骑士堡与马尔加堡（Marqab）调度了 2000 与 1000 人。1271 年，驻守骑士堡的部队约有 200 名骑士团的骑士与军士。然而，当这些地方需要调度人员上场作战时，城堡便会面临人员不足的窘境。1187 年，圣殿骑士团的团长派出好几支戍卫队前往加利利（Galilee）攻击四处掠夺的穆斯林。史学家埃努尔（Ernoul）也随着行伍被派遣到阿夫耳堡（al-Fule）。当他抵达时赫然发现，该城堡内只有两名伤兵驻守。要同时兼顾派兵打仗与戍守城堡是一件极不容易的事情，或许只有在早期拉丁东方（Latin East）的开拓与衰落期间能够办到。1291 年，条顿骑士团的大本营阿卡（Acre）沦陷，他们于是迁徙到日耳曼的东方前线，在普鲁士与利沃尼亚（Livonia）建立许多骑士团辖地。这些地区由骑士团的"统领"（Komtur）或城主管辖，旗下至少有 12 名骑士，以及 100 名骑士团弟兄、雇佣兵、民兵等。非骑士团管理地则由地方长官（Vogt）管辖。

城镇防御

城镇通常由民兵负责防守。法国在 11 世纪后半逐渐出现"市镇"（commune），腓力二世不仅了解其价值，并且利用他们担任城防卫队。他尤其认可前线市镇的章程，像是皮卡第（Picardy）等地。1194 年，他所颁布的《动员令》（Prisée de Sergents）中明确规定，凡皇家领地之内的各个市镇与修道院，每年必须派出士兵来服三个月兵役。14 世纪时，有一些常设性的弓兵团体被委以负责防御城镇的

13 世纪的《马基乔斯基圣经》一图，显示被抓到的城堡守军受到残酷虐待。图中可见一台攻城器械被改装来吊死守军将领。吊死敌方士兵的行径在当时似乎是一种耀武扬威的做法。此时一场奇袭正在偷偷进行。图右的士兵手拿利镐破坏城墙；同时另一名士兵正在攀爬攻城梯。图中有几名士兵穿着高领战袍，布料底下很可能是铁衣或铜衣。几名士兵头戴水壶形帽子，宽阔的帽檐能够有效防御上方投落的物品（Pierpont Morgan Library, M. 638, f.10v）

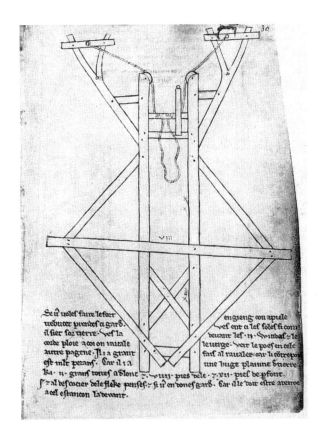

维拉尔·德奥内库尔（Villand de Honnecourt）于1250年所绘之图，显示一架抛石机底盘的俯视图。绑着投石索的长木臂应当位于本图上方。当把其中一个绞盘上紧时，两侧弯曲的部件显然有弹簧的作用——释放后这些部件能把绑着投石索的木臂从垂直位置往下拉，使第二具绞盘能够作用。可惜目前已无法找到任何侧视图（Bibliothèque Nationale, Paris, Ms. Français 19.093, f. 30）

重任，比如巴黎的弩兵团（Corporation des Arbaletiers）即为一例。1448年，法国的法令设立了法兰克弓兵。这些人通过服役的方式换取减税，而每一位成员都由一个教区资助。不过，这个团体的作为却十分不如人意。当时勃艮第公爵秃头查理挥兵进攻鲁瓦（Roye）。该城内只有一些武装人员防守，此外还有1500名法兰克弓兵。隔天，好几名法兰克弓兵翻墙投诚；剩下的人次日早晨也纷纷跟进。在英法百年战争之中，许多被英国攻下的要塞是靠签合约的方式以提供防卫。贵族与君王之间签订合约，依照合约所载来派遣部队。到了15世纪，这样的合约演变为每年签一次，并且在每季动员集结并发放佣金。兵士的薪饷是在每次集结点名无误之后按季发放。大城卢昂（Rouen）约有60名武装士兵与180名弓箭手；规模较小的城镇数量则少得多。加莱（Calais）与其他要塞的守军数量庞大（加莱约有1000人）。法国在布雷蒂尼（Brètigny）条约与特鲁瓦（Troyes）条约当中割让给英国人的地区之内，法国守军十分忠诚地善尽防守职责。

在早期的英格兰，城墙的守备工作交由城镇的民兵负责。这些团体有时配备齐全，穿戴头盔与锁子甲。伦敦的民兵便是一个例子。盎格鲁-撒克逊人仍旧沿用以前的民兵制度（Fyrd）；不过在这个时期之中，打仗变成了所有自由民都需要尽的义务。亨利二世（Henry II）在1181年颁布《武备条令》（Assize of Arms），其中即明文记载民兵的装备包括：有垫料的软铠甲（gambeson）、铁披肩（capelet，此处指"头盔"），以及长矛。在"诺曼征服"（Norman Conquest）结束之后，虽然英国已经有几分安定，但是城堡中通常仍有私家骑士戍守。即使在一个世纪之后，在庄园之中仍看不到私家骑士身影，却要到城堡之中才能看见。玫瑰战争（Wars of the Roses）期间，兰开斯特家族（Lancastrians）特别重振了民兵的角色；尤其是弓步兵，其数量比14世纪增加不少。在14世纪时，城镇的弓兵数量远低于郊区的那些百户邑（hundreds）。

在西班牙，所有年届军龄的自由民都需要服役，而服役的地方不限于自家城镇。每一座城镇的民兵都有自己的一套标准，并且由"法官"（Juez）指挥。富裕的平民能够买得起马匹与甲胄，因此可以担当"平民骑士"（Caballeros Villanos）。13世纪晚期在西班牙的卡斯提尔（Castile）兴起一支城市民兵，称为"兄弟团"（Hermandad）或"神圣兄弟团"（Holy Brotherhood）。这支民兵保卫卡斯提尔免于常年叛乱与皇室入侵。到了1315年，已经有一百座城市加入这个团体。欧洲的低地国起初也是借助会社的力量招募军队，因为各种行会是当时社会上的重要阶级。到了13世纪末，这些团体成为城市的警卫队，由来自市内各区域街道的人民组成。行会提供四肢健全的人各种装备，包括作战的人员与随从。一个"沃德"（voud）的人员显然包含96名骑马的市民，以及511名自行武装的行会成员。而1303年比利时的布鲁日（Bruges）能够集结1254人。

日耳曼邦国境内的城镇则又分为好几个"区"（Vierteln），每个区由"区长"（Viertelmeister）负责治理。城镇内比较危险的区域或是城郊则常常雇用佣兵来防守。虽然雇佣兵有时候也会负责指挥民兵，但是这项工作主要还是由镇长负责。虽然有很多城镇吹嘘他们的军队数量，但是由于雇用雇佣兵的开销庞大，因此城镇通常请不起太多人。到了14世纪末，城镇在布防投射武器的时候，很可能是雇用"匠师"（Büchsenmeister）来执行的。奥地利在哈布斯堡王室统治时期能够派出骑兵来保卫前线（据载1432年时有1000名骑兵），因为该国的帝国议会（Diet）很少反对国王的决定，不像欧洲其他国家一样。

意大利人由于长久以来习惯居住在城镇中，因此当地许多房舍都有高塔。这些高塔设有防御工事，是居住在城市里的贵族所建造的。诸侯通常很少有真正的封地。每一座城镇又分为好几个区，由这些区负责提供骑兵与步兵部队；不过到了12世纪中叶也变成可以只提供骑兵。理论上所有到达服役年龄的市民都需要加入戍守行列，但是同样地，有时唯有战争爆发时，他们才需要上城墙防卫。意大利在14—15世纪的"城防队"（provisionati）绝大部分为步兵。这种卫队由国家雇用，担任经常性的守备工作；然而到了14世纪下半叶，他们也兼职保镖。1420年代，意大利米兰的城防队号称有1000人。到了1450年，米兰与威尼斯的保防官在紧急状况之下，能够动员的人员还包括经过严格筛选的民兵。

圣地境内的城镇所提供的防卫兵源通常是步兵。在划分为若干区域的城镇之内，意大利人组成的团体在必要时也会协助防卫。军团仍旧负责掌管城镇之中指派给他们的区域，比如阿卡等地。

下页图　13世纪的西班牙手稿，显示一台简陋的攻城塔正在发动攻击。下方的骑士把攻城塔推进城墙；上方的部队逐渐接近穆斯林守军，于是举起盾牌防御。请注意站在塔上身穿鳞甲的那名士兵（Biblioteca Nacionale, Madrid, MS.195/Oronoz）

SETTING A SIEGE

攻城战的部署

外交手段

部署攻城行动的时候，虽然并非总得让士兵冒险牺牲，但是此行动仍旧耗时伤财。一方面因为封建领主的部队待在野外的时间，很可能会超过义务要求的长度；另一方面，若是雇用雇佣兵的话，则需要支付薪水。如果能够通过外交方式而避免一场攻城之战，对于统帅而言将是十分有益处的。因此，英王威廉二世（William Ⅱ）在1089年才会允许欧马勒公爵斯提芬（Stephen of Aumâle）在布雷勒河（Bresle）上兴建一座城堡，费用由国王支付，并且派遣皇家卫队驻守。史学家马姆斯伯里的威廉（William of Malmesbury）写道，这种做法可能更合亨利一世的喜好。

不喜欢外交辞令的君主则可能偏爱采用较为强硬的手段，比如监禁的方式。因此我们可以看到，1138年马蒂尔达皇后（Empress Matilda）抓住了埃森的拉尔夫（Ralph of Esson）。一直要到拉尔夫交出手中所有的城堡之后，她才将他释放。

有时候，统帅的威名传播四方，因此只要他出现在战场上，常常就足以让敌方的要塞俯首称臣，而不需要凭借长期围攻。亨利一世在诺南库尔（Nonancourt）与伊利尔艾佛克（Illiers-l'Évêque）的防御工事，以及在 1112 年攻下了索雷尔（Sorel）的战绩，使得很多曼恩省（Maine）内原本意图动乱的人乖乖地效忠于他。

攻城战的规则

若是外交手段无法让敌方交出要塞，那么就必须在敌方的城门之外集结武力。为了彰显骑士精神，攻城之师的统帅会在动武之前呼吁城内的守军投降。此时，若是被围攻的城愿意投降，当时的做法会允许城内的人安然出城，并且通常还让他们携带武器与装备。若是该城仍然不愿投降，则统帅有权定夺是否劫掠城镇并屠杀百姓。1133 年，西班牙的阿拉贡（Aragon）国王阿方索（Alphonso）围攻梅基嫩萨（Mequinenza）。这场攻城战役便有图画记载上述的过程。阿方索呼吁城内的人带着所有家当离开，却被轻蔑地拒绝了。三个星期之后，当城墙外围的工事被摧毁后，城主这才来请求议和，并且要求赐城内的人自由。盛怒的阿方索告诉他们，他们当时如何侮辱了主基督的名号，因此下令强攻进入城堡，砍掉了所有俘虏的脑袋。根据史书所载，1099 年耶路撒冷被攻下的时候，尽管免不了一场浴血奋战，但是该城却未如同其他城镇一样遭到劫掠焚毁。城镇与都市被攻下之后，下场通常十分凄惨。1119 年，布勒特伊（Breteuil）大开城门，方便亨利一世把他那个自私的女儿包围在堡垒之内，因此该城得以免受烧杀掳掠之祸。然而，同一年的埃夫勒（Évreux）却因为拒绝合作，便被亨利一世放火烧了。他后来赔偿了在大火中被毁坏的教堂的损失。在英格兰国王斯蒂芬（Stephen）时期的内战中，兰彻斯特伯爵雷纳夫（Ranulf of Chester）常被描述为粗暴的

法国昂热堡（Angers），大部分建于 13 世纪，主堡已非必要的设计（本图承蒙法国政府观光局提供）

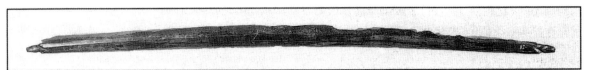
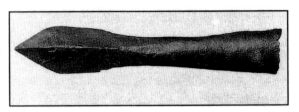

一支弩箭的箭身,推测应为巨弩所用,年代约为13世纪。箭尾端有搭弦处,箭身长约1.2米。弩箭的铁箭头有部分呈现方形,此箭头出土于苏黎世的冈迪索古堡遗迹。该城堡被摧毁于1340年(本图承蒙自英国皇家武器博物馆董事会授权使用)

野蛮人,因为他曾在1141年大肆劫掠林肯郡。即使领军的统帅慈悲宽仁,下面的士兵也可能禁不起利欲熏心。在黑斯廷斯一战之后,多佛(Dover)主动向征服王威廉投降。尽管威廉下令不得骚扰该城,但是他麾下仍有几支部队烧毁了许多民宅。为此,威廉付出了相当大一笔赔偿金。威廉在猛攻埃克塞特(Exeter)之后,还得派兵驻守在城门,以防行伍内的士兵闯入城内搜刮。

当一座城镇被攻下之后,城内的防守部队通常能获得比居民更为仁慈的待遇。这或许是因为攻城者也体认到,这些士兵不过是服从领主的命令尽忠职守罢了。同样地,被擒获的攻城部队士兵也可能受到善待。这一点我们可以在1098年看到一个例子。当时威廉·鲁弗斯(William Rufus)驻守在巴隆(Ballon)的部队擒获安茹伯爵富尔克(Fulk of Anjou)的士兵。威廉·鲁弗斯后来让他们宣誓后便将他们释放,因为他相信真正的骑士是不会食言的。荣誉在此扮演十分重要的角色。因此我们可以看到,1102年驻守在维格纳兹(Vignats)的部队实际上颇希望敌军能够强攻入城,这样他们就能够保有尊严地向诺曼底公爵罗伯特(Robert of Normandy)投降。

城堡的城主在面临难以对付的敌人压境时,若是领主没有给予明确的指示,有时会让他陷入进退维谷的局面。他到底应该立刻投降,还是冒着城堡沦陷、自己丧命的风险?因此,城主有时会在开战前——甚至双方打到一半的时候——向进攻者提出正式要求,表示要向该城的领主请示,如此他才能决定下一步必要的行动。这种要求通常都有答复期限,并且附有条件:除非该城堡在某期限之前获得领主援救,否则只有投降一途。在这一段攻城战的暂缓期间,攻城者虽然仍然围住该城,但有时会去攻打别的目标。1102年,阿伦德尔堡(Arundel)内的叛军在历经三个月围攻之后,获准请示领主伯莱姆的罗伯特,以便决定是否有救兵来搭救或是只剩投降一途。罗伯特无力解救他们,于是允许他们投降。1118年,亨利一世驻守在戈蒂埃·德克兰尚堡丘(La-Motte-Gautier-de-Clinchamp)的部队中,有140名精锐骑士向安茹伯爵富尔克投降。亨利一世对此大为震怒,但是城堡的守卫部队却提醒他,他们当初向他求援的要求始终未受到回应。即使是雇佣兵,也期望投降后能受到有尊严地对待。其中一个例子见诸 1102 年英格兰的布里奇诺斯（Bridgnorth）。当时该城的守卫军向亨利一世投降，但是城内的雇佣兵却被关起来。这些雇佣兵认为这是极为丧失尊严的事情。并非所有的守军都被予以人道对待；攻城者的满腔怒火有时会盖过骑士精神。1105 年，亨利一世彻底摧毁拜约（Bayeux），其原因就是城主虽然答应交出一名犯人，但是却拒绝开城投降。这位城主与守军后来相继被擒获。同样地，若是之前获释的俘虏又造反被抓，则不会再有第二次饶恕的机会。

若是城主不愿投降或议和，那么攻城者可能会另寻他途。有时用威胁恐吓的方式就能达到目的。举例而言，威廉·鲁弗斯攻打拉曼（Le Mans）的时候，在城外竖立起一座绞刑台，扬言要每天吊死被他抓到的骑士、士兵、居民。又如同威廉·鲁弗斯的兄弟亨利一世，他在攻打布里奇诺斯的时候放话，若是该城不在三天之内投降，那么他就要吊死每一位落在他手中的城民。俘虏也是用来胁迫的手段之一，如同 1139 年，英格兰国王斯蒂芬抓住了罗歇·勒普尔

❶ 一台巨弩，出自 1326 年瓦尔特·德米拉米特（Walter de Milemete）所绘之手稿。右侧的绞盘是用来上紧威力强大的弩弓
❷ 有轮子的巨弩，出自 1330 年的《亚历山大传奇》。此机器使用螺旋杆上紧。此图中的两个弓臂似乎是分离的，借助一束扭绳拴紧，类似希腊与罗马时期的设计，如同 ❸ 中 11 世纪的拜占庭图画所示
❹ 16 世纪的利普修斯所绘制的插图，有助我们更加了解此机器的外观（Oxford, Christ Church Ms.92, f.68v; Bodley Ms.264 f. 201r）

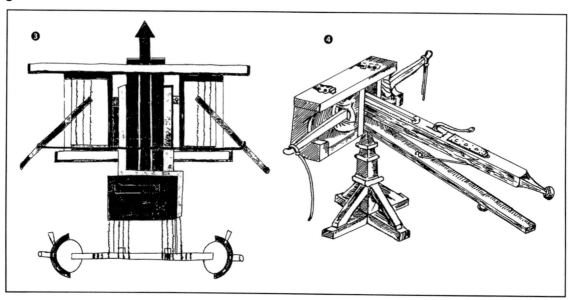

波兰境内条顿骑士团的要塞玛利亚堡。此城堡始建于13世纪，后于14世纪扩张，直到1457年落入波兰人之手。此为骑士团在东欧建立的典型要塞之一，整座城堡傍河而建，主要建材为砖块。整体结构呈现长方形，内部区域一分为二，能同时满足军事与宗教需求

（Roger le Poer），便以此要挟罗歇的母亲，要她交出手中的迪韦齐斯堡（Devizes）投降，否则就要在城门口吊死她的儿子。十字军第一次东征期间长期围攻安条克，1097年哈伦奇（Harench）一战当中被掳获的穆斯林全数被博希蒙德伯爵（Count Bohemond）的手下斩首。次年，又有一百名穆斯林士兵的头颅被带回十字军营内，目的是用来助长十字军气势，削弱敌军威风。编年史家傅华萨（Jean Froissart）的记载中，提到1345年奥伯罗什（Auberoche）的攻城之战中，有一名信使被俘虏。他被敌人缚在投石机上，又把送来的信绑在脖子上，然后当成人肉炮弹射回城内。心狠手辣的做法并非攻城者的专利。1417年，亨利五世围攻法国的卡昂（Caen）。当时有一名全副武装的骑士名为埃德蒙·斯普林豪斯（Edmund Springhouse）。他攀墙进攻的时候不慎从云梯上滑落到壕沟内，一时爬不起来。法国人于是朝他丢掷烈焰熊熊的稻草，将他活活烤死在全身穿着的铁甲之内。

在攻城之战中，士气是关键要素。守方若丧失士气便可能投降，如同在1092年的布雷瓦尔（Bréval），伯莱姆的罗伯特使用攻城器械，吓得城内守军惊慌失措。进攻的一方同样可能受到士气不振所苦。在十字军围攻安提阿的时候，由于进攻铁桥堡（Iron Bridge）失利，好几名贵族连夜开溜。即使安条克最后被攻了下来，博希蒙德伯爵还得费力激励一番，才能克服士兵心中对于这座敌方要塞的恐惧，让他们从马背上下来去防守铁桥堡。

受人敬重的将领能够激励属下，同时让对手的士气低落。英法百年战争时，圣女贞德（Joan of Arc）出现在雅尔若（Jargeau）、默

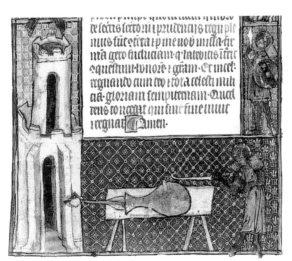

最早的火炮图示，出自1326年瓦尔特·德米拉米特的手稿。此装置的材料很可能为黄铜，能发射大型箭矢，或称为"绞棒"。该箭矢为铁制，尾翼为黄铜。实际使用时，火炮必须用绳索固定在木支架上。箭身以皮革填充物固定于装置内部。在此时期的火炮主要用来杀伤人员，而非攻击城堡（Oxford, Christ Church, Ms.92, f.70v）

中世纪围城战　155

恩（Meung）、博让西（Beaugency）等要塞的攻城部队前线，立刻就让这些城镇投降。相反地，若是统帅殒命，则通常会导致军心溃散。亨利一世驾崩之后，艾佛朗琴（Avranchin）这个地方有一位名叫理夏尔·西尔瓦尼（Richard Silvanus）的"强盗贵族"（robber baron）趁机作乱。他后来在英格兰国王斯蒂芬发动的袭击中丧命。他的尸体后来被丢到位于圣普瓦（Saint-Pois）的城堡外，他的手下见状立刻投降。同样地，1128年夏，威廉·克利托（William Clito）亲身参与攻打阿尔斯特（Aalst）的战事。他的出现让士气大振，因此他们击退了一支前来解围的部队，并且成功抵御了城中发动的突袭。然而，五天之后，威廉·克利托却因为作战时的伤口感染而病发身亡。他的家仆于是把这个噩耗封锁，不让佛兰芒斯人（Fleming）与部队中的外国人知道。1365年，路易·鲁博（Louis Roubaut）与他旗下最优秀的士兵被俘虏。这个事件后来造成布里尤德（Brioude）的守军，以及其他几座要塞向奥弗涅（Auvergne）的总管投降。使用"黑色幽默"的方式也能够提振士气。1099年，威廉·鲁弗斯在围攻马耶（Mayet）的时候，他身旁有一名士兵被城塔上射出的石头砸死。城内的士兵大声揶揄，笑说国王现在有鲜肉可啖了。加尼城（Gasny）前方的攻城塔（可能建于1118年）被法国的守军讥讽，说它

一座意大利城镇外的围城军营，帐篷上方飘扬着西恩纳部队的旗帜。请注意图中的茅草营帐。本图出自1328年意大利艺术家西蒙娜·马丁尼（Simone Martini）的湿壁画

14世纪意大利的图画，显示一座楼塔，其平台可以通过操作内部的绞盘升降。本图出自当时意大利发明家圭多·达·维杰瓦诺（Guido da Vigevano）的著作（Bibliothèque Nationale, Paris, Ms. Lat. 11015, f.47v）

们"位置奇差"，"状似兔子"。然而，当苏格兰人于1174年撤离沃克（Wark）的时候，城内守军受令不准高声谩骂，以免苏格兰人又掉头回来。傅华萨注解道，当时守军习惯的挑衅动作，是脱下软帽或拿一块布来掸去城墙上被投石机击中之处的灰尘。

发动攻城

攻城攻击通常发动于春夏两季，这个时期也是战事频仍的时期，因为炎热的天气有助于使用火攻。冬季通常不会攻城，因为淫雨连绵常使冰冷的护城河水位满溢。有一些攻城行动虽然在春季开始，但是战事会一直拖延到冬天。这种状况有部分原因似乎是因为统帅让怒气冲昏了头的缘故。素有军事天分的伯莱姆的罗伯特曾打趣地说道，城堡的守军到了冬天一定十分松散，因为在这个季节根本不必期望有任何攻击行动。不过，他后来在冬天攻打当热勒（Dangeul）的行动却以失败收场。该城特别为了抵抗他而修筑防御工事（时间可能是1098年），他为了报复此举便举兵攻城。不过，由于消息走漏，城内的守军早有防范。同样地，英格兰国王斯蒂芬则因为博尚的迈尔斯（Miles of Beauchamp）拒绝交出贝德福德堡（Bedford）而怒不可遏，便企图在1137年冬季的圣诞节发动攻击。五周之后，在温彻斯特主教（Bishop of Winchester）的劝说之下，贝德福德堡的将士决定投降。

有两种方法能够攻下一座要塞：其一是用断粮迫使守军投降；其二则是采取正面攻击方式。前者是伤亡最少的方法。木栅栏能够保护兵营，有时在栅栏之上还会修筑壁垒来防护军队的营帐。攻城的部队有时会在兵营前方挖一条壕沟，用来防止城内的人出来突袭；然后又在兵营的后方如法炮制，以防受到前来解围的援军攻击。1346年8月，英格兰国王爱德华三世（Edward Ⅲ）抵达加莱之后随即部署攻击。他用木板条、稻草、芦苇等井然有序地搭建许多房舍，其中有市集、裁缝店、肉铺、服饰店、面包店等，还有商店贩售每日从英格兰与法兰德斯经由海上运过来的各种物品，其中也不乏在当地劫掠来的战利品。然而，守株待兔式的攻城方式也有缺点。若是攻城之师来自领主的封建部队，那么他们在野外作战的时间不能超过当初与领主的约定——通常以40天为限。一旦超出这个期限，士兵可以自由离开，唯有付钱才能让他们愿意留下来。至于雇佣兵，只要持续不断地付钱，要他们待多久都可以。但是不论兵源属于上述哪一种，对于统帅而言都是庞大的经济负担。此外，在夏季作战还有受痢疾等疾病感

中世纪围城战 **157**

染的风险。1416年,英格兰国王亨利五世在围攻阿夫勒尔(Harfleur)的时候,部队中就暴发痢疾感染;而他本人则在攻打迈斯(Meaux)的时候染上痢疾,最终病故(1421年10月至1422年5月之间)。

十字军在东征的途中,不仅要面对疾病的威胁,还得应付粮食与饮水不足的问题。安条克周边地区十分酷热,作物不生。十字军一下子就扫尽了所有的粮食,因此不得不用日益飙涨的价格向亚美尼亚人与叙利亚人购买食物。战马大量死亡,就连安条克被攻下以后,仍旧需要花费一枚金币才能买到一小条面包。

当兵源吃紧的时候,可能缺乏足够人手来有效地包围大型要塞,此时便需要在陆地与海上设下封锁线。1097年,十字军打到了尼西亚(Nicaea),但是他们刚开始时却缺乏足够兵力将该城完全包围,还剩下湖滨之处是最后的缺口。十字军于是向君士坦丁堡的拜占庭皇帝求援。皇帝派遣船舰到席维多(Civetot),从那里用牛车把船只拖运到湖边。船舰上载满突厥骑兵,趁着夜色掩护之下出发,终于把尼西亚完全包围。封锁线并非每次都能奏效。1142年英格兰的内战之中,英格兰国王斯蒂芬虽然把马蒂尔达皇后困在牛津(Oxford)的城堡内,但是这个得来不易的俘虏却在某个夜里用绳索垂降逃跑了。她在喧天的叫嚣声与号角声中悄悄通过哨岗,在冰天雪地里以白色外套为掩护潜行穿越郊区。

即使滴水不漏的包围也无法彻底摧毁守军。当城主面临如此包围的时候,很可能会先驱逐城内"吃闲饭"的家伙——也就是那些在战争一开始就寻求庇护、无法作战的村民。这些小民只得祈求攻城

14世纪晚期图画,显示一座城镇被攻城者的营帐完全包围(本图承蒙大英博物馆授权翻印)

康拉德·凯泽尔（Konrad Kyeser）提出的另一个构想。旋紧绞盘能够拉起沉重的木棒，释放后便会向下摆荡，撞击弩箭使其发射出去

的一方会大发慈悲，让他们通过战线。城堡内的水井是至关紧要的。1118 年，安茹伯爵富尔克攻进亚伦松（Alençon），在城堡内遭遇了守军的抵抗。在工匠的协助之下，他发现了当年建造城堡时使用的一条下水道，出口位于萨尔特河（River Sarthe）。他于是下令偷偷挖掘地道，截断通往城堡内的水源。1136 年，埃克塞特堡的水源用尽，守城的士兵只好用葡萄酒来烹饪、做面包，甚至拿来灭火。在十字军东征期间，水井的重要性更是无与伦比。在赛勒戈登（Xerigordon）一地的作战中，由于水源在城外，因此被包围的基督徒部队最后只得饮马血与驴血。

除了议和与全面封锁之外，还可以建立围城用的城堡。只要把城堡内的兵力部署好，大军便可以拔营去攻击其他目标。虽然城堡有时可以用来截断被包围者的补给品，但是有时候在靠近敌方城门外会刻意建造小型城堡，借以牵制敌方的行动。这些城堡通常为木造，前方还有土木工事。在英国亨廷顿堡（Huntingdon）城门外约 360 米之处，有这样一座围城用的城堡。它建于 1174 年，如今只剩大略轮廓保存了下来，可以看出是属于堡丘－堡场的形式。建造围城用的城堡有时十分危险。1112 年在勒普赛（Le Puiset）的第二次攻城战役中，叙热（Suger）的记载写道，城外的攻城部队不断受到不远处的守军发射投射武器攻击，尽管这时围地用的木桩上已经搭起顶棚保护。这样的城堡可能需要好几座。有时会利用教堂的钟楼，比如杰弗里·塔尔博特（Geoffrey Talbot）在正对着赫里福德堡（Hereford）的教堂庭院内大兴土木，建造壁垒；又把攻城器械装置在教堂的钟楼上。十字军攻打安条克的时候，则把一座清真寺变成围城用的城堡，并且拆毁墓碑来作防御工事的材料。

进攻、突袭、驰援

一份 13 世纪的法文文献描述了当时军队行军的阵容：在部队最前方的是斥候与火焰兵，其后则是掠夺兵。他们烧杀掳掠，替部队抢夺粮秣。不过，他们之所以这么做，还有另一个原因。糟蹋与破坏经过的土地，能够断绝被包围者的物资，彻底摧毁其作物，杀光在敌方土地上劳动的人员。史学家乔丹·凡托斯默（Jordan Fantosme）在描写 1173—1174 年亨利二世的堡垒受到攻击时，便十分支持这种战略。编年史学家达勒姆的西米恩（Simeon

本图出自康拉德·凯泽尔于 15 世纪初所撰写的《要塞烽火录》，图中可见士兵使用一根带钩的长竿试图拉下吊桥。士兵们使用一种枝条编成的奇异装置作为保护，形状像蜂窝

中世纪围城战　**159**

西班牙的塞哥维亚堡，外观状似一艘巨舰。原本为一座11世纪的城堡，在15世纪初胡安二世建造了塔式主堡，此城堡摇身一变成为皇室宫殿（本图承蒙西班牙政府观光局提供）

of Durham）则提到，1123年，亨利一世摧毁了蓬托德梅尔堡（Pont-Audemer）方圆超过约32公里的土地。有一些统帅在无法攻克城堡的情况下，也会采取这种焦土战术。依据编年史学家奥尔德里克·维塔利斯（Orderic Vitalis）的记载，1099年，威廉·鲁弗斯从马耶撤退的时候，他的手下折断了葡萄藤，砍倒了果树，又把围篱与墙壁全部捣毁。

若是认为防守的一方只会呆坐城内，等待敌人发动攻击的话，那可就错了。因为这就误解了城堡在战争中所扮演的角色：一座有防御工事的基地，让武装人员作为发动攻击的据点。因此，自然而然地，城内的战士只要逮到机会便会出来为敌人制造一些麻烦。有时，敌军甚至还没有到达目的地，就会先受到来自城堡内的攻击。这些士兵会部署在渡河处、障碍物后面，甚至是森林小径的两旁。1119年，法军在前往攻击蒂利埃堡（Tillières）途中，便受到城主设下的伏兵袭击，因为该名城主常派兵在各道路上巡逻。发动突袭也不失为摧毁攻城器械兵士十分管用的方法。从城堡外墙通道发动的突袭通常能攻其不备，造成敌方人员伤亡。1247—1248年，日耳曼皇帝腓特烈二世攻打意大利的帕尔马（Parma），他在途中发现自己中了突袭。尽管兵力不足，他仍然在该城外建造了一个小村庄，称为"维朵利亚"（Vittoria）。1248年2月18日，腓特烈二世带着大队人马离开去狩猎。意大利人抓住了这个千载难逢的好机会以发动突袭，结果共计好几百人被杀或被俘，整个维朵利亚村被劫掠一空。

从俘虏身上或许能够获得赎金；但是除此之外，在双方交战的过程中，还有一个展示骑士荣誉的地方。这一点尤其表现在枪术比武竞赛之中。此竞赛是作战时双方为了解闷而举行的。有时城门前会设下路障，以防在徒手搏击的竞赛之中，双方比武的士兵被攻城的一方收买而趁机叛变。

1091年，库尔西（Courcy）的诺曼守军与伯莱姆的罗伯特部队互斗，原因是为了争夺城墙外唯一的炉灶。奥尔德里克说道，在这一场冲突中约20人丧命。有一些将领会故意大开城门，看敌军有没有胆量进

本图出自康拉德·凯泽尔的《要塞烽火录》，是最详尽的抛石机图画之一，包含各部件的完整尺寸。机器的旋臂总长为18米。请注意投石索的长度

来，以此做法羞辱敌军。1119年，法兰西国王路易六世攻打位于布勒特伊的诺曼人时，就曾经发生过这样的例子。不论基于何种原因，被围困的城堡所发动的突袭都有可能演变成致命的错误。1099年，驻守在拉曼的诺曼守军发动突袭，在平原战中被曼恩伯爵赫利亚斯（Helias of Maine）大败。他们飞奔逃回城门，但却怎样也无法把背后的城门关闭。在这场混战之中，诺曼人丢了城镇，好不容易才撤回堡垒。1142年，整个牛津在内战中付之一炬，其原因是守军在撤回城内时，有一小批保皇党人士混杂在其中。

攻城部队不仅要面对城内守军的攻击，也冒着被前来解围的部队从后方袭击的危险。蓬图瓦兹（Pontoise）的英国守军曾被四度解救，但最终仍在1441年落入法国人手中。若是包围阵线不够严密或是攻城兵力不足（比如使用攻城城堡）的情况下，人员或补给品有时便能毫发无伤地送进城内。有时在审慎评估之下，攻城部队必须撤退；就连征服王威廉在1076年包围多尔（Dol）的时候，也因为前来支援的法军与安茹部队渐渐逼近，只好下令抛弃帐篷、背包、武器，以及各种物品而撤退。1124年3月的某日清晨，建筑在瓦特威尔（Vatteville）的攻城城堡意外地遭受到猛烈攻击。攻城部队有时会被前方出城的骑士与后方驰援的部队夹击，如同在雅法（Jaffa）的穆斯林军队便是一例。然而，若攻城之师对自己的兵力十分有信心，那么前来解围的部队便得伤脑筋了。1422年，亨利五世围攻迈斯。他的战术十分有效，因此法国皇储派来的支援部队在杀掉哨兵之后，只有一小批人得以进入城内。城内的部队从城墙上垂下白色床单，远看与城墙融为一体，以此遮盖住云梯好让支援部队爬上城墙。不过，在这场行动中，支援部队的将领盖伊·德内勒（Guy de Nesle）不慎跌落，在壕沟内被英军擒获。1453年英法百年战争中，法军部队包围卡斯蒂永（Castillon）。他们绕着整个封锁线布下投射武器，因此当英军将领约翰·塔尔博特（John Talbot）率兵前来冲锋解围时，死伤惨重。小冲突有时会演变成大会战，比如廷切布雷（Tinchebrai）之役与林肯之役。

奇袭与诡计

攻城部队的统帅为了获胜，除了正规作战之外，也会采用派遣间谍等比较迂回

一种特殊的吊桥设计，只要拔起一根螺丝，便会让桥上的敌人跌落谷中。本图出自康拉德·凯泽尔的《要塞烽火录》

中世纪围城战 **161**

的方式。在巴隆城的战役中，混杂在包围阵线当中要饭的乞丐们向城内守军通风报信，说安茹伯爵富尔克的士兵去吃晚餐了，因此让巴隆城的守军发动了一次极为成功的突袭。1364年，一名僧侣带着保护金前往卢瓦尔河畔沙里特（La Charité-sur-Loire）。他在当地听说了进攻桑塞尔（Sancerre）的计划，包括各部队队长的姓名、从沙里特附近哪些要塞出发、部队的人数，以及渡河的时间等。这名僧侣的兄弟原来就是看守桑塞尔城的将领吉夏尔·奥贝容（Guichard Aubergeon），因此他是刻意被挑选来执行这项任务的。后来，当敌方前来攻击时便中了埋伏，士兵个个身首异处。

一具正在发射的火炮，周遭还有弓兵发射火箭。本图出自1440年日耳曼的一本谈论烟火的书籍（本图承蒙英国皇家武器博物馆董事会授权使用）

　　虽然城堡的城塔都有哨兵看守，但是以攻其不备的方式夺下城堡的例子依旧不胜枚举。这或许有合理的解释。1097年，威廉二世能够顺利攻占芒特（Mantes），其原因就是哨兵离开岗位，去探看玉米田与葡萄园在前一天被破坏的状况。他们在回程的途中被威廉二世的部队抓了起来。有时候攻城者使用的伎俩十分直接。1217年，埃及苏丹拜巴尔斯（Baibars）伪造了一封书信，内容是要医院骑士团交出骑士堡要塞。有时候使用的诡计十分大胆。1364年，巴斯考特·德莫莱翁（Bascot de Mauléon）与其他六个人躲在舍里（Thurie）附近的干草堆中；隔天早晨他们乔装为女性，混入前来水泉旁汲水的人群中。他们用头巾遮住脸进入城内，然后吹响号角呼叫埋伏的同伙。同样地，1401年，都铎家族的人派遣一位木匠到康威堡（Conway）。这名木匠表面上是要来施工的，实际上却杀了两名哨兵，然后伙同其他40名士兵攻占了城堡。

三种作战器械的示意图，出自1326年瓦尔特·德米拉米特的手稿。❶一种能携带可燃物质的风筝，能够施放到城镇上方投弹；❷使用绞绳提供扭力的投石机，这种图示颇为罕见，因为绝大部分的图示为抛石机。本图虽然粗糙不够精确，但是却是依照实际机器绘制的；❸一种发射希腊火的机器。手稿中另有一种类似的机器展示，能够把蜂窝射进城堡之中

　　不过，食言而肥通常才最让人防不胜防。这种行为有时候只不过是违反骑士的荣誉精神。比如说，1106年安茹伯爵杰弗里·马特尔（Geoffrey Martel）在双方休战期间到康代（Candé）城下议和，结果却被城墙上的弓箭手射中手臂。这个伤口后来竟让他丧命。然而，背叛自己的领主才是常被重荣誉的骑士视为最卑劣的行径。在征服王威廉驾崩之后，残暴无道的伯莱姆的罗伯特利用政局混乱，趁机变换立场，因此夺下好几座城堡，因为守城士兵还以为他是支持国王的。亨利一世的同族人因为常互相出卖而冲突不断，因此他在作战的时候，显然因为害怕叛变而不敢进行长期围攻。他在比尔斯（Bures）的时候，由于不信任人数众多的诺曼人，于是便把防守工作交给布雷顿（Breton）与英格兰的雇佣兵。1119年，驻扎在安德利（Andely）大主教庄园的皇室卫队在

毫无防备的状况下被擒，原因就是遭到背叛。士兵们躲藏在谷仓的草堆里面，白天冲出来时，口中用英语呼喊，等到进入城内却变成法语。此时法兰西的骑兵队也一举冲入城内，把该城夺下。

对于城主来说，依附在城堡周围的城镇通常十分令人头疼。尤其是这座城堡如果被敌方占领或由敌方建造，那么他便立刻需要防卫与城镇相接的城墙，因为城内的居民可能变得和敌人一样危险。在英格兰史上的诺曼征服期间，当地居民被迫接纳了不少来自外地的士兵。约克郡便发生了这样的事情：当地的人民群起反抗驻扎在两座城堡之内的守军（这两座城堡今日都保存了下来）。赫里福德与林肯两地的自由民则分别在1138年与1141年上书给英格兰国王斯蒂芬，奏请国王派兵弭平造反的守卫部队。

城镇居民与守卫部队之间的关系冷淡，有时会因而酿成灾祸。1099年在法国勒芒（Le Mans），城中的诺曼卫队为了消灭赫利亚斯的士兵，用投石机把熔化的滚烫金属投射到大多数均为木造的房屋之上。这种极端的行径并非十分罕见。若是迫于情势所需，城主早有准备自毁城堡。他宁可留下一片焦土，也不愿看到城堡落入强敌之手。

SIEGE TECHNIQUES AND ENGINES
攻城技术与机器

火攻术

火攻对于城镇的杀伤力特别大，因为城墙虽然是用石块砌成的，但是城内一条条狭窄街道上紧邻的房舍大多仍为木制建筑。1138年，布勒特伊罗歇（Roger of Breteuil）在毫无预警的情况下进攻布勒特

伊（Breteuil）时，适逢居民刚刚收割打谷，因此家家户户门前都有成堆的稻草与秕糠。不到几分钟的时间，整个城镇就陷入一片火海之中。城内守军在毫无防备的状态下被袭击，他们在飞奔回城堡的途中被敌军砍倒在地。即使没有像上述这样天上掉下来的好运，攻城者也能在几天之内就把一座城镇烧个精光——而在必要之时，他确实会做出这种事。亨利一世在攻打埃夫勒堡时，由于一直无法强攻进去，最后只好放火把整座城烧掉。城堡本身也并非刀枪不入的，尤其在11、12世纪，许多城堡仍然全部或部分使用木头建造，而堡场内的区域又大多为木造建筑。因此，1090年诺曼底公爵罗伯特攻打布里奥讷堡（Brionne）时，便下令工匠在城前架设一座火炉，好让弓箭手把箭头烧个火红，然后再射到该城堡老旧干燥的大厅木屋顶上。通常在守军还搞不清楚状况时，火势已经自行蔓延开来。因此，编年史家奥尔德里克·维塔利斯称之为"精明的"武器。

传统的"火箭"是把浸满沥青的麻布裹在木杆上，点燃后发射出去。如果是用弩机发射的话，则会制作比较大的尺寸；不过有时火把或点燃的木箭头可能会被替换掉。手持式火把带有木棒，棒子前端可能浸泡过油脂、沥青或其他可燃物质。木桶、陶壶或是玻璃罐（受到冲击力后便会碎裂，使得盛装的物体四溢）可用来填装燃烧的沥青、焦油或是动物油脂；体积较小者可以徒手投掷，较大者则用投石机发射。有一些作者甚至还提议在动物身上系一条点燃的绳子，然后把他们放入城镇的下水道或是城墙的裂缝。

防守的一方同样也会用火攻对付攻城的部队与器械。马耶的守军使用火红的木炭烧掉了敌方成堆的木材。这些木材原本打算用来填平

现今收藏于英国爱丁堡城堡中的巨型射石炮"蒙斯梅格"（Mons Meg）。此炮使用纵向铁条制成，辅以额外的束箍增加强度。目前看到的炮架为复制品。此炮在原址现场本来是绑在一具木基座或木箱上。原先认为此炮的后膛处于松开状态，但最近的研究推翻了这个说法，因此这些小孔的功用究竟为何仍是一个谜。此炮重6040公斤，口径48厘米，1449年在比利时铸造，八年后运抵苏格兰。1497年，此炮被运出爱丁堡，前往攻打诺勒姆。在途中吟游诗人的歌声之中，此炮却在诺勒姆的郊区出现故障了，即使动用了5名木匠与100名工匠仍徒劳无功。学者爱埃里希·埃格（Erich Egg）推测，这门炮能把150公斤重的石弹发射到大约263米远的地方

马耶的壕沟，并且作为通往木栅栏的堤道路基。

有一种令人闻风丧胆的火攻武器被称为"希腊火"。这种武器很可能在 7 世纪的拜占庭帝国不断发展，然后在十字军东征的时候传到欧洲。西方早期使用这种武器的两个例子，分别来自 1151 年蒙特勒伊贝莱（Montreuil-Bellay）的攻城战，以及 1194 年的诺丁汉（Nottingham）战役。有一本称为《焚敌火攻书》（*Book of Fires for the Burning of Enemies*）的书卷可能源自拜占庭，由马库斯·格莱克斯（Marcus Graecus）在 1280 年编撰。此书是西方最早提及希腊火成分的书籍。据记载其成分包括活性硫、酒石、树胶脂、沥青、煮过的食盐、石油、普通油等。把它们放在一起加热之后，再把麻布浸没其中，然后便可点火使用。实际使用时可能包含好几种不同的配方，端视使用的液体、黏着剂与固体混合物而定。燃烧的液体也可以借助某种帮辅装置从管子中喷射而出，因此可以用在陆地上，颇类似火焰发射器。搭配黏着剂使用能够让火焰依附在目标上；而搭配粉末使用可让火焰喷发前产生烟雾。希腊火也能像其他可燃物一样装在容器内。马库斯·格莱克斯在书中还提供另一种希腊火版本：用纸蕊浸满可燃液体的蒸馏液，然后放入正方形的箭头中。箭头上面开凿有洞孔，将其点火之后由弓或弩台发射。

希腊火似乎难以扑灭，水一点也派不上用场。12 世纪的编年史家杰弗里·德文叟夫（Geoffrey de Vinsauf）留意到扑灭希腊火时常发出的恶臭味，因此认为唯有醋才能将其完全扑灭，而使用沙子只能减缓火势。希腊火虽然在西方并不常用，但是却十分受人敬畏。1250 年十字军第七次东征，当时袭击阿卡堡的穆斯林把装着希腊火的罐子砸向法兰克人位于城墙附近的塔楼与其他建筑物，把一切都烧个精光。萨拉森人的投石机发射希腊火时，法兰克的十字军茹安维尔（Joinville）绘声绘色地描述了它所发出的鸣响，以及火焰划过空中时那一道如长矛般的赤红焰尾。沃尔辛汉的托马斯（Thomas of Walsingham）的记述则写道，1383 年伊普尔（Ypres）的法军使用希腊火与其他投射武器成功击退英军。

在攻城战之中，不论攻方或守方，可能都会使用刚取下来的兽皮覆盖建筑物的木头部分，以此作为防火措施。源自 8 世纪的《炼金秘方》（*Mappae clavicula de efficiendo auro*）一书中，建议使用发酵的尿液或"醋"（此处泛指其他酸性物质）来浸泡皮革、毛毯、毛织品等物，然后拿来当作防火毯。然而，实际上，无论是皮革、草皮块、肥料、法兰西白垩土或黏土等都可拿来使用。除此之外，或许也可以把木材拿去浸泡某种液体，使其表面产生一层防火物质。沙土灰烬等物能够用来灭火。随着石块泥砖逐渐成为城堡的主要材料，攻城者改把目标放在木制的屏蔽平台或堡内其他木制建筑上。15 世纪的文献中随处可见对城堡发动火攻时所用的机器。

作战之中偶尔还会施放毒气。"阿尔比十字军"（Albigensian Crusade）在攻打法国的博凯尔（Beaucaire）时，该城的守军倾倒了大袋的硫黄、麻屑与亮澄澄的琥珀。当点火燃烧之后，硫黄就会发出呛人的浓烟，使得进攻者无法接近城墙。15世纪初，康拉德·凯泽尔（Konrad Kyeser）已注意到燃烧硫黄、沥青、树脂，以及马蹄等所产生的物质。1498年，当时的教皇亚历山大·博尔吉亚（Alexander Borgia）在奥斯提（Ostie）被法王部队中一名巴斯克人（Basque）卫队队长处决。当时所使用的便是让人窒息而死的毒气。

攀墙攻击

进攻一座堡垒最危险的方式莫过于直接攻击了。这意味着要不就攀爬翻越城墙，要不就利用工兵、破城锤、投射武器等把城墙打穿。

使用梯子来攀登城墙，就物资成本而言是最低廉的，但就人员性命而言却是最冒险的。这种梯子通常只是简单的木造结构，顶端或许会加装铁钩以便勾住城垛口。梯子底端有时会加装铁尖头以便插入土中，有时则是用木楔固定。其他类型的梯子也会偶尔派上用场。《斯蒂芬王传略》（Gesta Stephani）一书中曾提到，1140年罗伯特·菲茨·胡贝特（Robert Fitz-Hubert）夜袭时使用皮带做的梯子。一些15世纪的文献中则记载了皮带与搭扣做的梯子，还有类似铰链式的格子架或是重量较重、附有轮子的类型等。并非所有的梯子都管用。十字军第一次东征时，法兰克部队在安条克与玛瑞特阿尔纽曼（ma'arrat al-Numan）两城所使用的梯子，都因为承受不了全副武装的士兵重量而垮掉。896年在阿努尔夫（Arnulf）统治下的日耳曼人攻击意大利罗马，据说他们使用背包堆叠起来当作梯子。

当攻城部队步步逼近城下时，他们会受到猛烈的投射武器攻击。有时候——尤其是战争开打一段时间后——这些部队得以在有掩蔽的战壕中前进，借以躲避城堡守军的攻击。攻城部队的首要任务是想办法渡过壕沟或护城河。壕沟的底部有时会插上木桩或布满铁蒺藜，目的在于减

登上城墙的几种方式：❶ 一种让进攻者迅速发动攻击的装置，出自14世纪圭多·达维杰瓦诺之手；❷ 一台有轮子与绞盘的攻城梯车，出自意大利军事作家瓦图里欧（Valturio）1472年的著作；❸ 瓦图里欧设计的机器，十分类似于达维杰瓦诺的设计

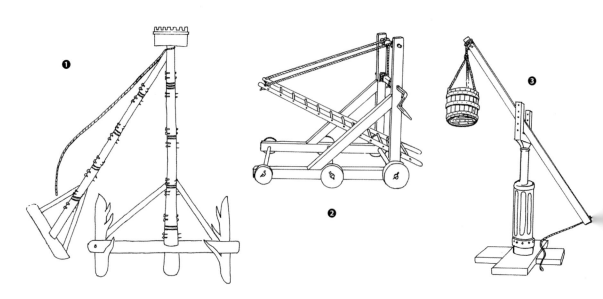

缓敌军的穿越速度或造成伤亡，使他们易于成为箭靶。有时候攻城部队会用携行木桥来通过。一旦他们抵达城墙脚下，便开始竖立梯子准备攀爬。此时，他们很容易成为守军的攻击目标：石块、滚烫的沸水或葡萄酒、灼热的沙子（能够从盔甲缝隙流入）与火盆等物品纷纷从天而降（不过好莱坞电影中常见的热油倒是很少见）。攻城者使用带钩的长竿来帮助架设梯子；但是守城者使用同样的装置反击，在梯子还没勾上城垛口时，就用长竿把它拨开。带钩的长竿型武器也常被使用。攻城部队可能兵分数路，同时攻击城墙两三处不同地方，借以分散守军的力量，并且转移他们的注意力。在攻城的过程中，部队当中的弓兵、投石兵、弩兵等会以火力掩护同袍。这些士兵本身使用小木盾或是躲在称为"防护盾"（manlet）的大型木盾后方。这种装置通常为木制，底部装有轮子，有时亦用来保护篷车的出入口或是攻城机器。

若需要更进一步的火力支援，或许就要动用到攻城塔（beffroi）。有些攻城行动不需要如此劳师动众便能取胜。比如，玛瑞特阿尔纽曼战役中，唯有当攻城梯失败之后，攻城者才着手建造一座攻城塔，因为这种装置既庞大又昂贵。攻城木塔的高度必须超过对方的城墙，如此位于塔顶的士兵能对城内的动静一览无遗。编年史家文多弗的罗杰（Roger of Wendover）曾记载到，1124年亨利三世在攻打贝德福时，他所使用的攻城塔十分管用——城内守军没有人敢脱下盔甲，唯恐成为下一个被击毙的对象。由于攻城塔能在发动攻击前先清空城垛上的守军，因此这种装置的绰号又称为"恶邻"。据说在1147年的里斯本（Lisbon）攻城战役中，总共建造了两座攻城塔，分别为29米与25米。

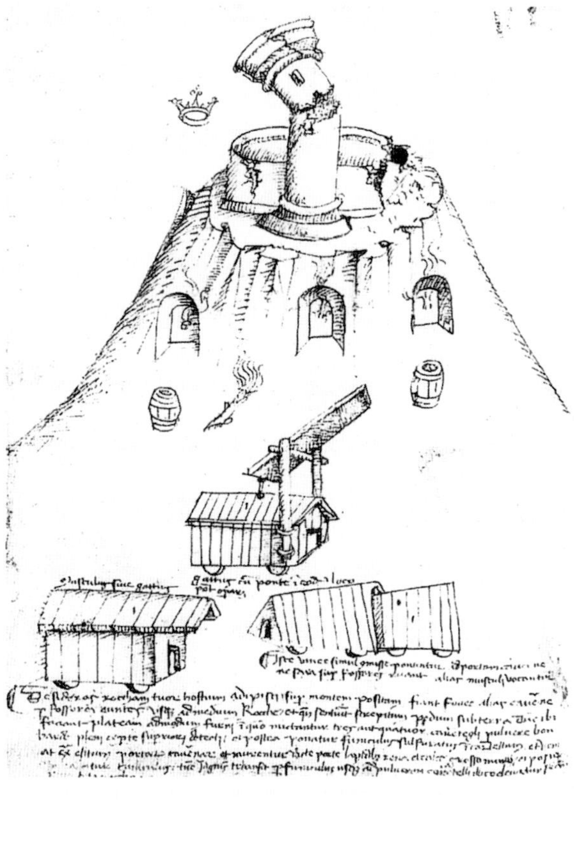

一座攻城塔通常分为好几层，各层之间以梯子相连。木制的塔壁可能会设置洞眼，让弓兵与弩兵能对外发动攻击。攻城塔的行进方式是使用轮子或滚轴。动力来源也许是借助人员在内部用撬杆让轮子前进，也可能借助公牛的兽力。公牛身上绑着缰绳，绳子穿越安装在木桩上的滑轮，因此当牛只背对着城堡往前拉时，攻城塔便会面向着城堡前进。等到攻城塔移至定位，轮子便可以拆掉。攻城塔通常会安装一座活动式吊桥，降下来时能够到达城垛，使塔内的部队得以直接冲出来夺取城墙。塔的最下层可能有向前突出的遮棚，借以保护工兵或是破城锤，以利破坏墙脚的作业。晚至1645

本图出自意大利工程师塔科拉于1449年的著作《器械通论》。图中可见，堡垒下方已经挖凿数条地道，但是放入地道内的却不是可燃物质，而是火药。点火燃烧之后便可以破坏地道内的支柱，使城墙倒塌。塔科拉建议，当挖凿地道的工兵听到头顶上方有脚步声时，便可以开始建造一间穴室，在里面放入三四桶火药，桶口不要封闭。在地道入口处用石块、沙砾与石灰岩筑一堵厚墙，然后拿一条浸过硫黄的绳子放入其中一桶火药中，等墙筑好后再点燃绳子。图中下方可见移动式篷车年的英国内战期间，仍有记载显示保皇党人士仍在使用攻城塔。

当攻城塔缓缓接近城堡时，自然会成为主要的攻击目标。攻城塔的外表通常会覆盖生兽皮来抵御其最大的威胁：火攻。狮心王理查在阿卡堡使用的攻城塔甚至还披上铁板来保护。1108年的都拉基乌姆（Dyrrachium）与1169年的达米埃塔（Damietta）两场战役中，守方在城墙内建造了自己的塔楼，以与敌方的攻城塔抗衡。1108年杜拉基乌姆的守军不但建了塔楼，而且还用人力与机械推动一根木梁，砸毁了法兰克军的攻城塔吊桥。1111年，提尔的穆斯林把一条横梁架在长杆上，梁上布满密密麻麻的铁尖头，然后使用此装置摧毁了一座大型的法兰克攻城塔。他们接着使用滑轮与绞盘装置倾倒冒火的油桶、焦油以及木屑。有时城堡守军会在城墙前的地面挖坑，然后回填松软的泥土。他们希望攻城塔前进时会陷入坑内，变成一堆无用武之地的废铁。

为了让攻城塔或是任何其他的攻城器械能够接近城墙，攻城者会选择几处必要的地方来填平壕沟或护城河。大量的泥土、草根土、石块、木头与柴捆等物品会被丢入沟中，形成一道能够跨越沟渠的坚固表面。这一切作业均是在敌方攻击下进行的，因此通常需要打造移动式的遮棚来掩护作业。木制的遮棚附带轮子，外表包覆一层兽皮，可能为骡皮、小牛皮或是公牛皮；偶尔也会使用铁板。篷车内部人员一边缓慢地填平壕沟，一边推着遮棚前进。当时的人很喜欢替他们的攻城器械取名字，因此上述的篷车可能被称为"野猫""葡萄藤"。也有人管它叫"母猪"，这或许是因为有些盖着兽皮的车顶隆起，且车内人员快速地推进这个装置的缘故；又或许是因为车内人员作业时挤成一团，好像争着吃奶的小猪一般。英国内战期间，爱德华三世包围登巴堡（Dunbar）的战役之中，英格兰使用一台篷车挺进到苏格兰人的墙脚下进行破坏，但是这台篷车却被石头砸毁了。篷车内的士兵争先恐后地从残骸中跑出来，统领登巴堡的苏格兰人"黑发艾格妮丝"（Black Agnes）便高呼道："英格兰的母猪生啦！"

地道

当攻城者遭遇木栅栏挡道时，对付方式包括放火烧掉、用投石机将其击毁或拿斧头劈裂——如1111年的勒普赛战役。若是挡在前方的是一堵石墙，则最有效的破坏方式莫过于破坏城墙下方的基座，让城墙的一隅倾塌。各种破坏方式之中，最简单的方式为使用十字镐。此时工兵通常躲在移动式遮棚底下或是以木板为顶的坑道之中作业。坑道内可以堆放木材，然后再用可燃物填充空隙。一旦点火之后，坑道内的支柱完全烧毁而坍塌，连带造成上方的城墙跟着下陷。唯有在极少数的情况之下，工兵进行这项作业时不会受到保护，如同1191年阿卡堡的战役所见。在此例之中，士兵们之所以如此不顾性命，唯一说得通的解释或许是理查一世提供了丰厚的奖金。

在攻城者的各种进攻方式中，挖掘地道可能是最能给予致命一击

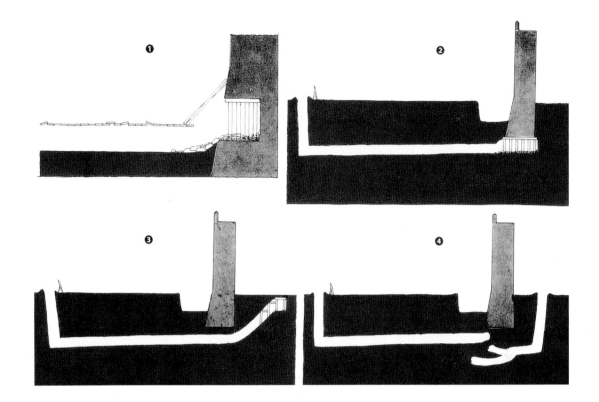

各种地道：❶一条廊道直达敌方城墙基座前方。工兵使用木板遮掩，悄悄地凿去墙脚基石，改用木头支撑，准备之后放火烧掉；❷一条地道已挖至城墙下方，挖空的部分改用木头支撑。地道入口处尽可能隐匿，且靠近城墙之处位置比较低，以防敌方水攻；❸一条进入城墙后方的地道，最后的几层盖板等待夜间移除，突袭的部队便能进入城内；❹一条反制地道，企图从中拦截敌方地道

的。城堡在建筑的时候，通常会选择盖在坚硬的磐石之上；要不就是在前方修筑一条壕沟。这两个考量都是因为能够阻碍敌人挖凿地道。若是盖城堡的地点没有这么理想，则城堡在建筑时会尽量把城墙的地基向四周拓展，借此增加基座的厚度。更为罕见的方法是使用扶拱来强化幕墙。沿着整面城墙建筑扶拱之后，就算有某部分的城墙被击破，扶拱也能防止墙壁完全倒塌。

在理想的情况下，工兵会从距离城墙外一段距离的地方开始挖凿地道，并且使用棚子或篱笆来掩人耳目，以免被城中守军发现。若是附近有房舍的话，也可用来隐匿工兵的行动。在挖凿地道的过程中，坑道的顶部会用木头支撑。一旦抵达城墙下方后，便会开凿一条横向坑道。此坑道完全凭借木柱支撑。当整个工事完成后，士兵便把地道填满可燃物质，然后放火焚毁。从15世纪初开始，改用一桶桶的火药取代可燃物质；而大约自15世纪中叶起，锯齿状的地道设计出现，能减轻爆炸时的猛烈冲击波。1470年出自锡耶纳（Siena）的一份手稿还教导挖地道的工兵如何使用罗盘。

少数地道会通过城墙下方继续深入敌营，目的是让攻城者趁着夜色派遣部队从地道上来，悄悄进入城堡内打开城门。谨慎的守城将领会在地面与走道上摆放水盆，如此一来只要地面下稍有动静，便会让盆内的水晃荡产生波纹。有时城墙被攻破后，在危急万分之下，只能够硬把该破口处塞住来应急。1216年，多佛堡北侧门房有一部分被法军的工兵破坏，于贝尔·德伯格（Hubert de Burgh）于是命令手

下用树干把裂口堵住，后来成功击退法军。1240 年卡尔卡松（Carcassone）的战役则提供了另外两个解围方法。当时城内的守军听见地下传来挖凿坑道的声音，便在城堡的防线之内又建造了好几道木栅栏与石墙，以此反制敌方的地道突击。此外，他们还开挖反制地道，中途截断敌方的工事。要准确侦测敌方地道的位置并不十分容易，而在挖凿反制地道的过程中，很可能会让城墙的地基变得更加脆弱。不过，一旦双方在地下遭遇，免不了一场惨烈的近身搏击战。1108 年法兰克人试图用地道攻进杜拉基乌姆，但是却未能得手。希腊人在地下拦截他们，并且用舌管朝他们的脸上喷射希腊火。有一些反制地道属于预防措施，像库西堡（Coucy）即为一例。该城的反制地道在地面处有一座泉水，因此只要挖凿一座竖井，就能够引水淹没地道。

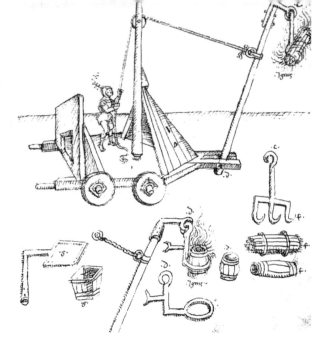

塔科拉设计的许多器械之一，用以把火焰射入城堡内。机器的木臂能够在防护木盾的掩蔽之下收下来（塔科拉说道，这种防护措施乃是绝不可少的）；此外，本图中还可见许多可以替换的夹具，用来吊载大桶子或柴捆

　　由于地道本身就能带给对手极大的威胁，因此有时根本用不着放火烧毁。14 世纪时，伯格什勋爵（Lord Burghersh）攻打法兰西的科尔米西（Cormicy）。他偷偷地挖了一条地道，直抵城楼下方，然后邀请戍守城堡的法军骑士前来参观。即使法军的准备措施十分齐全，但是这名骑士光是看到这条地道，便立刻投降了。

破城锤与螺旋钻

　　击破城墙的另一个方法是使用螺旋钻与破城锤。螺旋钻的主要构造为一根前端包覆铁尖头的木梁。把这根木梁抵住石墙后，利用把手或拉弓使其旋转，直到前端铁尖头在墙上钻出一个洞为止。这种机器的作用方式使它又被戏称为"小老鼠"，因为在城墙钻孔的动作很像老鼠小口小口地啃食。螺旋钻常用在城墙的尖角处。破城锤的主要构

西班牙柯卡堡，建于 15 世纪，呈现同心圆的形式，并有一座塔式主堡。这座城堡的特色是"穆德哈尔"式的砖墙风格

造为一根巨大木干，利用此木干反复摆荡以撞击城墙的同一个位置，直到该处的石块移位，造成整座石墙崩塌。这种机器同样可以用来冲撞城门。锤头通常以铁包覆（在阿卡堡战役中使用的锤头形状则像是一根巨大的磨石轴），撞锤则悬吊在结实的大梁上。破城锤有时需要动用到六十多人才能让巨大的撞锤反复摆荡；相较之下，螺旋钻只需要几个人便能操作。这两种机械通常都装置在木遮棚里面。破城锤有时又被戏称为"乌龟车"（testudo），因为撞锤往复摆荡的动作好像乌龟不时把头伸出壳外一样。在一些中世纪晚期的图画当中可以看到，有些破城锤带有楔形遮棚，棚角覆铁，装置于轮车上。

ARTILLERY
投射武器

此机器称为"山羊机"（chèvre），能用来把重型火炮从载具上吊到炮座上，让火炮准备攻击。本图出自1472年瓦图里欧的著作

关于火药发明前的中世纪投射武器，在研究上可谓困难重重。"投射武器"（artillery）一词最早是用来指称所有作战用的器械。由于关于这些器械的叙述通常不够明白或是图画不够精确，因此难以重现其原貌。再加上中世纪的作者使用各式各样的名称来称呼这些机器，而且用语常常前后不一，使得研究更是难上加难。光是用来发射石头的机器就有许多名称，如 petrarie、mangon、trebuchet、robinet、mate-griffon、bricolle、beugle、bible、matafunda、malvoisin、engin a verge、war wolf 等。这些名称有时也是指攻城塔。中世纪的人这么热衷于给这些机器取名字，这或许表示当时这种机器的数量并不多；不过，话说回来，由于少有文章讨论这些机器的机械原理，这似乎又表示这种机器很普遍，因此当时的人不会感到特别惊奇。

在火炮发明之前，投射武器可以分为三类：弹力式、扭力式、平衡作用力式。"巨弩"（ballista）便是一种弹力式投射武器。此装置有一柄巨大的弩弓，利用大型横弓来提供推进力。虽然只要在弓弦中心改为放上一袋石头，巨弩便能当成投石机使用；但是一般而言，巨弩主要是用来发射

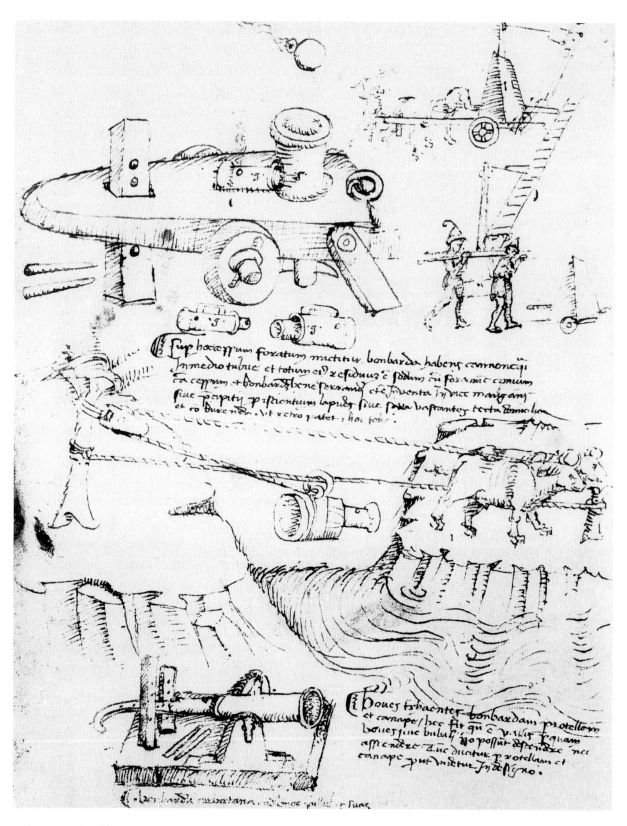

把射石炮运过河的一种方法,出自塔科拉的构想。图上方为一座臼炮,安装在厚重的载具之内;有一根木柱贯穿载具,并可借助木栓调整瞄准线。虽然此炮在这种状态下极难击发,但它的侧边装了一个分离的后膛炮栓。旁边的小图是设法让梯子或木桥循着枢轴旋转的构想图

1380年英国使者前来法国特鲁瓦的城门前，正式要求对方投降。本图出自1475年的手稿。请留意木制的外层防御工事——又称为"大道"（boulevard）——上头均开凿有炮眼。至15世纪40年代，攻城者也可能在一段安全距离之外建筑"大道"，从该处开始建造廊道与木栅栏。此外，读者亦请留意本图中英军阵容中数量庞大的弓兵（本图承蒙大英博物馆授权使用）

大型木箭或弩箭。这些箭支的前端为铁头，尾翼通常为木头或黄铜。巨弩的威力强大，能够一次射穿好几个人。885—886年，维京人袭击巴黎的过程中，好几名丹麦士兵被一支巨弩箭射穿，巴黎的守将阿博特·埃博鲁斯（Abbot Ebolus）见状便说，真应该把他们扛回厨房里，因为他们像极了串在烤肉叉上的鸡肉。由于巨弩的火力无法穿透石墙，再加上操作时所需的空间比投石机小，因此更适于作为城堡的防御武器。有一些巨弩可能依循罗马人的设计，采用扭力方式。这种巨弩的弓分为左右独立的两截，各自穿过一束纵向绞绳。绞绳可能为绳索或毛发做成。接着以棘轮与横杆扭紧绞绳，直到弓臂被迫向前推进为止。通过弓弦的作用，任何把弓弯曲的力量会自动让绞绳拉紧弓臂。

扭力式的设计后来被应用于最早的投石机（catapult）上，此种机器称为"蛮弓"（mangon）或"小蛮弓"（nangonel）。这种装置的绞绳为横向设置，中间插入一根十分结实的木臂。接着把绞绳旋紧，迫使木臂朝着有缓冲垫的横梁垂直弹起。木臂的末端安装一个杯状物（效率比不上罗马人使用的投石索），使用绞盘的力量把整个装置拉下来。

第三种设计运用平衡作用力，如"抛石机"（trebuchet）。这种装置是唯一一种未仿效希腊与罗马原型的设计。阿拉伯人极可能于7世纪就开始使用这种设计了，而在12世纪初才出现于西方。1147年十字军包围里斯本时，似乎就曾使用过这种装置。此型设计的早期形式为弹力式抛石机，有时外形极为类似"小蛮弓"，常让人混淆。基本上，此装置包含一根长木臂（或是数根木臂绑在一起），以一对立柱为轴旋转。木臂的一端绑上绳子，另一端则装置投石索。把石块置于投石索内后，由一组人用力拉绳，使力臂较长的那一端旋转直起，当

中世纪围城战

到达临界力矩时,投石索打开,里面的石块顺势飞出。关于这项装置更为详尽的叙述,可以参阅阿拉伯人与中国人的文献。其中根据中国人的典籍,拉绳所需的人力从40人到250多人不等。莫尔达·阿里(Murda Ali)记载了阿拉伯、波斯或土耳其,以及拜占庭或法兰克的抛石机。这些机器在细节之处略有不同。

12世纪地中海区域使用的平衡作用力式抛石机也是运用相同的原理,只不过用一箱泥土、石块、铅块来取代人力(据估计这个箱子的重量介于1万磅至3万磅之间)。这种机器使用的投石索更长,装填石头的时候需固定在机器下方的沟槽内。13世纪末的作家埃吉迪欧·科隆纳(Aegidio Colonna)笔下描述了许多不同种类的平衡作用力式抛石机:"特拉布奇乌姆"(trabuchium)使用固定的箱子装载提供平衡力的重物;"毕法"(biffa)的平衡重物会绕着木臂旋转,使机器的射程更远,但是准度却不足。虽然"毕法"的精确模样不得而知,但学者唐纳德·希尔(Donald Hill)曾指出,如果这两种机器的差别,仅仅在于一个是固定式重物箱,而另一个是悬吊式的,那么两者的攻击效果根本相同。因此,"毕法"究竟是何模样依旧是个问号。第三种称为"崔潘迪乌姆"(tripantium),此机器同时搭载固定式与可旋转式的平衡重物箱。

这种机器需要使用的木材数量惊人。1249年,圣路易(St. Louis)在达米埃塔擒获了24架投石机,拆卸后的木材足够整个兵营作为栅栏的材料。爱德华一世招募了50名木工以及5名工头建造一台"战狼"(war wolf),此机器通过陆路与水路运往苏格兰的斯特灵(Stirling),作为攻城之用。爱德华一世对这台机器十分得意,因此

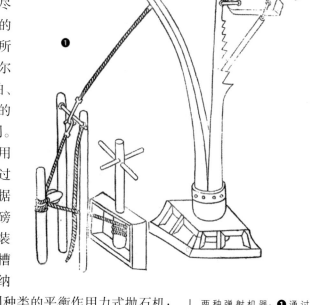

两种弹射机器:❶ 通过绞盘把木条向后拉紧,然后用横杆使弯钩脱开,木条顺势撞击使箭矢发射出去。调整摆放箭矢的座台便能改变射角。本图出自1453年瓦图里欧的作品;❷ 本机器利用有弹性的长木条,改良为一次可以发射两枚石弹。本图出自15世纪末叶达·芬奇的《大西洋古抄本》(Biblioteca Ambrosiana, Milan)

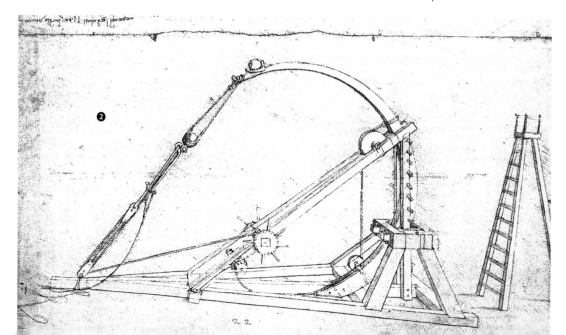

法军在贞德（图中左侧戴着一顶奇特的头盔）的指挥下，用柴捆与木板填平壕沟。本图出自15世纪后半叶的一幅袖珍图（Bibliothèque Nationale, Paris）

即便苏格兰人打算投降，他仍要用它击毁城墙之后才作罢。1412年，法国皇储查理（Dauphin Charles）付了160"里荷"（livres tournois）的钱给图赖讷（Touraine）的工匠，酬谢他建造了两架分别能发射400磅与300磅石头的大型抛石机。小型附轮的款式（或许称为bible）也偶尔可见。最早提及抛石机制造工匠的文献约为1228年；1244年英国诺森伯兰郡（Northumberland）的一位工匠使用模具切割石块，显示标准化的武器制作流程。

关于中世纪投石机能发射的石头大小与射程远近，相关论述十分难以精确。一些大型的机台能够发射巨石（如1188年耶路撒冷的萨赫扬堡使用的石球重量约600磅）。中世纪德意志的历史学家弗赖辛（Freising）主教奥托（Otto）记载，1155年在托尔托纳（Tortona）攻城战之中，一枚石弹射中墙壁碎裂，迸射开的碎石就砸死了三名聚集在大教堂门外议事的骑士。抛石机与蛮弓不同，它发射的弹道较高，石弹的重量介于100磅至200磅之间，大约能射到300码远。有时为了挑选投石机所用的发射物费尽功夫，需要从好几里以外运送过来。1287年威尔士的纽卡斯尔埃姆林（Newcastle Emlyn）攻城战中，为了提供一架巨大的投石机石弹，在该地下方城市卡迪根（Cardigan）沿岸采集了480颗石块，以120匹驮马与拉车运送上来。

根据傅华萨的记载，艾诺伯爵（Count of Hainault）在1340年围攻莫尔塔涅（Mortagne）的时候，城内有一名工匠建造了一架机器来对抗，这台机器在发射第三发石弹的时候，机器的木臂便折断了。如此看来，机器发射石弹的速度想必快得出奇。《里斯本征服记》一书写道，1147年里斯本攻城战期间，有两架投石机以人员接力方式不停发射，总计投出了5000枚石弹，平均每15秒就可发射一枚。1266年在凯尼尔沃思（Kenilworth）攻城战之中，亨利三世部署了9架投石机,日以继夜地轰击。据说两边都火力全开,有些石弹不时还在空中相撞。在一些大型攻城战役中,会动用到许多攻城器械。根据一位穆斯林作家的记载,1191年阿卡堡的战役之中,十字军总共动用了300架投石机与巨弩。在中世纪战争中,投石机也被用来进行十分原始的生化战。1422年,科里伯特王子(Prince Coribut)受立陶宛大公爵(Grand Duke of Lithuania)之命前往攻打克洛斯登(Carolstein)。据说他把被守军杀死的士兵尸体,以及多达2000部马车左右的粪便射入城内,结果当然导致了大规模的细菌感染。

即使15世纪晚期火药技术进步之后,投石机仍旧十分管用。1475—1476年间,西班牙布尔戈斯(Burgos)攻城战之中,抛石机与火炮并用;而在1480年攻打罗得岛(Rhodes)时,即使土耳其士兵使用火枪,基督徒士兵使用的投石机仍旧重创了敌方的攻城阵线。

火炮

英文中的gun(火炮)与gunner(火炮兵)这两个字的字源或许来自于蛮弓的操作手,称为gynours。关于火炮最早的记载,出自1326年意大利佛罗伦萨的一份文件,当中提到黄铜火炮、箭矢、铁球。后来的编年史家之中,提到火炮的叙述是在1324年梅斯(Metz)的攻城战。至于第一份有火炮图案的文献,则是1326年瓦尔特·德米拉米特(Walter de Milemete)的手稿。在该手稿之中,可以看到一个瓮状武器安置在支架上,从瓮中射出一枚箭头。因此,早期的火炮又称为"大瓮"(vasi)或"铁壶"(pots de fer)。"射石炮"(bombard,其中bombos意为"巨鸣声")一词是14世纪中叶以后才出现的,当时用来泛指各种大小不等的武器。然而,到了14世纪末,这个词便专门用来指称大型的攻城火炮。

最早的火炮使用青铜或黄铜铸成,但约自1370年之后,火炮改采铁条或铁板纵向铸成炮管,并且用铁箍热收缩套紧。这种制作工法日益普及,尤其用在制作大型火炮。有一些火炮发展出可拆卸的后膛室,能够用皮革包覆的装填杆把火药填入。不过,由于这种后膛式火炮有外漏的问题,因此采用前膛式的设计变得逐渐普及。火炮用皮带、绳索、铁条等安装固定在木推车上,而木推车似乎每隔几天就需要换新。到了14世纪中期,有轮子的"管风琴炮"(ribaudequins)出现,其构造为数

守军把盆中的希腊火浇向乘船的攻击者。本图出自一份15世纪后半叶的手稿(本图承蒙大英博物馆授权使用)

本图为袭击里博丹（Ribodane）的景象，出自1475年的手稿。木制的攻城塔上头有弓兵放箭，并有可开阖的遮板保护（本图承蒙大英博物馆授权使用）

支炮管安装在木推车上，并且有木遮板保护炮手。这种火炮最初可能是用来防御城门的。约莫到了15世纪中期，使用推车搭载的更重型火炮才逐渐在西方普及。可调整高度的推车出现于1400年，而"炮耳"的设计则日渐盛行于15世纪后半叶。在15世纪，各式各样的火炮数量繁多，让人足以按火炮尺寸加以分门别类。

射石炮的重量可达1万磅，能够发射的石弹重量可达7英担（cwt，1英担约112磅）。次一级的火炮称为"富勒炮"（法文为veuglaire，英文为fowler），长约2.5米，重量约300磅至上千磅（极少数），通常为后膛式。"魁炮"（Crappaudine）的尺寸更小，介于1.2米至2.5米之间；而通常为长炮管的"长型炮"（culverine）与"蛇炮"（serpentine）则是最小型的火炮。一份15世纪中叶的资料建议：重型的射石炮在填装之际，富勒炮与其他较轻型的火炮应当保持猛烈射击，借以阻挠守城部队修复破损之处。"臼炮"（mortar）出现于14世纪末叶；英军在1428年攻打奥尔良时，动用了15座这种后膛炮。起初臼炮的炮身短、膛径大；但是在15世纪之中逐渐变小。至15世纪末叶，炮管已经逐渐采用青铜铸造，而非铁条焊接箍紧。

最早的火炮发射圆形石弹丸，或称为"绞棒"（garrot）的箭矢。这

本图出自15世纪后半叶，显示了许多城堡一旦被攻陷后的命运（Bibliothéque Nationale, Paris Ms. Français 2644, f.135）

种箭矢通常由橡木制成，前端安装铁箭镞，尾翼则为铁、钢或黄铜。箭矢平均重量为15—30磅，但据称可达200磅。直至1340年之前，此类箭矢仍被广泛使用，也遍及整个中世纪历史，例如1377年法国阿德尔（Ardres）的攻城战，以及15世纪勃艮第公爵秃头查理的骑兵配备。小型火炮使用的铅丸或铁球逐渐被炮石取代，此记录最早出现于1364年意大利比萨（Pisa）的编年史料之中。这些炮石通常经过精心切割，外表可能还会镀上一层铅，以免发射的过程中磨蚀炮管。1451年勃艮第公爵"好人菲利浦"（Philip the Good）的叙述之中，曾提及900磅重的炮石。1460年的一场意外显示了火药的危险性。当时在攻打罗克斯堡（Roxburgh）的行动之中，一台名为"雄狮"的射石炮发生膛炸，断送了苏格兰王詹姆斯二世（James II）的性命。

一份15世纪70年代的勃艮第手稿显示，射石炮需要24匹马才能拉动；魁炮需要8匹；蛇炮或臼炮需要4匹；而更小型的蛇炮则仅需要2匹。1477年有两门意大利的射石炮，每一门各需48辆马车，每辆由2—4匹马拉车，才足以运送炮架、火药、炮弹以及其他装备。有时，桥梁与路面还需要特别强化才能让车队通行。大型火炮通常经过水陆运输，这不失为一个较为简单的变通方法。当年条顿骑士攻击立陶宛大公国时，便发现自己处于不利的状况。立陶宛人利用强劲的水流把火炮运往上游，速度比日耳曼人从陆路拖车快上许多。然而，到了1500年，根据一名意大利佛罗伦萨人所记载，法国人能在一天之内把30或40组火炮运抵城外并架设完毕，然后开始不分昼夜连续地炮轰城镇。在这样的情况下，不出数日就能发动好几千次攻击；虽然这些火炮并非每一次都能有效命中，但是只有距离壕沟 30 步距离的地方才比较容易遭到反击。

城堡式微

一般认为，火药的出现敲响了城堡衰亡的丧钟；但是这个观点只有部分正确。事实上，从早期开始火炮便有效地运用于战争之中，如 1386 年条顿骑士团位于马林韦尔德（Marienwerder）的要塞遭受攻击，敌方便同时使用火炮与抛石机。在少数情况之下，单单凭着重型火炮在战场现身，便足以让敌方俯首称臣。1451 年，由于在巴约讷（Bayonne）的法军火炮数量不及英军，因此英军得以持续抵抗；不过后来法军将领迪努瓦（Dunois）运来好几台射石炮，这才让英军投降。不过，上述例子其实只是一面之词。1415 年，亨利五世固然有效地炮轰阿夫勒尔（再加上工兵的破坏）而使该城乖乖投降；但是四年之后在卢昂战役中，迫使该城投降的是断粮引发的饥荒，而非火炮的弹药。

12 世纪时，为了因应抛石机的高射弹道，常见的做法是加高城墙。火药的出现固然让建筑城堡的人谋求对付之道，但是这些发展都十分缓慢。为了发射火炮而开的炮眼，以及防御火炮攻击的城墙等，在当时绝非随处可见。虽然英国怀特岛（Isle of Wight）上的卡里斯布鲁克堡（Carisbrooke）早在 1380 年就有设置炮眼，但主要还是提供手持式武器使用。建造城堡的人虽然试图采用更低、更厚的陡坡式城墙来使炮弹偏向，但是直到 15 世纪后半叶才真正出现能有效防御攻城火炮的设计。意大利是这种新设计的发源地，当地出现了具有火炮发射平台的低矮而巨大的棱堡，以及能够纵向射击壕沟的炮塔。这些设计视军事用途为重，因此牺牲了城堡在居住方面的舒适性。到了 16 世纪都铎王朝建造的火炮堡垒出现之际，火炮的历史已有大约 200 年了。

随着生活形态改变，领主不愿意因为军事考量而降低生活水准；除此之外，某几个世纪当中不再有战乱动荡，人民生活安稳，这些都促使城堡的设计舍弃大量的防御设施。在苏格兰地区，虽然仍不时有武装部队的攻击，而城塔的兴建也持续不断；但是其主要功能在于抵御地方动乱，而非大规模的围城攻击，并且也兼顾居住时的舒适度。城堡泰半被有火炮发射平台的堡垒取代，使其在变动不居的社会之中变得无用武之处。

1476 年勃艮第部队包围莫拉特（Morat）一景，出自 1480 年迪博尔德·席林（Diebold Schilling）所著之《瑞士编年史》。图中可见一台射石炮从防护盾中间伸了出来；而在图片前景则可看到另一台有轮子与保护罩的火炮。保护罩在行进之间会放下来，避免炮管被雨水淋湿。木箱内为一袋袋的火药包（Bibliothèque de la Borgeoisie de Berne, Mss. h.h.l.3）

图版

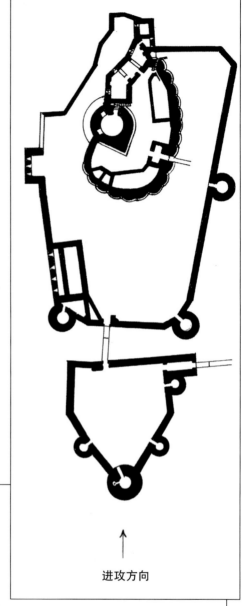

加亚尔堡平面图，显示腓力二世唯一的进攻方向

进攻方向

在围城之战中，有时会使用信鸽来传递讯息。本图出自15世纪晚期的木雕

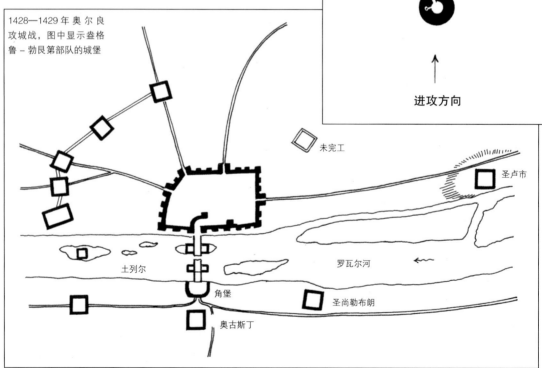

1428—1429年奥尔良攻城战，图中显示盎格鲁-勃艮第部队的城堡

未完工

圣卢市

土列尔

罗瓦尔河

角堡

圣尚勒布朗

奥古斯丁

1111年勒普赛第一次攻城战

勒普赛堡位于法国北边的博斯(Beauce)，属于堡丘－堡场的形式，其土木工事一直保存至今。当时该地的领主休·德普赛（Hugh de Puiset）向邻近地区强收税金，法兰西王路易六世（Louis VI）于是决定挥兵进攻，以此制止他的嚣张行径。路易六世运来满载木头的柴车，把猪油与凝结的猪血洒在上头，然后企图把它们在城门前烧毁，以此攻击城门。然而，路易六世的军队却遭遇顽强抵抗，攻城的士兵只得顾着保命，举起木板或手边任何抓得到的东西来当作盾牌。这一次的攻击行动最终以失败收场；此外，同一时间针对木栅栏某个破口处的攻击也未能成功。这个破口之处是在一次骑兵突袭中造成的。最后，有一群士兵用手斧劈开木栅栏后进入城内，休·德普赛于是投降。在法兰西国王一声号令之下，堡丘上的木制城塔被焚毁了。不过这座城塔后来又重建起来，却再一次受到攻击

中世纪围城战 **181**

图版

1189 年阿卡堡的水陆进攻

第三次十字军东征时，来自西方的基督徒部队朝阿卡堡进发，耶路撒冷王居伊（Guy）准备围攻该城。第一波攻击由比萨人驾船发起。一艘船舰上搭载着用兽皮保护的巨大攻城塔，企图直取港口海岬末端的"苍蝇塔"（Tower of Flies）；一旁的船只则以投石机提供火力掩护。穆斯林与十字军的船舰历经一番激烈的攻防，阿卡堡的守军成功地朝十字军的攻城塔喷射希腊火，并且烧毁了其他的器械。在此图中，我们重建了那一座攻城塔，使它跨越在两艘单层列桨船之上。我们相信，这种形式的列桨船在当时的地中海区域是十分普遍的。

在陆地方面，攻城攻击仍持续不辍，尤其在法兰西国王腓力二世以及狮心王理查一世抵达之后更加如此。海面上的舰队封锁了海陆交通，而陆上的土木工事则环绕着该城，从一岸连接到另一岸。穆斯林提出投降条件，要求保全居民的性命与财产安全，但是被拒绝了。腓力二世建造了三座攻城塔，塔的前方吊挂着一串串粗绞绳，以此抵御投射武器的攻击。这些巨大器械之中有一台称为"上帝神弓"，另一台则称为"缺德恶邻"。基督徒有好几台机器被穆斯林的投石机摧毁，而十字军的攻击行动不时受到牵制：因为每次只要他们向前推进，萨拉丁的援军便趁机攻打他们的军营，使他们面临必须掉头回来防御的压力。十字军在城塔的下方挖了一条地道，却被穆斯林的反制地道破坏。在历经严重破坏与惨烈伤亡之下，穆斯林最后终于投降，但是他们的英勇抵抗广受推崇与赞扬。

1203—1204 年加亚尔堡攻城战

　　1199 年，英格兰国王约翰登基。他随即发现自己必须面对的，是诡计多端的法兰西国王腓力二世。当时腓力二世决定进攻加亚尔堡，这座城堡位于诺曼边界，盘踞在两条河之间的岩石露头之上。他先攻占了城堡山脚下的小安德烈村（Les Petit Andeleys），又击退了驰援的部队。接着，他在两条河之间开挖了两道壕沟，在壕沟之间间隔设置了好几座木塔。许多村民纷纷到城堡内避难，但是当城内的补给品日益短缺时，城主罗杰·德拉西（Roger de Lacy）开始把"吃闲饭"的人——老人、病患、女人与小孩赶出城外。首先被赶出来的约有一千人，法军让他们穿越攻城阵线；但是第二批人却未获得允许。1203—1204 年的严冬之际，这些人窝在城堡四周的壕沟内，命悬一线。后来腓力二世前来视察当地的状况，便下令发放食物喂饱这些村民。许多人因已经无法消化食物而死亡。

　　翌年春天，腓力二世决定发动攻击。进攻的方向只有一个，那就是沿着接近城堡外庭的石脊。腓力二世运来了一座攻城塔、几架投石机与好几面大护盾。工兵把护廊向前推出去，开始填平壕沟。不过由于填土行动过于缓慢，因此他们改用梯子爬下到壕沟，然后再爬上斜坡，到达一座高大的城塔下方，在那里破坏出一个洞口，放火烧毁木支柱后让该处下陷。法军于是大举攻进外庭，但是却被中庭的城墙挡住去路。

　　在城的南方正对着幕墙之处，有一座小礼拜堂。礼拜堂的下方有好几间茅屋。一名法军的士兵发现下水道的出口，于是沿着管道爬上去，从某扇窗户的下方出来。他踩在同伴的肩膀上翻进窗户，然后用绳索把其他人拉上去。这群士兵成功地在城内制造混乱，让守军误以为大批法军已经攻了进来。在惊惶之中，城内守军连忙放火把该建筑物烧毁，然后撤退到内庭之中；而法军则从城内放下吊桥，让其他士兵进入。法军在内庭的城墙底下挖了一条地道，但是却被守军的反制地道拦截。不过，反制地道使城墙地基更为松动，因此在一台投石机的攻击下，城墙就被击毁了。在内庭的守军奋力抗敌，但是人数却远远不及对手。由于守军抵抗的时候并未使用主堡，因此我们推测，当时城垛可能尚未盖好

图版

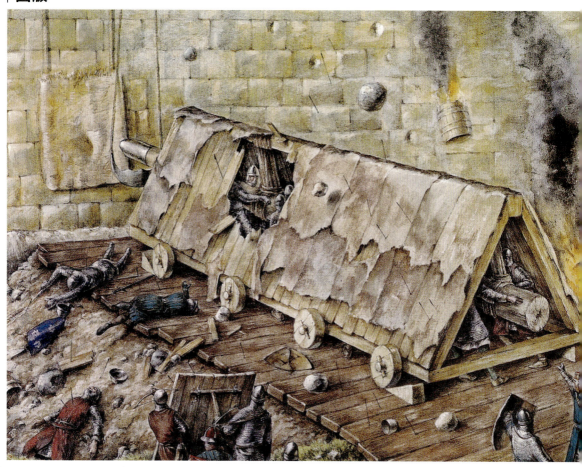

13 世纪中叶的破城锤

　　破城锤是史料所载最古老的攻城器械之一。这种装置的主要构造为一根大树干，前端套上铁头，安装在坚固的木篷车之内。篷车的外头用生兽皮覆盖，以抵御火攻。士兵躲在篷车内，规律地摆荡树干，撞击城墙。为了让破城锤接近城墙，必须先把壕沟填平，有时或许还需要铺设木板道。本图之中，车轮以楔形物卡住，目的是稳定车身；在某些情况下，完全不需要这样做。城墙上方的守军把厚毯子垂降下来，以此缓冲锤头的撞击力；此外，他们或许也会使用叉杆来擒捕破城锤的锤头。本图中的铁钩出自一份 1300 年的手稿。1111 年，防守提尔的穆斯林曾使用一个铁钩，勾住敌方的破城锤后往侧边猛拉，力量之大差点使整台篷车倾覆。13 世纪上半叶，阿尔比十字军在普罗旺斯的博凯尔战役之中，守方把套索安装在一台机器的长臂上，从城墙上垂降下来套住破城锤的锤头。

15 世纪的各种火炮

15 世纪，火炮的设计与尺寸推陈出新。本图所选的几种设计显示许多不同的用途。有些火炮不仅能用来攻城，也适合平原战

❶ 15 世纪中叶的管风琴炮，由数个小型炮管排成一列组成，火药室位于后膛。此炮对于人员杀伤力极强，适于防守城门或通道

❷ 15 世纪中叶的火炮，圆弧形木板上有穿孔，把横栓穿过不同的洞孔便能调整射角

❸ 15 世纪中叶的火炮，以纵向分离式炮尾来调整射角。此后膛炮的火药室为铁制，将其装入炮膛之后再以木栓从后方插入固定

❹ 一对捆绑在一起的炮管，炮架上方有木棚。本图出自一份 15 世纪后半叶的手稿

❺ 1480 年的火炮，拖车尾部分叉为二，可作为单匹役马或数匹役马一齐托运时的拖柄。拖车的两边设计成有门片的置物空间。为了调整火炮的射角，当时日渐普遍的做法是在炮管两侧加装铁制的炮耳

❻ 一座 15 世纪晚期的火炮，以螺丝调整炮口射角与平移量

❼ 一座 15 世纪晚期的日耳曼火炮与拖车。炮尾可以拖车上的大铆钉为轴旋转

中世纪围城战 **185**

THE PLATES
图版

13 世纪后期的投石机

在中世纪的各种投石机中，抛石机是唯一跳脱古典时期设计的，而文献资料中也几乎全是此型机械的叙述。本图中的平衡作用力式抛石机依据好几份手绘资料绘制而成。当提供平衡力的装置下坠时，另一端的抛石索便会旋起腾空。依据当时的文献记载，抛石机通常都具有极长的抛石索，借以发挥最大威力。虽然有一些机型使用绳索拴住抛石机长臂末端的铁钩，但是本图中的抛石机乃是借助追击方式来释放长臂，这种设计在很多小型模型中都可以看到。关于这类机械到底有多大作用，目前无法确知，因为模型并无法用来衡量实体机台的性能。这些硕大无朋的机器几乎全部是在现场组装制作的；不过，在少数情况下也会预先制造好。

图中较小的那一台出自 19 世纪古物研究者维奥莱－勒杜克（Viollet-le-Duc）知名的绘图。该机器的底座依据 13 世纪艺术家维拉尔·德奥内库尔（Villard de Honnecourt）的图画。

图中接近绞盘的位置有两根弯曲的木头，似乎提供类似弹簧的功用：当此弹簧被绞盘上紧后放松，能让长臂从垂直位置略微下降，然后再用传统方式把它拉回准备位置。在维奥莱－勒杜克的设计中，尚有其他值得注意之处，包括：提供平衡作用力的装置前面有吸收冲击力的设计；绑住投石索的末端以免被半途打开；绞绳的顶端有释放插销等。此外，维奥莱－勒杜克的设计中还有一条绳索，当这条绳索从机臂连接到投石索时，便会在发射时提供牵制力，让抛石机的射程变短。因此，借助调整该绳索的位置可以改变射程的长短。15 世纪早期的一份图画显示，抛石机的释放绳索栓在一根木钉上。机台的底座侧边开了许多洞孔，把木钉插入不同的洞孔便能调整机器的射程。

1330 年的弩机

弩机主要用来杀伤人员,其踪影在中世纪的艺术画中很少出现。本重建图主要依据瓦尔特·德米拉米特的手稿,以及《亚历山大传奇》一书。弩机的主要结构为一台大型十字弓,以及一片厚实木板。中央沟槽内的装置先向前滑动搭接弓弦,然后再用绞盘与螺栓朝后方拉紧,有时也会使用绞盘与滑轮。操纵杆向后拉会使爪勾转回原位,将箭矢发射出去。我们在许多图示中只看到一个简单的木桌结构,并未附轮子,更没有能够调整射程的机构。大型木箭称为"绞棒",构造为木箭身带有木质或黄铜尾翼,前端安装铁箭镞。在 1300 年之前,弩机又称作"架子弩",不过该名称偶尔也用来指另一种攻城器械

THE PLATES
图版

❸ 此机器能够迅速地把一队士兵送上城垛。操作机器的人员借助有悬挂重物的力臂之助，得以在木制机身中操作。我们不禁怀疑此机器到底有多大的作用？因为依照此机器最初的设计，是要把人员输送到需要作战之处，但此机器能运送的人员数量却相当有限。根据图绘资料显示，这种机器有些没有轮子或保护屏障

14世纪后期的攻城战一景

我们在此试图呈现火药尚未广泛使用之前的数种攻城器械与技法。图中有好几台器械，是依据康拉德·凯泽尔在15世纪之初所撰写的《要塞烽火录》而得以绘制。该书在15世纪有许多誊写本，且与书中内容相似的想法在15世纪末期一再出现于许多手稿之中

❹ 壕沟已被填平，但是篷车却无法再运作。图中朝桥头堡前进的装置称为"塔车"，因为它结合了篷车与一座小型攻城塔。这辆塔车还搭载了破城锤。这种机器有时被昵称为"鹤形车"。某些大型机台可能凭借公牛的兽力与滑轮系统并用；不过有时也会使用简单的绞盘系统来取代兽力，甚至是在塔车内以人力操纵控制杆

❺ 正在发动攻击的"乌鸦机"。被乌鸦机掳获的人员，视其地位不同，可能遭受严刑逼供或要求赎金的不同命运。这种机器虽然在编年史中偶尔提到，但是在当时的图书中却极为少见。

❻ 城堡的幕墙由于地基遭到破坏，已有部分塌陷；不过，守城部队发现了地道，急忙地在幕墙裂口后方用木头做成防御栅栏。攻城的士兵手持大盾并使用活动盾板为防护，在弓兵的火力掩护之下，把木桩插入地面中。士兵在一个木架子上头盖上木板，倒放后当作吊桥使用，而那些木桩便是吊桥的支柱。这些士兵毫不惧怕守军的木栅栏，试图竖起云梯进攻。图中可见云梯被叉杆推离墙面

❷ 弹簧机。有一些图样让我们得以巨细靡遗地重建这种机器；不过，这些资料同样也是属于比较晚近的时期。在标枪头底下有一根辅助杆，能够用来调整瞄准的角度。整个机器能够在座台上旋转。木条借助弹簧运动把标枪射出。此武器对于人员的杀伤力极强

❶ 关于扭力式投石机的图样十分少见。本图依据一份15世纪的手稿，当时抛石机盛行且刚开始使用火炮，因此这种机器的数量确实可能不多。话虽如此，这种机器固然了无新意，但是制作技术却已相当娴熟。机台的木臂在投射的时候，并不会过度超出横梁，以免受到冲击力而断裂。棘轮可以用来增加绞绳的扭力

中世纪围城战　189

THE PLATES
图版

射石炮。1429 年奥尔良攻城战

  1428 年 10 月 12 日，英国的索尔兹伯里伯爵（Earl of Salisbury）围攻法国奥尔良，把该城完全封锁。他在 12 天之后不幸身亡，改由萨福克伯爵接替。萨福克伯爵等到盎格鲁－勃艮第的联合主力部队于 12 月抵达之后，才开始更进一步的围攻。1429 年 4 月，勃艮第人从攻城战中撤离，剩余的部队人数不足以包围奥尔良并驻守一连串的据点。4 月 27 日贞德从北方抵达，赶在他的部队之前进入城内，而罗瓦尔河上游的驳船也试图把物资运送下来。强烈的逆风使得水陆运输受挫，于是改由陆上的车队来运送。法军（在贞德率领下）看准了东边的英军势力单薄，于是在 5 月 4 日发动突袭，夺下了英军位于圣卢市大教堂的据点。两天之后，法军继而渡河到了南岸，攻下了圣尚勒布朗（St.Jean le Blanc）与奥古斯丁（Les Augustins）。

  贞德率兵于 5 月 7 日袭击土列尔（Les Tourelles）。该要塞位于横跨连接纽尔良市区与罗雅尔河南岸的桥上，由英军的威廉·葛拉斯戴尔（William Glasdale）爵士负责驻守。位于南岸桥头堡内的英军无法与土列尔的部队合流，因为法国人修好了桥，使土列尔本身也遭受来自后方的攻击。贞德虽然被弩箭射中，但是仍旧不断激励法军士气，最终致使土列尔投降。此举迫使英军不得不放弃隔日的攻城行动。

  本图中的射石炮主要是以发射巨石球来破坏城墙。依据《奥尔良攻城战记》（Journal du Siège）所载，单单 10 月 17 日一天之内，英军便用射石炮与其他火炮击发了 124 枚石球。本图所绘的炮管取材自法国巴塞尔历史博物馆（Historisches Museum）的收藏，炮管长约 271 厘米，口径 34 厘米。硫黄、硝、木炭等制作火药成分的粉末装在桶子内；等到要混合使用时，常常因为长途运输摇晃而导致各成分分离。粒状火药粉末（corned powder）的制作发现于 15 世纪末叶，此法使用酒精与水把粉末制成大饼状，然后可以打碎成小颗粒。这种火药也比较不容易受潮；虽然威力十足，但是只能安全地使用在步枪与铸黄铜火炮中

1480 年的城堡防御人员

左图
❶ 未穿甲胄的主炮手负责铸造火炮。如同本图所示,主炮手可能会巡回各炮台摆放零件。索尔兹伯里伯爵旗下有四名这类人员
❷ 持盾兵能抵御敌方投射武器的攻击,保护主炮手。他身穿有垫料的软铠甲,携带的盾牌由木头与皮革制成,坚固而轻巧。他头戴蒙托邦(Montauban)式头盔,那是一种水壶形的帽子,帽檐宽阔,在攻城作战中能有效地使投射武器偏向
❸ 一般而言,在中世纪图画当中出现的炮手是没有穿盔甲的。他使用引信或烧得火红的金属线来点燃火药。在当时的图画之中,就连用四个人操控一门火炮的情形都十分罕见
❹ 火炮发射之前,辅助炮手必须把沉重的防护闸门拉开。他们还要负责把炮管清理干净,以免留下高温残余物;此外还要负责倒入并填塞火药粉末,以及填装炮弹。此图中的炮弹重量为1英担(约112磅)

请注意图中的突堞口,能够杀伤人员的武器可从该处向下抛掷。

❶ 步枪兵手持"爪枪"(Hackenbusch),枪管下方的凸爪能够抵住墙面,吸收开枪时的后坐力。有一些款式的设计使用一整块铁做成枪管护套。有一些火绳枪的设计则使用弯曲的机杆与扳机
❷ 为了发射这种大型枪支,通常会有第二名士兵协助,即"引信手"(collineator)。他负责用缓燃引信点燃火药。当时的图片中很少在枪管下方看到通枪条
❸ 炸药兵把陶壶向下抛掷,在敌人面前迸裂。陶壶内装满沥青或其他可燃物质,然后插入引信。本图内的炸药兵头戴意大利式开面盔,身穿锁子甲,外头罩着一件丝绒服
❹ 杀伤力强的弩弓极适于部署在易守难攻之处,如此方能安全地填装弓矢。本图中的弩弓使用钢制弓臂,靠绞盘的力量将其上紧
❺ 另一名助手正在填装弓矢,借以加快发射弩弓的速度。一个洞眼也有可能同时部署两名弩兵

中世纪围城战 **191**

THE PLATES
图版

1099 年耶路撒冷攻城战

本图描绘 1099 年 8 月十字军第一次东征时,骑士成功地攻上耶路撒冷城墙的景象。这次的攻城战开始于 6 月 7 日,十字军虽然攻破北方的外城墙,但是由于云梯的数目不够,后来只好被迫撤退。

两艘热那亚人的列桨船(galley)与四艘其他船舰运送食物,于 6 月 17 日抵达雅法。船上除了食物之外,还送来绳索、钉子,以及攻城器械所用的箭矢。然而,木材却十分缺乏,一直要等到法兰克的部队抵达撒马利亚(Samaria)附近的要塞之后,才有足够的木材来制造攻城器械。该地位于耶路撒冷北方 50 英里处。十字军统领之一的图卢兹的雷蒙德(Raymond of Toulouse),以及布永的戈弗雷(Godfrey of Bouillon)于是着手建造攻城塔,并在塔内安装投石机,塔的外表则以牛皮与骆驼皮包覆。耶路撒冷城内的穆斯林没有料想到这些攻城器械,于是急忙加强城墙的防御。戈弗雷下令把一座攻城塔与搭载的器械拆卸后运送到耶路撒冷东侧,在那边重新组装起来,因为那里是整个城区的最为脆弱之处。十字军总共花了三天三夜才把壕沟填平,让攻城塔得以通过。依据《十字军远征记》(Gesta Francorum)一书的记载,任何人只要投入三块石头到壕沟内,就能领到一文钱奖金。在这段时间,穆斯林与法兰克双方的投石机不停地互射石块与火焰。

到了 7 月 14 日傍晚,雷蒙德的攻城塔已与耶路撒冷的外城防对峙,竖立于锡永山(Mount Sion)侧的壕沟之上。次日早晨,戈弗雷的攻城塔跟着出现在耶路撒冷的东北方,接近今日该城九座城门之一的"繁花之门"(Gate of Flowers)外。此外,另有一座小型的攻城塔伴装进攻西北侧。十字军遭遇顽强抵抗,大大小小的石块、焦油、沥青与烈焰熊熊的物质不断朝攻城塔飞来。穆斯林为了设法降低法兰克投石机所造成的损害,把一袋袋的棉花与干草,以及毛毯与木梁等物悬挂在城墙之外,借以吸收石块的冲击力。约莫到了中午,戈弗雷的部队奋力击退城墙上的穆斯林士兵;同时,十字军砍倒了两根木梁,把它们从攻城塔当中朝城墙顶部推送,作为攻城塔的吊桥放下来时的基座。他们接着放火焚烧那些棉花袋与干草袋,造成呛鼻的浓烟大量向上猛蹿,迫使城墙上的守军不得不弃守该区。攻城塔顺利地放下吊桥,戈弗雷与他的手下一涌而出,而支援部队也赶忙将云梯搭上城墙。部队从城内打开了"立柱之门"(Gate of the Column),在另一座攻城塔内的骑士因此也成功地攻进城来。十字军入城之后便展开血腥屠杀,此举与穆斯林对待被攻占下来的城市大相径庭。

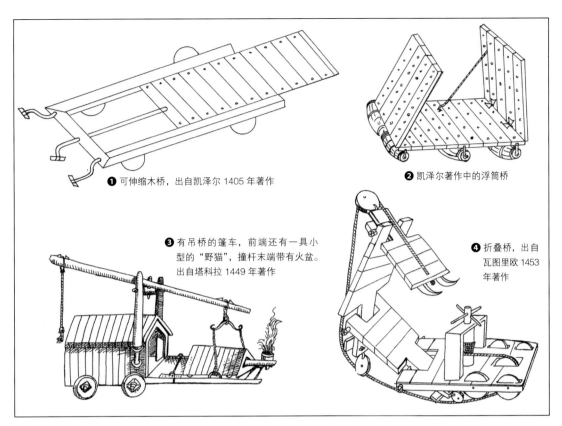

❶ 可伸缩木桥，出自凯泽尔 1405 年著作

❷ 凯泽尔著作中的浮筒桥

❸ 有吊桥的篷车，前端还有一具小型的"野猫"，撞杆末端带有火盆。出自塔科拉 1449 年著作

❹ 折叠桥，出自瓦图里欧 1453 年著作

携行桥，能用来横渡壕沟或护城河

动物尸体、内脏、粪便等有时也会射入城内，意图造成疾病暴发。本图出自 1507 年寇德洛（Kölderer）的木雕，显示一匹死马被放到抛石机的投石索上，准备发射

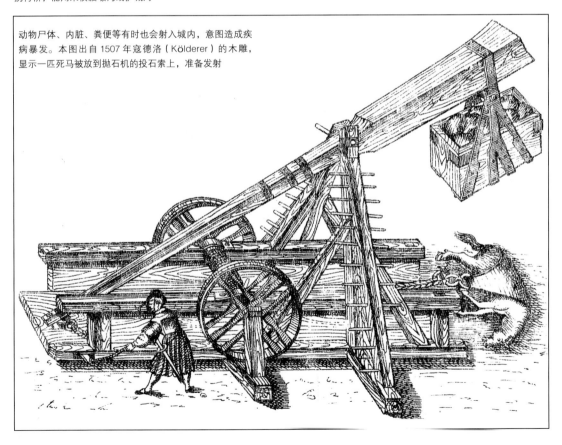

中世纪围城战 **193**

THE PLATES
图版

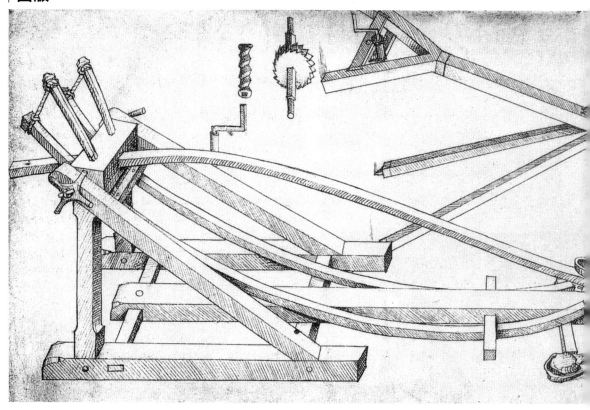

15世纪晚期日耳曼人设计的投石机,利用两条钢制弹簧作动力。当长臂(亦为钢制)收下来的时候,弹簧便会紧绷。此机器能同时发射两枚石

铁蒺藜是一种具有多铁刺尖头的武器,布洒在要塞前方地面上,能够减缓人员与马匹的行进速度。铁蒺藜的设计使得任意丢出时,总是有一个尖头朝上。此图出自15世纪晚期的瑞士,显示在一场攻城战中,守方丢出铁蒺藜(本图承蒙英国皇家武器博物馆董事会授权使用)